EBS
교육방송교재

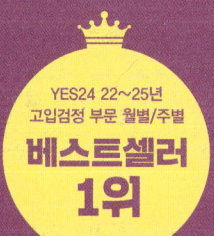

검스타트
검정고시
2026 최신판
중졸 실전모의고사

국어·수학·영어·사회·과학·도덕

출제경향 분석 + 상세한 해설 + 실전대비 OMR 답안지

검스타트 고득점 합격 로드맵

기출이 답이다
최신 기출문제
+ 무료 강의

연습은 실전처럼
온라인 모의고사
+ 상세 해설

빈틈 없는 마무리
시험장에서 보는
5분 정리집

빠른 결과 확인
가답안 문자 예약
+ 자동 채점

시험 안내

중졸 검정고시는 부득이한 이유로 정규 중학교 과정을 마치지 못한 사람들을 대상으로 실시하는 국가 자격 시험으로, 중졸 검정고시에 합격한 자는 중학교를 졸업한 자와 동등한 자격을 인정받습니다.

※ 자세한 사항은 각 시 · 도별 공고문을 참고하십시오.

1 시행 기관

- 시 · 도 교육청 : 시행 공고, 원서 교부 및 접수, 시험 실시, 채점, 합격자 발표
- 한국교육과정평가원(KICE) : 문제 출제, 인쇄 및 배포

2 시험 일정*

구분	공고 기간	접수 기간	시험일	합격자 발표
제1회	1월 말 ~ 2월 초	2월 초 ~ 중순	4월 초 · 중순	5월 초 · 중순
제2회	5월 말 ~ 6월 초	6월 초 ~ 중순	8월 초 · 중순	8월 하순

※ 상기 일정은 시 · 도 교육청 협의에 따라 변경될 수 있습니다. 반드시 해당 시험 공고문을 참조하세요.

3 시험 과목 및 시간표

구분	1교시	2교시	3교시	4교시	중식 12:30~ 13:30	5교시	6교시
시간	09:00~ 09:40	10:00~ 10:40	11:00~ 11:40	12:00~ 12:30	중식 12:30~ 13:30	13:40~ 14:10	14:30~ 15:00
	40분	40분	40분	30분		30분	30분
시험 과목	국어	수학	영어	사회		과학	선택 과목

※ 필수 과목 : 국어, 수학, 영어, 사회, 과학(이상 5과목)

※ 6교시 선택 과목은 '도덕, 기술 · 가정, 체육, 음악, 미술, 정보' 중 1과목(총 6과목 응시)

※ 유의 사항 : 1교시 응시자는 시험 당일 08:40분까지, 2~6교시 응시자는 해당 과목 시험 시간 10분 전까지 지정 시험실에 입실하여야 합니다.

4 출제 형식 및 배점

- 문항 형식 : 객관식 4지 택 1형
- 출제 문항 수 및 배점

구분	문항 수	배점
중졸	각 과목별 25문항(단, 수학은 20문항)	각 과목별 1문항당 4점(단, 수학은 1문항당 5점)

5 **합격자 결정 및 취소**

- 전과목 합격 ➡ 100점 만점 기준으로 결시 없이 평균 60점 이상 취득한 자(과락제 폐지)
- 과목 합격 ➡ 과목당 60점 이상 취득 과목
- 합격 취소 ➡ 응시 자격에 결격이 있는 자, 제출 서류를 위조 또는 변조한 자, 부정행위자

6 **응시 자격 및 제한**

◆ 응시자격 및 응시과목

응시자격	응시과목
초등학교 졸업자 및 이와 동등 이상의 학력이 있는 자	• 국어, 수학, 영어, 사회, 과학 【필수 : 5과목】 • 도덕, 기술 · 가정, 체육, 음악, 미술, 정보【선택 : 1과목】
초등학교 졸업학력 검정고시 합격자	
초 · 중등교육법 시행령 제29조의 규정에 의하여 학적이 정원외로 관리되는 자	
보호소년 등의 처우에 관한 법률 시행령 제69조 제2호에 해당하는 자	
3년제 고등공민학교 및 중학교에 준하는 각종학교의 졸업자 또는 졸업예정자	국어, 수학, 영어 【총 3과목】
'92.9.3 이전 사회교육법 시행령 제7조 제1항의 규정에 의한 중학교 교육과정에 상응하는 사회교육 과정을 이수한 자	
만 18세 이후에 평생교육법 제23조 제2항에 따라 평가 인정한 학습과정 중 고시과목에 관련된 과정을 교육부장관이 징하는 바에 따라 과목당 90시간 이상 이수한 자	국어, 수학, 영어 【3과목】 + 미이수 과목

◆ 응시 자격 제한

- 중학교 또는 초 · 중등교육법 시행령 제97조 제1항 제2호의 학교를 졸업한 자 또는 재학 중인 자(휴학 중인 자 포함)
- 공고일 이후 초등학교 졸업자
- 공고일 이후 '제1호'의 학교에 재학 중 학적이 정원외로 관리되는 자
- 고시에 관하여 부정행위를 한 자로서 2년이 경과되지 아니한 자

7 **제출 서류**

- 검정고시 응시원서(소정서식) 1부
- 사진(최근 3개월 이내 촬영한 탈모 상반신 3.5㎝ × 4.5㎝) 2매
- 최종학력증명서 1부(아래에 해당서류 중 한 가지)
  - 초졸 검정고시 합격자 : 초졸 검정고시 합격증서 사본(원본 지참)
  - 중학교 정원외 관리자 : 중학교 정원외 관리증명서(유예증명서 아님)
  - 중학교 면제자 : 중학교 면제증명서
  - 중학교 제직자(의무교육이진) : 중학교 제직증명서
  - 초등학교 졸업 후 상급학교 미진학자 : 검정고시용 초등학교 졸업증명서, 미진학사실확인서
    ※ 졸업증명서는 반드시 검정고시용으로 제출하여야 함
  - 귀국자 : 귀국자 학력 인정 및 제출서류 내용에 따름
- 과목 면제자 : 과목합격증명서, 평생학습이력증명서(해당자에 한함)
- 장애인등록증 사본 또는 복지카드 사본(원본 제시) 1부(장애인으로 등록되어 있는 자에 한함)

8 출제 수준, 세부 출제 기준 및 방향

◆ 출제 수준
- 중학교 졸업 정도의 지식과 그 응용 능력을 측정할 수 있는 수준

◆ 세부 출제 기준 및 방향
- 2015 개정 교육과정에서 출제
- 각 교과의 검정(또는 인정) 교과서를 출제 범위에 활용
  - 가급적 최소 3종 이상의 교과서에서 공통으로 다루고 있는 내용으로 출제
    (단, 국어와 영어의 경우 교과서 외의 지문 활용 가능)
- 문제은행(기출문항 포함) 출제 방식을 학교 급별로 차등 적용
  - 초졸 : 50% 내외, 중졸 : 30% 내외, 고졸 : 적용하지 않음.
  - 출제 비율은 과목에 따라서 달라질 수 있음.
- 출제 난이도 : 최근 5년간 평균 합격률을 고려하여 적정 난이도 유지
- 중졸 검정고시의 '사회' 과목에 역사(한국사만 출제, 세계사 제외)를 포함하여 출제

9 응시자 시험 당일 준비물

◆ 중졸 및 고졸

> (필수) 수험표, 신분증, 컴퓨터용 수성사인펜
> (선택) 아날로그 손목시계, 수정 테이프, 도시락

※ 수험표 분실자는 응시원서에 부착한 동일한 사진 1매를 지참하고 시험 당일 08시 20분까지 해당 고사장 시험 본부에서 수험표를 재교부 받을 수 있다.

※ 시험 당일 고사장에는 차량을 주차할 수 없으므로 대중교통을 이용해야 한다.

검정고시 온라인 원서 접수, 이렇게 해요!

※ 사전 준비 : 본인의 '공동인증서' 발급 받기

1. 온라인 접수 기간에 시·도 교육청의 검정고시 서비스 사이트에 접속

   http://kged.sen.go.kr

2. 검정고시 전체 서비스 메인 화면에서, 화면 왼쪽의 검정고시 온라인 접수 클릭

3. 왼편의 검정고시 온라인 접수에서 해당하는 '시·도 교육청'을 선택하여 이동

4. 상단의 〈온라인 원서 접수〉 메뉴에서 본인이 희망하는 자격의 검정고시 선택
   ☞ 해당 자격의 원서 접수하기 버튼을 클릭하면 '온라인 원서 접수 페이지'로 이동

5. 성명과 주민등록번호(또는 외국인등록번호)를 입력하고, 원서 접수 허위 사실 기재에 관한 안내 및 서약서와 개인식별번호 처리 동의에 체크(✓)한 뒤, 인증서 로그인 을 클릭한 후 본인의 공동 인증서를 통해 로그인

6. 응시자 정보 ➡ 학력 과목 정보 ➡ 고사장 선택 ➡ 접수 완료 순으로 작성

   (1) 응시자 정보에서 본인의 기본 신상 정보와 검정고시 응시 기본 정보를 입력한 후 저장 버튼을 클릭하여 저장 (*표시는 필수 입력 항목으로, 미입력 시 다음 순서로 진행되지 않음) ➡ 다음 버튼 클릭
   • 사진 파일은 100kb 크기 미만의 jpg와 gif 파일만 저장 가능

   (2) 학력 과목 정보에서 응시자 본인의 학력 정보와 과목 응시 정보를 등록, 관련된 서류를 첨부한 후 저장 버튼을 클릭하여 저장 ➡ 다음 버튼 클릭

   (3) 고사장 선택에서 금회차의 고사장이 조회되며, 고사장별 수용 인원이 도달할 때까지 응시자가 신청할 수 있음 ➡ 다음 버튼 클릭
   ※ 고사장을 변경할 시에는 상단의 〈원서 조회〉 메뉴에서 '3. 고사장 선택 입력 단계 화면'에서 수정

   (4) 접수 완료에서 이전 단계에서 등록했던 주요 항목을 다시 한번 확인한 후, 제출 버튼을 클릭하여, 최종적으로 원서 제출
   ※ 입력을 완료하였으나 제출을 하지 않을 경우 오프라인으로 재접수를 해야만 응시 가능
   ※ 제출 완료한 응시원서에 수정이 필요한 경우, 〈수정후제출〉 버튼을 클릭하여 수정

7. 상단의 〈원서 조회〉 메뉴를 통해 본인이 응시한 검정고시 원서 조회 가능(공동인증서로 로그인)

8. 상단의 〈수험표 출력〉 메뉴에서 수험표 출력 가능(해당 자격의 수험표 출력하기 버튼 클릭)
   ※ 식별이 가능하도록 가급적 컬러프린터로 출력하여 시험 당일 소지할 것

이 책의 구성과 특징

최근 5개년 기출분석

출제 경향 분석

1 중졸 국어

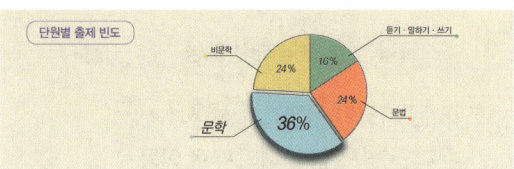

단원별 출제 빈도

듣기·말하기·쓰기 10%
비문학 24%
문학 36%
문법 24%

■ 최근 출제 경향

최근 기출문제 유형과 내용을 바탕으로 중학교 교과 과정 내 핵심 개념과 지문이 추가로 포함된 형태로 출제되고 있습니다. 특히 **문학 영역**에서는 교과서에 수록된 작품이나 유사한 형태의 지문이 제시되어 작품의 주제나 인물의 심리, 표현 기법 등을 정확히 파악해야 하는 문제들이 출제되고 있습니다. **비문학 영역**에서는 설명문·논설문·안내문 등의 실용 지문을 중심으로 중심 생각 파악, 문단 구조 분석, 표현 방식 이해 등 지문을 해석하고 적용하는 사고력 문제가 증가하는 경향을 보이고 있습니다. 또한 **문법과 쓰기 영역**에서는 핵심 개념 정리와 정확한 개념 이해를 바탕으로, 실제 문장에 적용해 보는 능력을 요구하는 문항이 포함되고 있습니다.

2 중졸 수학

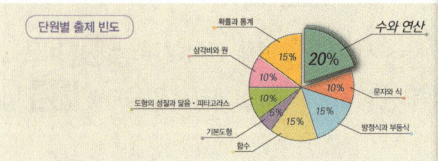

단원별 출제 빈도

확률과 통계 15%
삼각비와 원 10%
도형의 성질과 닮음·피타고라스 10%
기본도형 5%
함수 15%
방정식과 부등식 15%
문자와 식 10%
수와 연산 20%

■ 최근 출제 경향

최근 중졸 검정고시 수학은 이전 기출문제의 출제 경향과는 다소 다른 흐름을 보이고 있습니다. 기존에 출제 유형 외의 개념들이 포함되고, 문항의 형태 또한 변형된 사례들이 등장하면서 난이도가 확연히 높아지고 전반적으로 문제를 단순히 풀어내는 것을 넘어 사고력과 문제해결력까지 요구하는 구성이며, 기출문제에 응하기 어려운 복합적 사고를 요하는 문항이 다수 출제되고 있습니다. 전반적으로 기초 개념에 대한 정교 다양한 유형에 대한 응용력을 갖추는 것이 고득점의 핵심이라는 점을 지속적으로 보여주고 있습니다.

최근 5개년 기출 경향을 면밀하게 분석하여 단원별 출제 빈도를 한눈에 알 수 있도록 그래프로 제시하였습니다.

실전모의고사 5회분 문제

EBS 교육방송교재

국어 제5회 실전모의고사
정답 및 해설 p. 264

01 다음 친구에게 할 수 있는 조언으로 가장 적절하지 **않은** 것은?

> 말할 내용을 잊을까 봐 걱정이 돼.

① 눈을 감고 심호흡을 반복해 봐.
② 긍정적인 생각으로 긴장을 풀어 봐.
③ 거울을 보며 밝게 웃는 연습을 해 봐.
④ 최대한 자세하게 내용을 적어서 발표할 때 참고해 봐.

04 다음 대화에서 높임 표현이 바르지 **않은** 것은?

> 손님 : ㉠ 머리띠 좀 사려고 하는데요.
> 점원 : ㉡ 이 제품이 손님한테 잘 어울릴 것 같아요.
> 손님 : ㉢ 하나 주세요. 얼마예요?
> 점원 : ㉣ 오천 원이세요.

① ㉠   ② ㉡
③ ㉢   ④ ㉣

02 다음 중 방언을 사용해야 하는 상황으로 알맞은 것은?

① 텔레비전 뉴스
② 학급 토론에서 발표
③ 여러 사람 앞에서 하는 강연
④ 지역적 특색이 드러나는 드라마

03 다음 중 대등하게 이어진 문장이 **아닌** 것은?

① 배가 고파서, 밥을 먹었다.
② 철수는 웃으나, 영희는 울었다.
③ 민우가 피아노를 치고, 수애는 노래를 부른다.
④ 나는 국어를 좋아하고, 동생은 수학을 좋아한다.

05 다음 중 단어의 발음이 바르지 **않은** 것은?

① 부엌에[부어케]
② 부엌 안[부어간]
③ 밭 아래[바다래]
④ 겉옷을[거토슬]

기출 분석을 토대로 제작한 최종 실전용 모의고사 5회분을 실제 시험 순서대로 수록하였습니다.

※ 필수 5과목(국어, 수학, 영어, 사회, 과학) + 선택 1과목(도덕)으로 구성

3 친절하고 상세한 해설

EBS 교육방송교재

제3회 정답 및 해설

실전모의고사 3회 문제 p. 75

1교시 국어

01 ③	02 ③	03 ③	04 ②	05 ②
06 ②	07 ③	08 ④	09 ③	10 ②
11 ③	12 ①	13 ③	14 ②	15 ①
16 ③	17 ③	18 ①	19 ③	20 ②
21 ②	22 ①	23 ③	24 ①	25 ④

01 정답 ③
말하는 이, 듣는 이, 시간과 장소, 의도와 목적 등의 상황 맥락은 담화의 의미에 큰 영향을 미치기 때문에 이를 고려하여 담화의 의미를 파악해야 한다. 영수와 지민의 대화 상황을 볼 때, 영수의 발화는 의문의 형식을 띠고 있지만, 의도를 고려할 때 지민에게 창문을 닫아 달라는 요청을 하고 있음을 알 수 있다.

02 정답 ③
'독도 방문객 수 월별 그래프'는 글의 주제인 '독도를 바르게 알자.'의 세부 내용에 포함되지 않는 내용이므로 조사 내용으로 적절하지 않은 자료이다.

[오답피하기]
① 독도 자원 조사 보고서 – 독도의 자원
② 독도의 지리와 관련된 서적 – 독도의 위치
④ 독도에서 관찰된 동식물 사진 – 독도의 생물

03 정답 ③
'스포츠(sports)'는 외국에서 들어와 우리말처럼 쓰이는 말로 '외래어'이다.

더 알고가기

어휘의 분류

고유어	우리말에 본디부터 있었거나 우리말에 기초하여 새로 만들어진 말
한자어	한자에 기초하여 만들어진 말
유행어	비교적 짧은 시기에 걸쳐 사람들의 입에 오르내리는 말
전문어	특정 분야에서 전문 개념을 표현하기 위해 쓰는 말
은어	다른 사람들이 알아듣지 못하도록 자기네 구성원들끼리만 비밀스럽게 사용하는 말

04 정답 ②
산책하러 나가기 어렵다는 것을 설명하고, 거절할 때는 직설적으로 말하는 것보다 아버지의 기분을 고려하여 완곡하게 표현하는 것이 좋다.

05 정답 ②
② 꽃을 – 목적어

[오답피하기]
① 뛰어갔다 – 서술어
③ 선생님이 – 보어
④ 고양이가 – 주어

06 정답 ②
② '하늘'은 하나의 어근으로 이루어진 '단일어

[오답피하기]
① 덧버선 : '덧(접사) + 버선(어근)'으로 이루어
   생어
③ 돌다리 : '돌
④ 손발 : '손(어

- 정답이 왜 정답인지, 오답이 왜 오답인지를 정확하게 알 수 있도록 명쾌한 해설을 수록하였습니다.

- 중요하거나 이해가 잘 안될 수 있는 부분은 쿡쿡! 더 상세한 해설을 수록하였습니다.

4 실전대비 OMR 답안지 수록

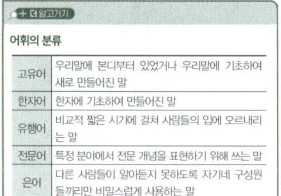

중학교 졸업학력 검정고시 답안지

성 명 (한 글)		교시	과 목 명	표기란	문항	답 란	문항	답 란	문항	답 란
		1		○	1	① ② ③ ④	11	① ② ③ ④	21	① ② ③ ④
수 험 번 호		2		○	2	① ② ③ ④	12	① ② ③ ④	22	① ② ③ ④
(1)		3		○	3	① ② ③ ④	13	① ② ③ ④	23	① ② ③ ④
		4		○	4	① ② ③ ④	14	① ② ③ ④	24	① ② ③ ④
		5		○	5	① ② ③ ④	15	① ② ③ ④	25	① ② ③ ④
		6		○	6	① ② ③ ④	16	① ② ③ ④		
		7		○	7	① ② ③ ④	17	① ② ③ ④		
(2)					8	① ② ③ ④	18	① ② ③ ④		
					9	① ② ③ ④	19	① ② ③ ④		
					10	① ② ③ ④	20	① ② ③ ④		

답안지 작성요령
1. 답안지 작성은 반드시 컴퓨터용 수성사인펜을 사용하여 다음 보기와 같이 표기합니다.
   (보기) 정상 답안 표기: ●   무효 처리 답안 표기: ⊗ ⊙ ⊘ ⊕
2. 성명은 한글로 기재합니다.
3. 수험번호 (1)란은 아라비아 숫자로 쓰고 (2)란은 해당란에 ● 표기 합니다.
4. 과목명 란은 해당교시 과목명을 한글로 기재하고 ● 표기 합니다.
5. 답안지에 틀린말 하거나 밖거나 수기면 안 됩니다.
6. 수정액(수정스티커)을 사용하거나 2개 이상 표기한 문항은 무효 처리 됩니다.

감독관 확인란

결시자 표기란 ○

- 기출문제를 실전 대비 모의고사용으로 활용할 수 있도록 OMR 답안지를 교재 뒤편에 수록하였습니다.

- 실제 시험장에서처럼 컴퓨터용 수성사인펜을 사용하여 미리 활용해보시기 바랍니다.

출제 경향 분석

1 중졸 국어

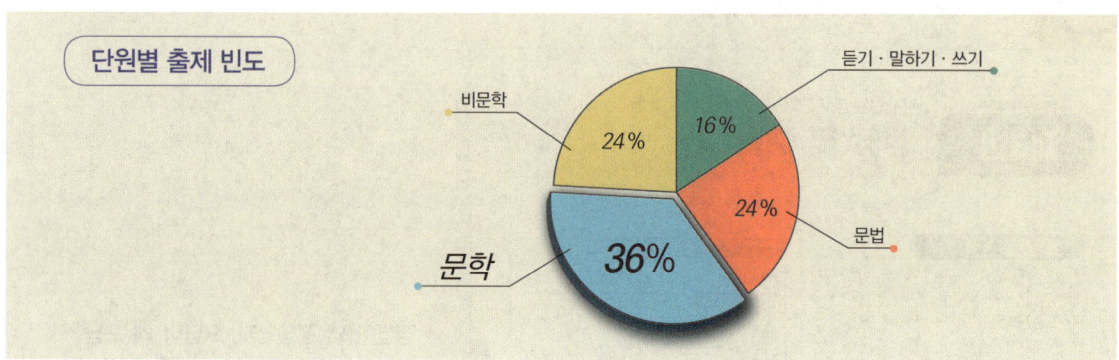

■ 최근 출제 경향

최근 기출문제 유형과 내용을 바탕으로 중학교 교과 과정 내 핵심 개념과 지문이 추가로 포함된 형태로 출제되고 있습니다. 특히 문학 영역에서는 교과서에 수록된 작품이나 유사한 형태의 지문이 제시되어 작품의 주제나 인물의 심리, 표현 기법 등을 정확히 파악해야 하는 문제들이 출제되고 있습니다. 비문학 영역에서는 설명문·논설문·안내문 등의 실용 지문을 중심으로 중심 생각 파악, 문단 구조 분석, 표현 방식 이해 등 지문을 해석하고 적용하는 사고력 문제가 증가하는 경향을 보이고 있습니다. 또한 문법과 쓰기 영역에서는 핵심 개념 정리와 정확한 개념 이해를 바탕으로, 실제 문장에 적용해 보는 능력을 요구하는 문항이 포함되고 있습니다.

2 중졸 수학

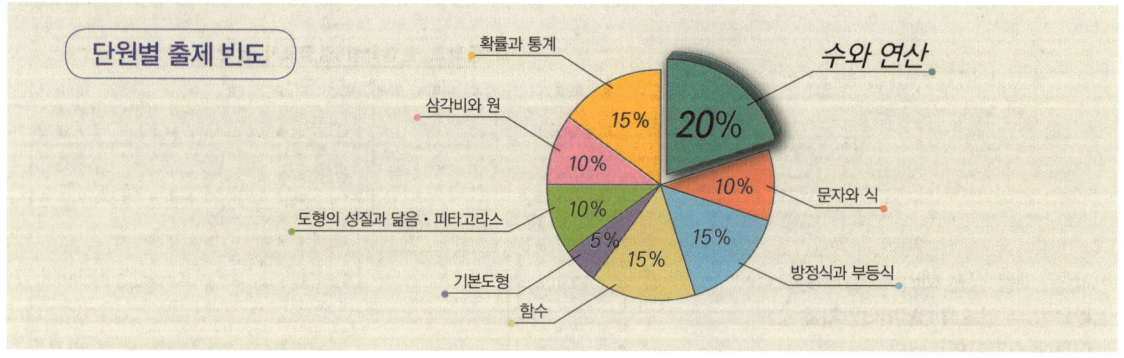

■ 최근 출제 경향

최근 중졸 검정고시 수학은 이전 기출문제의 출제 경향과는 다소 다른 흐름을 보이고 있습니다. 기존에 자주 출제되던 빈출 유형 외의 개념들이 포함되고, 문항의 형태 또한 변형된 사례들이 등장하면서 난이도가 확연히 높아지고 있습니다. 전반적으로 문제를 단순히 풀어내는 것을 넘어 사고력과 문제해결력까지 요구하는 구성이며, 기출문제의 반복만으로는 대응하기 어려운 복합적 사고를 요하는 문항이 다수 출제되고 있습니다. 전반적으로 기초 개념에 대한 정확한 이해와 함께 다양한 유형에 대한 응용력을 갖추는 것이 고득점의 핵심이라는 점을 지속적으로 보여주고 있습니다.

3 중졸 영어

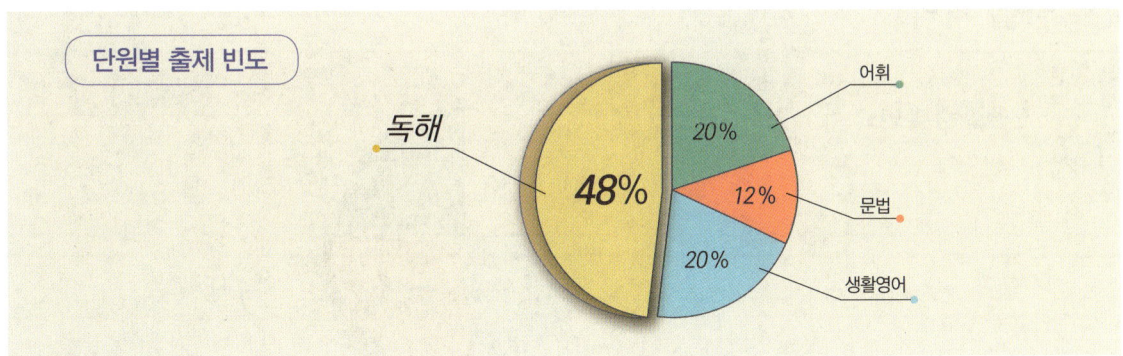

단원별 출제 빈도

독해 48%
어휘 20%
문법 12%
생활영어 20%

■ 최근 출제 경향

최근 중졸 검정고시 영어 시험은 예년과 유사한 형식으로 출제되고 있으며, 기출문제를 충분히 학습한 수험생이라면 익숙하게 문제를 풀 수 있는 난이도를 보이고 있습니다. 어휘는 기초 수준에서 출제되며, 문장의 길이나 문법 구조 역시 복잡하지 않아 전반적으로 평이한 수준을 유지하고 있습니다. 일부 문항의 경우 조금 더 긴 문장이나 낯선 표현을 포함하고 있지만, 기본 어휘와 표현을 충실히 학습한다면 무리 없이 해결 가능한 수준입니다.

4 중졸 사회

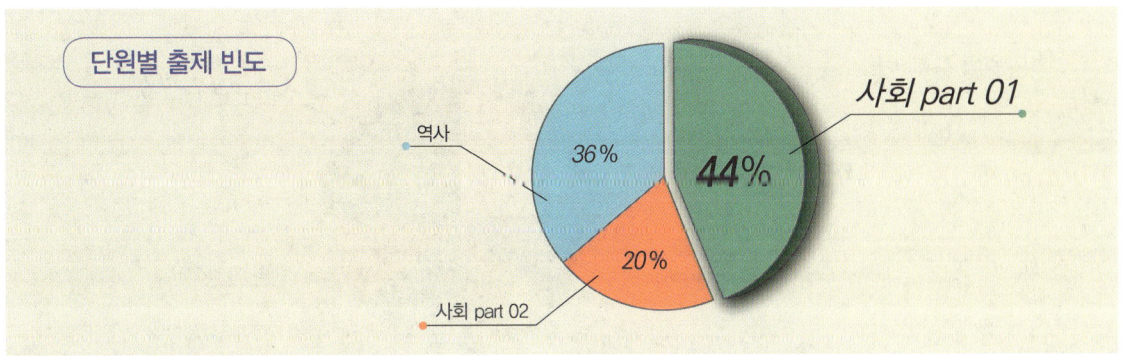

단원별 출제 빈도

사회 part 01 44%
역사 36%
사회 part 02 20%

■ 최근 출제 경향

중졸 검정고시 사회 시험은 이번에도 전반적으로 균형 잡힌 구성을 보였습니다.
역사 영역에서는 구석기 시대의 주먹도끼부터 6월 민주 항쟁까지 전 시기를 아우르며, 특정 주제에 치우치지 않고 전 영역에서 고르게 출제되었습니다. 또한 복잡한 추론보다는 기초 개념 이해와 사례 적용에 초점을 맞춘 문제가 다수를 차지했기 때문에, 핵심 개념 정리만 충실히 한다면 고득점 확보가 충분히 가능한 수준이었습니다.
결론적으로, 사회와 역사 영역 모두에서 개념 중심 학습과 기출 유형 반복 훈련이 효과적인 대비 전략으로 작용할 수 있는 무난한 난이도의 시험이었습니다.

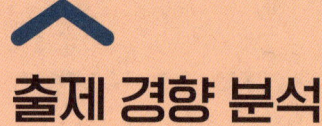
5 중졸 과학

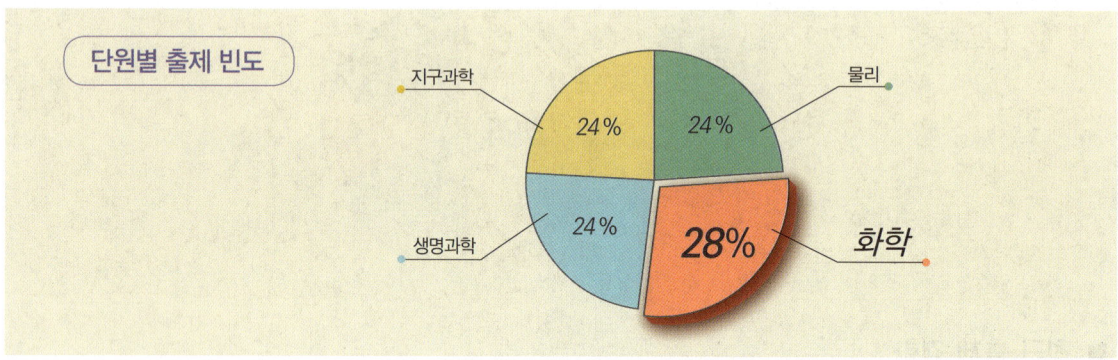

단원별 출제 빈도

지구과학 24%
물리 24%
생명과학 24%
화학 28%

■ 최근 출제 경향

기존 출제 유형의 문제가 다수 출제되었으나, 단순히 반복형 문제에 그치지 않고 변화가 일어날 때, 변하는 요소와 변화가 일어나지 않는 요소를 구분하도록 묻는 문제의 비중이 높아졌습니다. 또한 기초 용어의 의미를 정확히 알고 있어야 해결할 수 있는 문항이 다수 포함되었습니다. 전반적으로 기본 개념과 원리를 탄탄하게 학습한 경우라면 안정적인 점수를 확보할 수 있는 수준의 시험이었습니다.

6 중졸 도덕

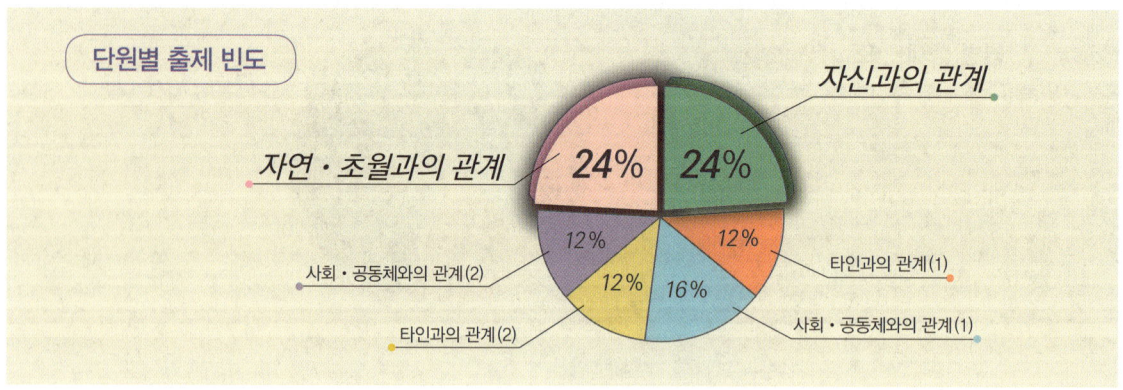

단원별 출제 빈도

자연·초월과의 관계 24%
자신과의 관계 24%
사회·공동체와의 관계(2) 12%
타인과의 관계(1) 12%
타인과의 관계(2) 12%
사회·공동체와의 관계(1) 16%

■ 최근 출제 경향

중졸 검정고시 도덕은 매년 비슷한 수준의 난이도로, 전반적으로 평이하게 출제되고 있습니다. 최근 단원별 출제 문항을 살펴보면, 1단원(도덕적 자아 정체성)과 6단원(사회 정의와 윤리적 삶)에서 가장 많은 문항이 출제되고 있는 것이 특징입니다. 하지만 도덕 과목은 매 시험마다 단원별 출제 비율에 변동이 있기 때문에, 특정 단원에만 집중하지 말고 전 범위를 고르게 학습하는 전략이 필요합니다.

검스타트 합격 스토리!
다음 합격 스토리의 주인공은 바로 당신!

고득점 합격

K*****

선생님들의 좋은 강의와 교재로 열심히 공부한 결과 고득점(평균 98.86점)을 받았습니다.

검스타트는 검정고시 관련 정보를 다양하게 제공하고 있어 시험 준비에 많은 도움을 받았습니다.
특히 다양한 학습자료가 정말 맘에 들었습니다.

수험생들의 학습을 위해 많은 배려를 하고 있다는 느낌을 받았고, 저렴한 수강료도 좋았지만
수험생의 합격을 위한 진실함이 있다고 느꼈습니다.

이 모든 것들이 검스타트를 선택한 배경이었습니다.

고득점 합격

동*

전체에서 한 문제 틀렸습니다.
과학에서 아쉽게 틀려서 만점을 못 받았습니다.

첫 관문을 잘 넘겼으니 이제 대학 진학이라는 더 큰 목표를 위해 더 열심히 공부하려고 합니다.

강의해 주신 선생님들 정말 감사합니다.
핵심을 잘 정리해 주시고 이해하기 쉽도록
강의를 잘 해주신 덕분에 높은 점수를 받았습니다.

검스타트 최고 !!!

고령 합격

합***

인강 선택을 위해 제 아들과 상의하고 합격수기가 많은 검스타트를 선택했습니다.

공부한 지 오래되어 기초실력이 없기에
제일 처음 기초강의부터 반복해서 들었습니다.
이어서 이론공부를 시작했습니다.

강의와 교재를 반복해서 공부하다 보니 어느새 틀이 잡혀지고 자신감이 생겼습니다.

이론을 마치고 문제풀이, 기출풀이를 공부하니 검정고시가 그다지 어렵지 않게 느껴졌습니다.

시험을 마치고 채점을 해보니 총점은 합격점수를 충분히 넘었습니다.

고령 합격

t***

50대 중반 주부입니다.
38년 만에 처음으로 도전해 보았는데 혼자 공부하는 거라 처음엔 막막하고 지루하고 어려웠습니다.

검스타트 상담선생님께서 말씀해 주신 대로 쉬운 과목부터 완벽하게 준비해 나갔습니다.
기본강의, 예상문제, 모의고사, 기출문제 순서로 공부했고 무엇보다도 문제를 많이 풀어보았습니다.

특히 핵심총정리가 많은 도움이 되었습니다.
향후 사이버 대학에 도전해보려 합니다.

열심히 강의해 주신 선생님들께 감사드립니다.

중+고졸 합격

심****

검스타트와 인연을 맺은 지 1년.
훌륭하신 선생님들의 헌신적인 강의에 힘입어
70 가까운 나이에 중학교 과정과 고등학교 과정을 잘 마쳤고
특히 고등학교 과정은 7과목 중 4과목을
만점을 받을 정도의 성적으로 무사히 마쳤습니다.

이 모두가 검스타트 임직원 여러분과 각 과목 선생님들의 땀과 아낌 없는 희생 덕분이라 생각합니다.

고맙습니다.
이제부터는 대입 준비 열심히 하여 대입에 도전해 보려 합니다.

이젠, 여러분이 합격할 차례입니다!

목차

 **100% 합격을 위한 나만의 학습 계획**

◆ 『중졸 검정고시 실전모의고사』 학습 진도표

구분		진도 체크(✓)*		
		1회	2회	3회
제**1**회 실전모의고사	제1교시 국어			
	제2교시 수학			
	제3교시 영어			
	제4교시 사회			
	제5교시 과학			
	제6교시 도덕			
제**2**회 실전모의고사	제1교시 국어			
	제2교시 수학			
	제3교시 영어			
	제4교시 사회			
	제5교시 과학			
	제6교시 도덕			
제**3**회 실전모의고사	제1교시 국어			
	제2교시 수학			
	제3교시 영어			
	제4교시 사회			
	제5교시 과학			
	제6교시 도덕			
제**4**회 실전모의고사	제1교시 국어			
	제2교시 수학			
	제3교시 영어			
	제4교시 사회			
	제5교시 과학			
	제6교시 도덕			

구분		진도 체크(✓)*		
		1회	2회	3회
제**5**회 실전모의고사	제1교시 국어			
	제2교시 수학			
	제3교시 영어			
	제4교시 사회			
	제5교시 과학			
	제6교시 도덕			

*1회는 첫 모의 평가 시, 2회는 복습 시(두 번째 모의 평가 시), 3회는 최종 점검 시(최종 모의 평가 시) 표시해 주세요(평가 회차 사이에 시간적 간격을 넉넉하게 둘 것, 적어도 한 달 이상). 또 반드시 평가 점수까지 적어 합격 여부(60점 이상 획득 시)와 성적 변화 추세를 확인하세요.

당부 사항 복습을 위해 적어도 첫 번째와 두 번째 모의 평가 시까지는 문제지에 정답을 표시하지 말고, 본 교재 끝에 첨부한 OMR 체크 카드를 사용하시기 바랍니다(컴퓨터용 수성사인펜 사용). 또 모의 평가를 할 때는 시험 시간은 물론 과목 순서까지 실제 시험과 같은 조건을 갖추어 놓고 치를 것을 권합니다. 그래야 실전 감각을 더 키울 수 있습니다. 또 기출문제집의 기출문제까지 합쳐 전체 모의 평가 계획을 잡아보는 것도 좋습니다. 이럴 경우 기출문제들을 먼저 풀어본 다음에 실전모의고사들을 치르는 순서로 진행하시기를 권합니다.

◆시리즈 전체 공부 순서

Type 1 ① 과목별 개념서 ➔ ② 핵심 총정리(개념서 학습 정리용으로 활용) ➔ ③ 기출문제집 ➔ ④ 실전모의고사 ➔ ⑤ 과목별 개념서 혹은 핵심 총정리로 최종 정리 [권장]

Type 2 ① 핵심 총정리(예습용으로 활용) ➔ ② 과목별 개념서 ➔ ③ 기출문제집 ➔ ④ 실전모의고사 ➔ ⑤ 과목별 개념서 혹은 핵심 총정리로 최종 정리 [하위권 수험생]

Type 3 ① 기출문제집 ➔ ② 과목별 개념서 ➔ ③ 핵심 총정리 ➔ ④ 실전모의고사 ➔ ⑤ 과목별 개념서 혹은 핵심 총정리로 최종 정리 [상위권 수험생]

EBS 교육방송교재

중졸 검정고시 실전모의고사

1회

실전모의고사

EBS 교육방송교재

중졸 검정고시 실전모의고사

국어 제1회 실전모의고사

징답 및 해설 p.185

01 다음 중 가장 자연스러운 대화로 적절한 것은?

① (집에서 뛰지 말라는 엄마의 말을 듣지 않던 영호가 뛰다가 발목을 다쳤다.)
　　엄마 : 어이구, 아주 잘했다.
　　영호 : 감사해요.

② (다음 날 학교에 가야 하는데, 늦게까지 텔레비전을 보고 있다.)
　　아빠 : 영희야, 내일 학교 안 가니?
　　영희 : 가요.

③ (아인이가 예솔이네 집에 갔다가 쓰레기가 아무데나 흩어져 있는 것을 본다.)
　　아인 : 집에 쓰레기통이 없나 봐?
　　예솔 : 아, 집이 많이 지저분하지? 얼른 치워야겠다.

④ (약속 시간에 한참을 늦은 은희에게 명선이 화가 나 있다.)
　　명선 : 지금이 도대체 몇 시야?
　　은희 : 지금? 2시 40분이야.

02 다음 중 높임 표현이 바르지 <u>않은</u> 것은?

① 아버지께서 방에서 주무신다.
② 할머니께 여쭈어 보아라.
③ 교장 선생님의 말씀이 있겠습니다.
④ 선생님께서 너 오시라고 하셨어.

03 다음 밑줄 친 부분의 문장 성분이 <u>다른</u> 것은?

① 물이 <u>얼음이</u> 되었다.
② 꽃이 아름답게 피었다.
③ 엄마의 <u>손이</u> 거칠다.
④ <u>철수는</u> 밥을 먹는다.

04 다음 글에서 설명하는 언어의 특성은?

> 어느 날 갑자기 '우유'를 사면서 "토끼 주세요."라고 한다면 가게 주인이 깜짝 놀랄 것이다. 왜냐하면 '우유'는 사회적으로 약속한 말이지만, 우유라는 뜻의 '토끼'는 나 혼자만 사용한 말이기 때문이다.

① 언어의 규칙성
② 언어의 창조성
③ 언어의 역사성
④ 언어의 사회성

05 다음에서 설명하는 음운 변동이 일어나는 단어는?

> 자음과 자음이 만나, 서로 영향을 주고받아 한쪽이나 양쪽 모두 비슷하거나 같은 소리로 바뀌는 현상을 '자음 동화'라 한다.

① 국화   ② 해돋이
③ 신라   ④ 소나무

06 다음 밑줄 친 단어들의 관계로 알맞은 것은?

> • <u>가는</u> 말이 고와야 <u>오는</u> 말도 곱다.
> • <u>낮말</u>은 새가 듣고 <u>밤말</u>은 쥐가 듣는다.

① 유의 관계   ② 반의 관계
③ 다의 관계   ④ 상하 관계

07 다음은 글쓰기를 하기 위해 만든 개요표이다. ㉠~㉢ 중 삭제해야 할 부분은?

제목	대중문화를 이끌 팬클럽 문화
처음	팬클럽 문화가 생겨난 원인
중간	• 팬클럽 문화에 대한 부정적인 인식 　– ㉠ 건전한 비판을 거부하고 경쟁 연예인에게 악성 댓글로 피해를 줌. 　– ㉡ 기획사들이 팬클럽을 상업적으로 이용함. • 팬클럽 문화의 긍정적인 모습 　– ㉢ 세대 간에 갈등을 일으킴. 　– ㉣ 사람들에게 다양한 대중문화를 소개함. 　– 연예인과 함께 봉사 활동, 기부 문화를 확신함.
끝	팬클럽 문화가 나아갈 길

① ㉠   ② ㉡
③ ㉢   ④ ㉣

08 다음 밑줄 친 부분과 같은 행위가 잘못된 이유로 가장 적절한 것은?

> 민수는 〈홍길동전〉을 읽고 독후감을 제출하라는 숙제를 받았는데 너무 늦게 〈홍길동전〉을 읽기 시작해서 제 날짜에 낼 수 없게 되었다. 민수는 어떻게 할까 고민하다가 인터넷에서 자료를 찾아보았다. 인터넷을 검색하여 〈홍길동전〉을 읽고 쓴 다른 사람들의 독후감을 쉽게 찾을 수 있었다. <u>민수는 그 가운데 하나를 골라 마치 자기가 직접 쓴 것처럼 꾸며 선생님께 제출하였다.</u>

① 쓰기 윤리를 지키지 않았고, 타인의 저작권을 침해한 행동이기 때문에
② 여러 글을 다양하게 짜깁기하지 않았기 때문에
③ 독후감의 내용이 주관적이고, 글의 수준이 낮기 때문에
④ 다른 이의 글을 인용하는 것은 법에 위배되기 때문에

09 발표할 때 매체 자료를 활용하여 얻을 수 있는 효과가 <u>아닌</u> 것은?

① 청중의 관심을 끌 수 있다.
② 발표 내용을 복잡하게 만들 수 있다.
③ 발표 내용을 쉽게 이해할 수 있다.
④ 다양한 발표 내용을 마련할 수 있다.

[10~12] 다음 글을 읽고 물음에 답하시오.

죽는 날까지 하늘을 우러러
한 점 부끄럼이 없기를,
잎새에 이는 바람에도
나는 괴로워했다.
㉠별을 노래하는 마음으로
모든 죽어 가는 것을 사랑해야지
그리고 ㉡나한테 주어진 길을
걸어가야겠다.

오늘 밤에도 별이 바람에 스치운다.

– 윤동주, 「서시」 –

10 ㉠과 대조적 의미로 쓰인 시어는?

① 하늘　　　　② 잎새
③ 바람　　　　④ 길

11 윗글에 대한 설명으로 알맞지 <u>않은</u> 것은?

① 상징적 시어를 사용하였다.
② 공간의 이동에 따라 시상이 전개된다.
③ 고백적 어조를 사용하고 있다.
④ 현실을 극복하고자 하는 화자의 의지적인 태도를 볼 수 있다.

12 ㉡의 의미로 적절하지 <u>않은</u> 것은?

① 조국과 민족을 위한 삶
② 현실로부터 도피하는 삶
③ 순수하고 부끄럽지 않은 삶
④ 양심을 지키며 사는 삶

[13~14] 다음 글을 읽고 물음에 답하시오.

　근질근질 가려움, 키득키득 간지럼
　어떤 물체가 살에 닿아 가볍게 스치면 간지러운 느낌 때문에 가만히 있기 어렵지요. 이처럼 견디기 어렵게 간지러운 느낌은 두 가지로 나누어 볼 수 있습니다. ㉠<u>하나는 '외부 자극에 의한 가려움[Knis-mesis]'이고, 또 다른 하나는 이 글에서 주의 깊게 살펴볼 '웃음이 나는 간지럼[Gargalesis]' 입니다. 이 둘은 어떻게 다를까요?</u>
　먼저 외부 자극에 의한 가려움을 살펴보겠습니다. 벌레가 팔 위를 누비는 상황을 생각하시면 됩니다. 굉장히 성가신 가려움이지요. 몸 전체의 피부에서 나타나는데 특징은 아주 약한 움직임으로 발생한다는 것입니다. 이것이 느껴지면 '벅벅' 긁기니 문지르고 싶어지지요.
　가려움은 연구가 많이 진행됐습니다. 아토피 피부염, 두드러기 등 가려움과 관련된 피부 질환이 많고, 하나같이 견디기 어렵기 때문이지요. 과거에는 가려움을 통각의 일종으로 여겼습니다. 통각의 세기가 약하면 가려움이 발생한다고 생각해 왔지요. 하지만 최근 통각이 약하다고 해서 가려움을 느끼는 것이 아니라 가려움을 느끼는 신경이 따로 있다는 사실이 드러났습니다.
　이번에는 이 글에서 본격적으로 주목할 '웃음이 나는 간지럼'을 살펴보겠습니다. 이것은 신체의 특정 부위에서 잘 일어나며, 가려움보다는 더 강한 촉각 때문에 생기는 특징이 있습니다. 간지럼도 가려움과 마찬가지로 이전에는 통각으로 여겼습니다. 1939년에 솜털로 고양이를 살살 간질이는 실험을 한 결과, 고양이의 통각과 관련된 신경들이 반응했고 이를 본 실험자가 간지럼이 통각과 관련이 있다고 주장했습니다. 그 뒤의 연구들도 간지럼은 통각과 관련이 있다는 사실을 뒷받침했지요.
　그런데 1990년, 이와 반대되는 연구 결과가 나왔습니다. 척수 손상으로 통증을 못 느끼는 환자들도 산지럼을 탄다는 것입니다. 산지럼의 원인이 통각만이 아니었던 것입니다. 간지럼의 원인은 다시 혼란에 빠지게 되었습니다. 현재는 촉각과 통각의 혼합이 유력한 후보로 꼽히고 있으며, 압각(壓覺)과 진동각(振動覺) 등 여러 감각과의 연관성이 제시되고 있습니다.

– 서동준, 「우리는 왜 간지럼을 느낄까」 –

13 윗글을 통해 알 수 있는 내용이 <u>아닌</u> 것은?

① 간지럼은 신체의 특정 부위에서 잘 일어나며 가려움보다는 더 강한 촉감 때문에 생긴다.

② 가려움은 몸 전체의 피부에서 나타나며 아주 약한 움직임으로 발생한다.

③ 간지럼과 가려움은 근본적으로 같은 특징을 가지고 있다.

④ 간지럼이 처음에는 통각으로 여겨졌으나 지금은 여러 감각과의 연관성이 제시되고 있다.

14 ㉠에서 사용된 설명 방법과 같은 설명 방법을 사용한 문장은?

① 시란 인간의 사상과 감정을 운율이 있는 언어로 압축해서 표현한 문학이다.

② 내가 나를 간질이는 것은 예측할 수 있지만, 남이 나를 간질일 때는 이와 관련된 정확한 정보가 없어 예측할 수 없다.

③ 자전거는 핸들, 안장, 바퀴, 기어 등으로 이루어진다.

④ 왜 가려움을 느끼게 되었는지는 설명하기 쉽습니다. 가벼운 자극이라도 문지르거나 긁는 반응을 해야 곤충이나 기생충같이 몸에 해로운 것을 일차적으로 막을 수 있기 때문입니다.

[15~17] 다음 글을 읽고 물음에 답하시오.

> 무엇을 하기에 그 이상 좋을 수가 없이 알맞은 경우에 '십상 좋다'고 말하는 십상도, 열 십(十) 자와 이룰 성(成) 자에서 나온 말입니다. 그만큼 ㉠열이란 수는 이미 이룰 것을 이룩한 ㉡완전한 수이며, ㉢성공을 한 수인 것입니다.
>
> ㉣그러면 아홉이란 수는 어떤 수입니까? 두말할 필요도 없이 열보다 하나가 모자라는 수입니다. 다시 말하면, 완전에 거의 다다른 수, 거기에 하나만 보태면 완전에 이르게 되는 수, 그래서 매우 ㉤아쉬움을 느끼게 하는 수인 것입니다.
>
> – 이문구, 「열보다 큰 아홉」 –

15 위와 같은 글의 특징으로 알맞지 <u>않은</u> 것은?

① 소재가 다양하다.

② 일정한 형식을 갖춘 글이다.

③ 글쓴이 자신의 경험을 바탕으로 쓴다.

④ 누구나 쓸 수 있는 비전문적인 글이다.

16 ㉠~㉤ 중 설명하는 대상이 <u>다른</u> 것은?

① ㉠ ② ㉡

③ ㉢ ④ ㉤

17 ⓐ에 사용된 표현 방법으로 알맞은 것은?

① 과장법 ② 문답법

③ 도치법 ④ 의인법

[18~20] 다음 글을 읽고 물음에 답하시오.

(가) 강원도 정선군에 한 양반이 살고 있었다. 이 양반은 ㉠ 어질고 글 읽기를 좋아하여, 군수가 새로 부임할 때마다 몸소 그 집을 찾아가서 인사를 드렸다. 그런데 이 양반은 가난하여 해마다 관청의 환곡(還穀)을 꾸어다 먹었다. 그 빚을 갚지 못하고 해마다 쌓여서 천 섬에 이르렀다.

(나) 그때 그 마을에 사는 부자가 그 양반의 소문을 듣고 가족과 의논하였다.
"양반은 아무리 가난해도 늘 귀한 대접을 받고, 우리 평민들은 아무리 잘살아도 항상 천한 대접을 받는다. 우리 신세가 ㉡ 가엾지 않느냐? 지금 저 양반이 환곡을 갚지 못해서 아주 난처하다고 한다. 그 형편으로는 도저히 양민의 신분을 지키지 못할 것이다. 그러니 우리가 그의 양반을 사서 양반 신분으로 살아 보자."
부자는 곧 양반을 찾아가 환곡을 대신 갚아 주겠다고 청하였다. 양반은 크게 기뻐하며 승낙하였다. 부자는 즉시 관청에 가서, 양반 대신 환곡을 갚았다.

(다) 군수는 관청으로 돌아와서 마을 사람들을 불러 모았다. 그리고 다음과 같이 증서를 작성하였다.
양반은 〈동래박의(東萊博義)〉를 줄줄 외워야 한다. 배고픔과 추위를 참고 견디며, ㉢ 가난 타령은 아예 하지 말아야 한다. 어금니를 딱딱 마주치고 뒤통수를 톡톡 두드리며, 침은 입안에 머금고 가볍게 양치질하듯이 삼켜야 한다. 소맷자락으로 털모자를 닦아 먼지를 털어 내어, 모자에 물결무늬가 뚜렷하게 해야 한다. 세수할 때는 주먹으로 비비지 말고, 입 냄새가 나지 않게 이를 잘 닦아야 한다. 소리를 길게 뽑아서 종을 부르며, 신발을 땅에 끌듯이 느릿느릿 걸음을 옮겨야 한다. 〈고문진보(古文眞寶)〉, 〈당시품휘(唐詩品彙)〉를 깨알같이 베껴 쓰되, 한 줄에 백 자씩 써야 한다.

(라) 군수는 자신에게 이익이 되게 해달라는 부자의 말을 듣고 다음과 같이 문서를 다시 작성하였다.
양반은 언제나 종들이 양산을 받쳐 주므로 귀밑이 희어지고, 설렁줄만 당기면 종들이 '예이' 하므로 뱃살이 처진다. 방에서는 귀걸이로 치장한 기생과 노닥거리고, 뜰에서는 남아도는 곡식으로 학(鶴)을 기른다.
벼슬을 아니 하고 시골에 묻혀 살더라도 모든 일을 제멋대로 할 수 있다. 강제로 이웃의 소를 끌어다 먼저 자기 땅을 갈고, 마을의 일꾼을 잡아다 먼저 자기 논의 김을 맨들, 누가 감히 나에게 대들겠느냐? 네놈들 코에 잿물을 들이 붓고, 머리끄덩이를 잡아 휘휘 돌리고, 귀밑 수염을 다 뽑아도 누가 감히 나를 원망하겠느냐?

(마) 부자는 증서 내용을 듣고 있다가 혀를 내둘렀다.
"그만두시오, 그만두시오. 참으로 맹랑하구먼. 나를 ㉣ 도둑놈으로 만들 작정입니까?"
부자는 머리를 흔들면서 떠나 버렸다. 그러고는 죽을 때까지 다시는 양반이 되고 싶다는 말을 입에 올리지 않았다.
– 박지원, 「양반전」 –

18 윗글에 대한 설명으로 적절하지 <u>않은</u> 것은?

① 군수가 작성한 신분 매매 증서의 내용을 통해 당대 양반 계층의 모습을 추측할 수 있다.
② 부자가 끝내 양반이 되기를 포기하고 떠나는 장면에서 당대 평민 계층이 양심적인 모습을 찾을 수 있다.
③ 환곡을 갚지 못하는 양반의 모습을 통해 경제적으로 몰락한 양반 계층이 등장하고 있음을 알 수 있다.
④ 환곡을 대신 갚아 주는 부자의 모습을 통해 경제적으로 성장한 평민 계층이 등장하고 있음을 알 수 있다.

19 윗글에 대한 감상으로 가장 적절한 것은?

① 작가는 신분 제도의 철폐를 주장하고 있어.

② 평민이 신분의 한계를 뛰어넘으려 노력하는 모습이 감동적이야.

③ 작가는 작품을 통해 양반의 긍정적인 면과 부정적인 면을 함께 제시하고 있어.

④ 이 글을 통해 양반과 평민의 신분 질서가 흔들리고 있는 당대의 사회적 상황을 알 수 있어.

20 ㉠~㉣ 중 양반에 대한 작가의 의식을 가장 집약적으로 드러내고 있는 것은?

① ㉠   ② ㉡

③ ㉢   ④ ㉣

[21~23] 다음 글을 읽고 물음에 답하시오.

(가) '나 인제 못난 아이 아니야!'

그리고는 다시 혼잣말로 중얼거렸습니다.

"내일 아침에는 순이를 데리고 오자. 순이를 놀리는 녀석은 어떤 녀석이고 용서 안 할 끼다."

용이는 돌아서서, 햇빛이 눈부신 내리받이 길을 바라보았습니다. 이제는 단숨에 학교까지 뛰어갈 듯합니다. 하늘에는 하얀 구름 한 송이가 날고 있었습니다. 용이는 훌쩍 한번 뛰더니 마구 두 팔을 내저으면서 내리 달렸습니다. 그것은 마치 한 마리의 꿩이 소리치면서 하늘을 날아오르는 모습과도 같았습니다.

(나) 벌써 고개 위에 다 올라갔는지 아이들의 고함이 산 위에서 들려왔을 때, 갑자기 용이는 눈앞에 있는 책 보퉁이들을 콱콱 짓밟아 버리고 싶은 생각이 났습니다. 발밑에 돌멩이 하나가 밟혔습니다. 용이는 벌떡 일어나 그 돌멩이를 집어 힘껏 골짜기 아래로 던졌습니다.

(다) 산기슭을 돌아 고갯길에 올라섰을 때, 그들은 모두 용이 발밑에 책 보퉁이를 던졌습니다. 3년 동안 용이 어깨에 매달려 재를 넘어가고 넘어오던 책 보퉁이들입니다. 용이 아버지가 같은 동네에서 머슴살이를 하고 있기 때문에 아이들은 모두 용이까지 남의 짐을 날라 주어야 하는 것으로 생각하고 있는 것입니다.

(라) "꼬공 꼬공, 푸드득!"

그것은 온 산골의 가라앉은 공기를 뒤흔들어 놓고 하늘로 날아오르는, 정말 살아 있는 생명의 소리였습니다.

'야, 참 멋지다!' / 날개를 쫙 펴고 꽁지를 쭉 뻗고 아침 햇빛에 눈부신 모습으로 산을 넘어가는 ㉠꿩을 쳐다보는 용이의 온몸에 갑자기 어떤 힘이 마구 솟구쳤습니다. 용이는 그 자리에서 한번 훌쩍 뛰어올라 보았습니다. 하늘에라도 날아오를 듯합니다. 용이는 발에 채는 책 보퉁이 하나를 집어 들었습니다. 그리고 그것을 하늘 위로 던졌습니다.

(마) "요런, 머슴의 자식이."

"나쁜 자식! 맛 좀 볼래?"

아이들의 발과 주먹이 용이를 덮쳐 왔을 때, 용이는 번개같이 거기를 빠져나와 몇 걸음 발을 옮기더니, 발밑에 있는 돌을 두 손으로 한 개씩 거머쥐고는 거기 있는 커다란 바윗돌 위에 껑충 올랐습니다. 그 몸놀림이 어찌나 재빠른지, 아이들이 모두 놀랐습니다. 지금까지의 용이와는 아주 다른, 딴 아이였습니다.

"자, 덤빌람 덤벼! 누구든지 오는 녀석은 가만두지 않을 끼다!"

– 이오덕, 「꿩」 –

21 윗글의 ㉠이 '용이'에게 불어넣어 준 것으로 적절하지 <u>않은</u> 것은?

① 불의에 당당히 맞서는 용기
② 자신의 아픔을 인내하는 마음
③ 부당한 차별에 대항하려는 의지
④ 합당하지 못한 상황에 맞서는 자신감

22 윗글의 주된 갈등으로 적절한 것은?

① 머슴살이를 하는 아버지와 아들 용이를 놀리는 아이들 사이의 갈등
② 용이에게 책 보퉁이를 나르게 하는 아이들과 책 보퉁이 나르는 것이 괴로운 용이 사이의 갈등
③ 화가 나 돌멩이를 던진 용이와 그 돌멩이를 맞은 아이들 사이의 갈등
④ 공부를 하고 싶은 순이와 순이를 곰보딱지라고 놀리는 아이들 사이의 갈등

23 (나), (마)에서 용이의 심리로 바르게 짝지어진 것은?

	(나)	(마)
①	안쓰러움	화가 남
②	화가 남	자신감이 생김
③	부끄러움	속상함
④	용기를 얻음	부끄러움

[24~25] 다음 글을 읽고 물음에 답하시오.

한편 텔레비전의 각종 프로그램에 외모를 차별하는 내용이 버젓이 등장하는 것도 문제이다. 코미디 프로그램에서는 기준에 못 미치는 외모를 웃음거리로 삼는 일이 비일비재(非一非再)하다. 2007년 방송 3사의 34개 프로그램을 분석한 조사 결과에서는 외모를 중심으로 사람을 평가하는 표현이 자주 발견되었다.

결과적으로 시청자들은 어느 채널에서나 미남 미녀들을 일상적으로 접하게 되고, 그에 미치지 못하는 외모가 부정적으로 평가되는 모습을 보게 된다. 따라서 텔레비전은 외모에 대한 그릇된 가치관을 형성하는 데 핵심적인 역할을 하고 있다는 비판에서 벗어날 수 없다.

– 「텔레비전, 미남 미녀만 사는 세상」 –

24 위와 같은 글을 읽는 방법으로 알맞은 것은?

① 등장인물의 갈등을 파악하며 읽는다.
② 단어들의 함축적인 의미를 파악하며 읽는다.
③ 제시된 정보가 정확한지 파악하며 읽는다.
④ 글쓴이의 주장과 근거의 타당성을 파악하며 읽는다.

25 윗글에서 글쓴이가 텔레비전을 바라보는 시각으로 알맞은 것은?

① 예찬적   ② 긍정적
③ 합리적   ④ 부정적

01 108을 소인수분해하면 $2^a \times 3^b$이다. 이때 $a+b$의 값은?

① 2   ② 3

③ 4   ④ 5

02 다음 중 절댓값이 가장 작은 수는?

① -7 ② -3

③ 1   ④ 5

03 다음을 문자를 사용한 식으로 바르게 나타낸 것은?

> 농구 시합에서 2점 슛 a개와 3점 슛 b개 를 넣었을 때의 득점

① $2a+3b$ ② $2a-3b$

③ $6ab$ ④ $2a \times 3b$

04 $a = -2$일 때, $5a+1$의 값은?

① 10   ② 5

③ -5 ④ -9

05 일차방정식 $3x - 4 = x + 6$의 해는?

① $x = 5$ ② $x = 7$

③ $x = 9$ ④ $x = 12$

07 다음은 어느 반 학생 15명의 봉사 활동 시간을 조사하여 줄기와 잎 그림으로 나타낸 것이다. 봉사 활동 시간이 25시간 이상인 학생의 수는?

봉사 활동 시간 (1 | 2는 12시간)

줄기	잎				
1	2	2	3	8	9
2	0	3	3	6	7	8
3	1	2	5	6	

① 7   ② 8

③ 9   ④ 10

06 다음 좌표평면에서 네 점 A, B, C, D의 좌표를 바르게 나타내지 <u>않은</u> 것은?

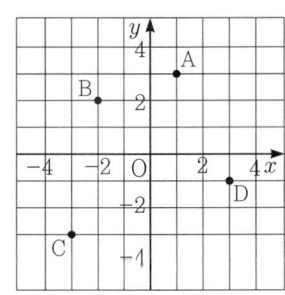

① A(1, 3)   ② B(-2, -2)

③ C(-3, -3)   ④ D(3, -1)

08 5종류의 빵과 음료수 3개가 있다. 이때 빵 1개와 음료수 1개를 먹는 경우의 수는?

① 7   ② 10

③ 12   ④ 15

09 그림과 같이 $\overline{\text{CA}} = \overline{\text{CB}}$인 이등변삼각형
ABC에서 ∠B＝30°일 때, ∠x의 크기는?

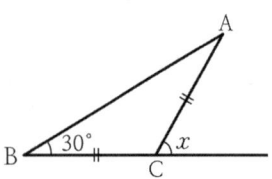

① 55°   ② 60°

③ 65°   ④ 70°

10 그림에서 △ABC와 △DEF는 닮음비가 1:2
인 닮은 도형이다. 이때 $\overline{\text{DE}}$의 길이는?

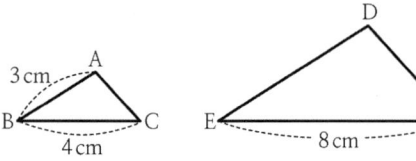

① 4cm   ② 5cm

③ 6cm   ④ 7cm

11 일차함수 $y = \dfrac{2}{3}x + b$의 그래프에서 b의 값은?

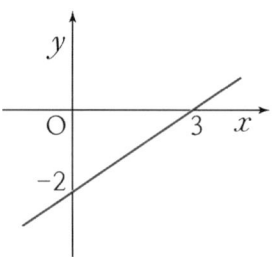

① -2 ② -1

③ 1 ④ 3

12 다음 분수 중 유한소수로 나타낼 수 없는 것은?

① $\dfrac{1}{3}$ ② $\dfrac{1}{5}$

③ $\dfrac{1}{8}$ ④ $\dfrac{1}{10}$

13 그림과 같이 넓이가 $20cm^2$인 정사각형의 한 변의 길이 x는?

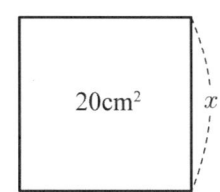

① $\sqrt{5}$ cm   ② $2\sqrt{5}$ cm

③ $3\sqrt{5}$ cm   ④ $\sqrt{10}$ cm

14 $(-2x^4) \times x^2$을 간단히 한 것은?

① $-2x^8$ ② $-2x^7$

③ $-2x^6$ ④ $2x^8$

15 그림에서 두 사면체는 서로 닮은 도형이고 $\triangle ABC$와 $\triangle A'B'C'$이 서로 대응하는 면이다. 사면체 $ABCD$의 부피가 $10\,cm^3$일 때, 사면체 $A'B'C'D'$의 부피는?

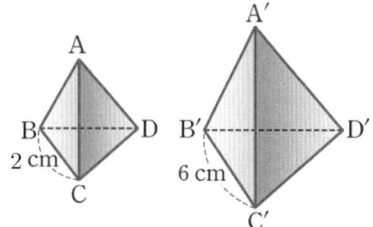

① $30\,cm^3$ ② $90\,cm^3$

③ $180\,cm^3$ ④ $270\,cm^3$

16 다항식 $x^2 - 49$를 인수분해한 것은?

① $(x+7)^2$

② $(x-7)^2$

③ $(x+49)(x-49)$

④ $(x+7)(x-7)$

17 그림은 이차함수 $y = ax^2$의 그래프이다. 상수 a의 값은?

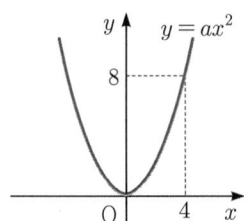

① $a = 2$ ② $a = 1$

③ $a = \dfrac{1}{2}$ ④ $a = \dfrac{1}{4}$

18 그림에서 두 직선 l, m이 평행할 때, $\angle x$의 크기는?

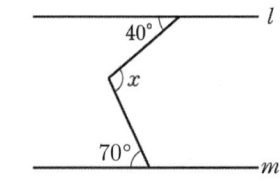

① $100°$ ② $105°$

③ $110°$ ④ $115°$

19 그림과 같이 $\angle B = 90°$인 직각삼각형 ABC에서 $\sin A$의 값은?

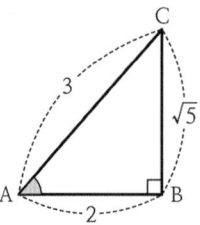

① $\dfrac{2}{3}$ ② $\dfrac{\sqrt{5}}{3}$

③ 1 ④ $\dfrac{\sqrt{5}}{2}$

20 그림과 같이 원 O에서 $\angle AOB = 30°$, $\overset{\frown}{AB} = 6\,\text{cm}$, $\overset{\frown}{CD} = 24\,\text{cm}$일 때, $\angle x$의 크기는?

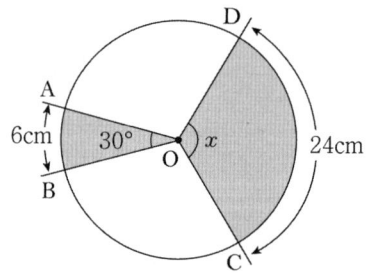

① $90°$ ② $120°$

③ $140°$ ④ $150°$

영어

제1회 실전모의고사

정답 및 해설 p.191

01 다음 밑줄 친 단어의 뜻으로 가장 적절한 것은?

> Be <u>careful</u>. Here comes the truck!

① 부지런한 ② 어려운
③ 위험한 ④ 조심하는

02 다음 두 단어의 의미 관계가 나머지 셋과 <u>다른</u> 것은?

① active – passive
② possible – impossible
③ delicious – tasteless
④ outdoor – outside

03 다음 대화의 빈칸에 들어길 말로 가징 직질한 것은?

> A : Was Luna late for school?
> B : Yes, _____. She got up late in the morning.

① He wasn't ② she was
③ she wasn't ④ I was

04 주어진 상황에서 민수에게 해줄 수 있는 말은?

> Minsu is using his cell phone in class.

① Don't smoke here.
② Don't close the window.
③ Don't be late for school.
④ Don't use your cell phone.

05 다음 대화의 빈칸에 들어갈 말로 가장 적절한 것은?

> A : How _____ are you?
> B : I am fourteen years old.

① many ② old
③ far ④ tall

06 다음 빈칸에 공통으로 들어갈 말로 가장 적절한 것은?

> • I am busy _____ studying cnglish.
> • This cup is filled _____ some water.

① with ② on
③ by ④ to

07 다음 대화에서 A가 찾아가려는 곳의 위치로 옳은 것은?

A : Excuse me. How do I get to the King building?
B : Go straight two blocks and turn left. It's on your right.
A : Thank you.

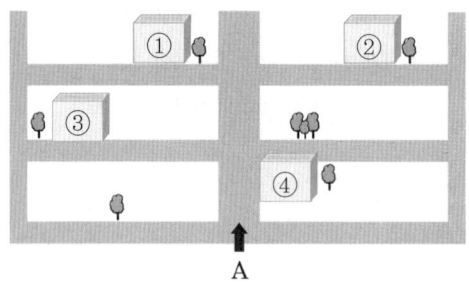

09 다음 대화에서 밑줄 친 말의 의도로 가장 적절한 것은?

A : I'm planning to go to the movies.
B : Why don't you buy tickets first?

① 거절하기   ② 승낙하기
③ 조언하기   ④ 축하하기

[10~11] 다음 대화의 빈칸에 들어갈 말로 가장 적절한 것을 고르시오.

10

A : _____ are you planning to do this weekend?
B : I'm planning to stay at home.

① which   ② what
③ where   ④ when

08 다음 대화에서 B에 대한 A의 질문으로 가장 적절한 것은?

A : _____?
B : My favorite book is The Adventures of Tom Sawyer.

① What are you doing
② How can I help you
③ What's your favorite book
④ Where is he

11

A : Hi, I'm Ann. Nice to meet you.
B : Glad to meet you, _____.

① too   ② to
③ either   ④ so

12 다음 대화의 주제로 가장 적절한 것은?

> A : What do you do in your free time?
> B : I like to play computer games. How about you?
> A : I usually read books.

① 선호 게임 ② 장래 희망
③ 도서 추천 ④ 여가 활동

13 다음 공지를 보고 알 수 없는 것은?

> **Math Test Schedule**
> • Date : Monday, April 14th
> • Test room : Main building 505

① 시험 과목 ② 시험 일정
③ 시험 장소 ④ 시험 감독

14 다음 상황으로 보아 빈칸에 들어갈 말로 가장 적절한 것은?

> 상황 : 소녀가 전화를 하는 중
> A : What is the girl doing?
> B : She is _____.

① reading a book
② sleeping on the sofa
③ taking a walk
④ talking on the phone

15 다음 글의 주제로 가장 적절한 것은?

> There are many cars on the streets these days. Many people have their own car. But Going by car is too slow because of heavy traffic. Also it causes air pollution. So, We should reduce use of cars.

① 많은 차량의 문제점
② 주차 공간의 부족
③ 대중교통을 이용하는 방법
④ 교통사고의 증가

16 다음 글을 쓴 목적으로 가장 적절한 것은?

> Hello, freshman! Welcome to Korea Middle school. I'd like to talk about our school's top choir*. We prepare for many competitions, school performances and graduation ceremonies. You will be able to create unforgettable memories. Please join us.
>
> *choir 합창단

① 학교 축제에 대해 설명하려고
② 친구 사귀는 법을 알려 주려고
③ 학교를 홍보하려고
④ 합창단 가입을 권유하려고

17 다음 글의 바로 뒤에 이어질 내용으로 가장 적절한 것은?

> Do you want to find something fun with family? Read the following lists. It shows you a lot of activity with your family.

① 생활용품 구매하는 방법
② 날씨에 따른 등산 주의 사항
③ 가족과 함께 할 수 있는 활동들
④ 캠핑하는 방법들

18 대화 직후에 A가 할 일로 가장 적절한 것은?

> A : Oh, my! what should I do? I lost all of my money.
> B : I think you should call the police.

① 경찰에 연락하기
② 친구에게 돈 빌리기
③ 호텔에 전화하기
④ 가방을 수선하기

19 다음 밑줄 친 'It'이 공통으로 가리키는 것은?

> It is the Korean alphabet. It was made by King Sejong. It has 24 letters. It is known as a scientific and beautiful writing system.

① 태권도   ② 판소리
③ 한글   ④ 한복

20 다음 대화에서 밑줄 친 말의 의도로 가장 적절한 것은?

> A : How about playing a baseball game?
> B : That sounds good.

① 요청   ② 제안
③ 수락   ④ 거절

21 다음 글을 쓴 목적으로 가장 적절한 것은?

> Dear Mr. Park,
> Hello. I'm a middle school student. I love cooking. I want to be a cook, but my parents want me to be a scientist. What should I do?
> Minsu

① 요리하는 방법을 묻기 위해
② 고민에 대한 조언을 얻기 위해
③ 과학자가 되라고 충고하기 위해
④ 자신의 부모님을 소개하기 위해

22 다음 책 보관 주의 시항에 제시되지 <u>않은</u> 것은?

> • Keep the book without moisture.
> • Don't fold page.
> • Don't leave the book near the fire.

① 습기 없이 보관할 것
② 페이지를 접지 말 것
③ 불 근처에 두지 말 것
④ 어린이 손에 닿지 않게 할 것

24 John의 직업에 관한 다음 글의 내용과 일치하지 <u>않는</u> 것은?

> John's job is to build tall buildings. Each day he takes the train into the city. John must put on a hard hat. John and the other builders are not afraid to be up high. He even eats his lunch up there. He is satisfied with his job.

① John의 직업은 높은 빌딩을 짓는 것이다.
② John은 단단한 모자를 써야 한다.
③ John과 다른 건축가들은 높은 곳이 무섭다.
④ John은 빌딩 위에서 점심 식사를 한다.

23 주어진 말에 이어질 두 사람의 대화를 〈보기〉에서 찾아 순서대로 가장 적절하게 배열한 것은?

> I don't feel well today, Mom.

> ┤ 보기 ├
> (A) I think I have a stomachache.
> (B) What's wrong?
> (C) You should rest at home.

① (A) − (B) − (C)
② (B) − (A) − (C)
③ (B) − (C) − (A)
④ (C) − (B) − (A)

25 다음 글의 목적으로 가장 적절한 것은?

> There is a pretty girl in my class. She is smart. I really like her. However, last Sunday I saw her with my friend, Tom on the street. They looked very close. What should I do?

① 감사하기 위해
② 고민 상담하기 위해
③ 사과하기 위해
④ 칭찬하기 위해

01 다음과 같은 특징이 나타나는 기후는?

> • 농업이 불가능하며 순록 유목이 나타난다.
> • 백야, 개 썰매, 빙하 체험 등 관광 산업이 발달한다.

① 건조 기후
② 냉대 기후
③ 툰드라 기후
④ 지중해성 기후

02 다음 설명에 해당하는 섬은?

> • 우리나라의 대표적인 화산 지형
> • 현무암질 용암이 분출하여 형성
> • 경사가 완만한 방패 모양의 화산체
> • 오름과 용암 동굴, 주상 절리 등 관광 자원 풍부
> • 유네스코(UNESCO) 세계 자연 유산으로 지정

① 독도
② 가거도
③ 거제도
④ 제주도

03 다음에서 설명하는 기상 현상으로 옳은 것은?

> 열대 우림 지역에서는 한낮에 햇볕에 의해 데워진 공기가 상승하여 구름을 만들어 한 차례 심한 소나기를 퍼붓는다.

① 폭설
② 태풍
③ 장마
④ 스콜

04 다음에서 설명하는 지역은?

> • 도심의 일부 기능을 분담한다.
> • 대도시 내부의 교통 요지에 발달한다.

① 외곽 지역
② 부도심
③ 위성 도시
④ 중심 업무 지구

05 자원 민족주의가 나타나는 가장 큰 원인은 무엇인가?

① 편재성
② 가변성
③ 유한성
④ 재생 가능성

06 고령화 사회에 대한 설명으로 옳은 것을 〈보기〉에서 고른 것은?

┌─── 보기 ├─────────────────────┐
│ ㄱ. 인구 증가 속도가 더 빨라진다.
│ ㄴ. 청장년층의 노인 인구 부양 부담이 감소
│   하고 있다.
│ ㄷ. 고령화 문제를 해결하기 위해 출산 장려
│   정책을 실시해야 한다.
│ ㄹ. 노인의 재취업 기회를 제공하고 연금 제
│   도를 개선하는 노력이 필요하다.
└───────────────────────────┘

① ㄱ, ㄴ　　　　② ㄴ, ㄷ
③ ㄴ, ㄹ　　　　④ ㄷ, ㄹ

07 그림의 황사 현상이 나타난 원인으로 가장 거리가 먼 것은?

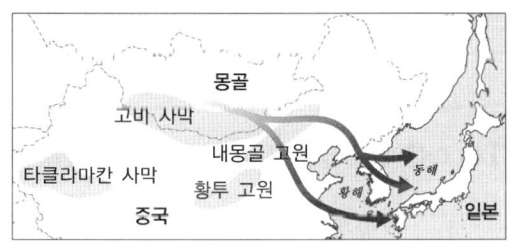

① 사막화 현상
② 강수량 감소
③ 과도한 관개 농업
④ 국제 하천의 오염

08 다음은 카슈미르 분쟁 지역이다. 이 지역에 대한 설명으로 옳은 것은?

① 이슬람교와 힌두교와의 갈등이 일어난다.
② 지하자원을 둘러싼 파키스탄과 인도와의 분쟁이다.
③ 카슈미르 북부는 파키스탄어, 남부는 인도어를 사용하여 언어 갈등이 일어난다.
④ 북부 파키스탄령에서 댐을 건설하여 하류 인도령의 물 부족 현상으로 인한 분쟁 지역이다.

09 다음 내용에 나타난 민주 정치의 기본 원리는?

┌───────────────────────────┐
│ 　국가 기관 간에 권력을 나누어 맡게 하고,
│ 상호 간에 견제와 균형을 이루도록 하는 원
│ 칙이다. 이를 통해 권력 집중에 따른 권력 남
│ 용을 방지하고, 헌법상 보호되는 국민들의
│ 자유와 권리가 실질적으로 보장될 수 있다.
└───────────────────────────┘

① 법치주의　　　　② 국민 주권
③ 권력 분립　　　　④ 국민 복지

10 다음 내용에서 알 수 있는 문화의 특징은?

> 우리나라의 전통 가옥은 흙과 짚, 돌로 이루어진 초가집이다. 한편 캐나다의 침엽수림 지대에 사는 사람들은 통나무집을 짓고, 초원에서 유목 생활을 하는 몽골 사람들은 가축의 가죽으로 된 천막을 올린 이동식 집을 지어 생활한다.

① 절대성   ② 형평성
③ 다양성   ④ 강제성

11 다음 글에 나열된 사회적 지위 중 성격이 <u>다른</u> 것은?

> 영철이는 ㉠ <u>막내아들</u>이다. 영철이는 중학교 때 ㉡ <u>학교 회장</u> 선거에 출마하여 당선되었다. 영철이의 ㉢ <u>어머니</u>는 시장에서 반찬 가게를 운영하신다. 영철이는 고등학교 때 우리나라 청소년 대표팀의 ㉣ <u>축구 선수</u>로 선발되었다.

① ㉠   ② ㉡
③ ㉢   ④ ㉣

12 다음 사례에서 위배된 민주 선거의 원칙은?

> 어떤 나라에서는 대통령 선거에서 자산이 10억 이상인 사람에게는 두 표, 그렇지 않은 사람들에게는 한 표를 준다.

① 보통 선거   ② 평등 선거
③ 직접 선거   ④ 비밀 선거

13 다음 설명에 해당하는 법은?

> • 개인과 개인 사이의 사적인 생활 관계를 규율하는 법
> • 개인 간의 재산 관계, 가족 관계, 가족 생활 등을 다스리는 법

① 민법   ② 헌법
③ 형법   ④ 행정법

14 다음에서 설명하는 국가 기관의 수반은?

> 행정부의 수반이자 국가 원수로서의 지위를 가지며, 국민이 선거를 통해 직접 선출한다.

① 대통령   ② 국회의장
③ 대법원장   ④ 헌법재판소장

15 다음 내용이 의미하는 경제 개념으로 가장 적절한 것은?

> 자원의 절대적인 양이 적음을 의미하는 것이 아니라, 인간의 필요와 욕구에 비해 그 양이 상대적으로 부족한 것

① 경제 성장
② 국제 수지
③ 국내 총생산
④ 자원의 희소성

16 다음 설명에 해당하는 실업의 종류는?

> 더 나은 조건의 직장을 구하기 위해 일시적으로 현재의 직장을 그만두는 경우

① 계절적 실업
② 구조적 실업
③ 마찰적 실업
④ 경기적 실업

17 다음 자료와 관련 있는 나라는?

> • 사람을 죽인 자는 사형에 처한다.
> • 남에게 상처를 입힌 자는 곡물로 갚는다.
> • 남의 물건을 훔친 자는 노비로 삼고, 만약 용서를 받으려면 많은 돈을 내야 한다.

① 동예
② 부여
③ 고구려
④ 고조선

18 다음에서 설명하는 왕은?

> • 녹읍을 폐지하고 관료전을 지급하였다.
> • 진골 귀족들의 반란을 진압하였다.

① 공민왕
② 신문왕
③ 장수왕
④ 광개토 대왕

19 다음 설명에 해당하는 사상은?

> • 산천 숭배와 신선사상과 결합하여 귀족 사회를 중심으로 환영을 받았다.
> • 산세와 수세를 살펴 도읍, 주택, 묘지 등을 선정한다.

① 선종
② 실학
③ 성리학
④ 풍수지리설

20 다음 자료의 내용에 해당하는 사건은?

> 그는 공사 노비를 불러 모아 "장군과 재상이 어찌 종자가 따로 있으랴. 때가 오면 누구나 할 수 있을 것이나."라고 설득하였나.

① 만적의 난
② 김헌창의 난
③ 홍경래의 난
④ 망이·망소이의 난

21 다음의 업적을 남긴 조선의 왕은?

- 집현전 설치
- 『칠정산』 편찬
- 측우기를 만들어 강수량 측정

① 태종   ② 세종

③ 정조   ④ 순조

22 제사와 교육의 기능을 담당하고 붕당의 근거지가 되는 조선 시대의 기관은?

① 서원   ② 향약

③ 서당   ④ 성균관

23 다음 자료의 내용에 해당하는 운동은?

- 입자, 조선인이 짠 것을!
- 먹자, 조선인이 만든 것을!
- 쓰자, 조선인의 손으로 된 것을!

① 브나로드 운동

② 위정척사 운동

③ 동학 농민 운동

④ 물산 장려 운동

24 다음 설명에 해당하는 조약은?

- 배경 : 운요호 사건
- 내용 : 부산 외 2개 항구 개항, 치외법권, 해안 측량권 허용
- 성격 : 최초의 근대적 조약이자 불평등 조약

① 을사조약

② 강화도 조약

③ 한·일 병합 조약

④ 한성 조약

25 다음 설명에 해당하는 단체는?

- 연통제, 교통국을 조직하였다.
- 군자금을 조달하기 위해 독립 공채를 발행하였다.

① 신민회

② 신간회

③ 의열단

④ 대한민국 임시 정부

과학 | **제1회 실전모의고사**

정답 및 해설 p.199

01 다음 설명에 해당하는 힘을 이용하는 예로 옳은 것은?

- 변형된 물체가 원래 상태로 되돌아가려는 힘이다.
- 가한 힘의 방향과 반대 방향으로 작용한다.

① 구명조끼
② 수력 발전
③ 장대높이뛰기
④ 윤활유

02 그림은 평면거울에 비친 시계의 모습이다. 시계가 가리키는 시각은?

① 2시 6분
② 2시 30분
③ 9시 30분
④ 10시 30분

03 어떤 사람이 무게가 10N인 물체를 지면으로부터 2m 들어 올리는 일을 했을 때, 사람이 중력에 대해 한 일의 양은?

① 2J
② 10J
③ 20J
④ 196J

04 그림은 저항값이 다른 두 개의 저항을 병렬로 연결한 전기 회로도를 나타낸 것이다. 2Ω에 걸리는 전압은 6Ω에 걸리는 전압의 몇 배인가?

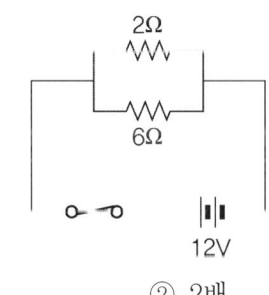

① 1배
② 2배
③ 3배
④ $\frac{1}{3}$ 배

05 그림은 P지점에서 가만히 놓은 쇠구슬이 운동하는 모습을 나타낸 것이다. 운동 에너지가 위치 에너지로 전환되는 구간은? (단, 공기 저항과 마찰은 무시한다.)

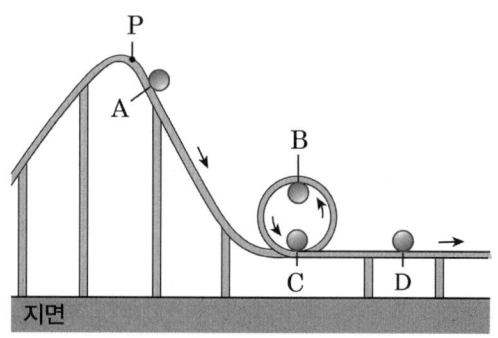

① A → C   ② B → C
③ C → B   ④ C → D

06 그림은 온도가 서로 다른 두 물체 A, B가 접촉하여 열평형에 도달한 것을 나타낸 것이다. 열의 이동에 대해 설명한 것으로 옳지 <u>않은</u> 것은? (단, 열의 외부 출입은 없다.)

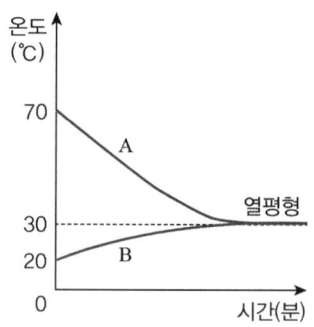

① A의 입자 운동은 느려진다.
② B는 열을 얻는다.
③ A에서 B로 열이 이동한다.
④ A보다 B의 온도 변화가 더 크다.

07 그림은 물질의 상태 변화 과정을 나타낸 것이다. A~D 중 실온에 둔 드라이아이스의 상태 변화에 해당하는 것은?

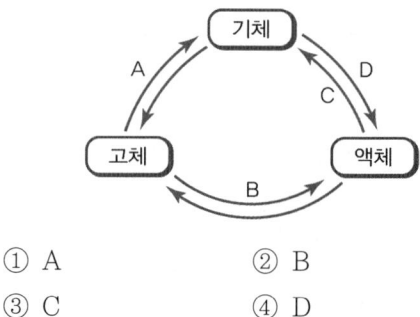

① A   ② B
③ C   ④ D

08 다음 중 중성인 원자가 전자를 2개 잃어버려 형성된 이온은?

① Na^+ ② Ca^{2+}
③ Al^{3+} ④ O^{2-}

09 다음은 일정량의 기체의 압력에 따른 부피 변화를 나타낸 것이다. 기체의 부피가 5mL가 되었을 때 기체의 압력(기압)은? (단, 온도는 일정하다.)

압력(기압)	1	2	4
부피(mL)	40	20	10

① 3기압   ② 5기압
③ 7기압   ④ 8기압

10 그림과 같은 장치로 분리할 수 있는 혼합물은?

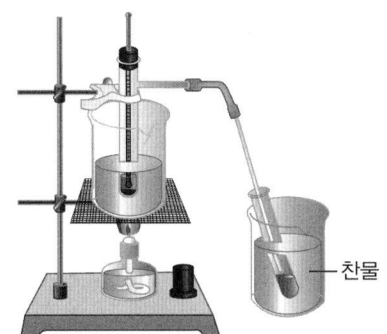

찬물

① 물과 식용유의 분리
② 잉크의 색소 분리
③ 신선한 달걀과 오래된 달걀 분리
④ 물과 에탄올 분리

11 다음 중 물리 변화에 해당하는 것은?

① 설탕을 물에 녹여 설탕물을 만들었다.
② 철이 녹슨다.
③ 사과가 갈변하였다.
④ 물을 수소와 산소로 분해하였다.

12 다음은 생물 분류 단계를 나타낸 것이다. 빈칸에 들어갈 알맞은 말은?

종 – ( ) – 과 – 목 – 강 – 문 – 계

① 속   ② 힘
③ 주   ④ 줄

13 그림은 어떤 식물 세포의 구조를 나타낸 것이다.

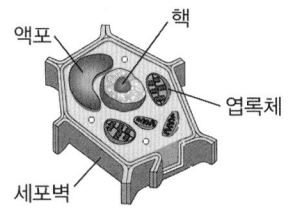

액포   핵
엽록체
세포벽

다음 과정이 일어나는 세포 소기관은?

이산화 탄소 + 물 → 포도당 + 산소

① 핵   ② 액포
③ 엽록체   ④ 세포벽

14 그림은 혈액의 구성 성분을 나타낸 것이다. 이에 대한 설명으로 옳은 것은?

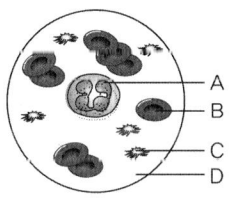

A
B
C
D

① A는 산소를 온몸으로 운반한다.
② B는 핵을 가지고 있다.
③ C는 혈액 응고에 관여한다.
④ D는 혈액 중 양이 가장 적다.

15 그림은 귀의 구조를 나타낸 것이다. A~D 중 압력 조절과 관련된 기관의 기호와 이름이 바르게 연결된 것은?

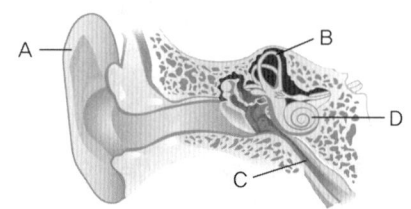

① A – 고막
② B – 전정 기관
③ C – 귀인두관
④ D – 달팽이관

16 그림은 사람 뇌의 구조를 나타낸 것이다. A~D 중 눈의 움직임과 홍채의 작용을 조절하는 부분은?

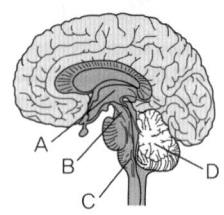

① A
② B
③ C
④ D

17 그림은 세포 분열 과정을 나타낸 것이다. 다음과 같은 분열 결과로 옳은 것은?

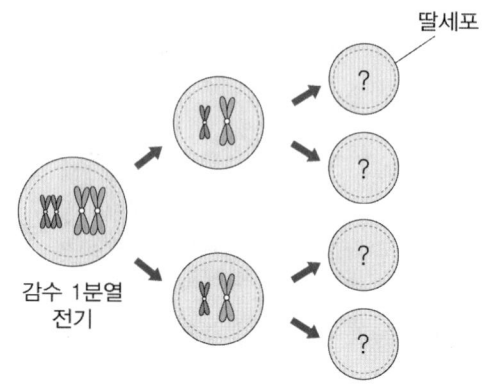

① 생장
② 재생
③ 단세포 생물의 생식
④ 생식세포 형성

18 그림은 순종의 노란색 완두(YY)와 초록색 완두(yy)를 교배한 결과이다. 잡종 1대 (가)의 유전자형으로 옳은 것은?

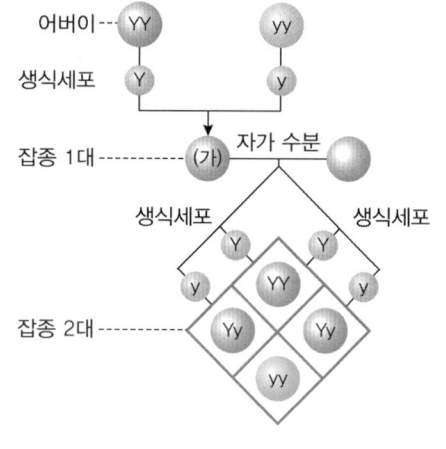

① YYyy
② YY
③ Yy
④ yy

19 그림은 어느 집안의 색맹 가계도 일부를 나타낸 것이다. 색맹인 아들 (가)의 유전자형으로 옳은 것은? (단, 돌연변이는 없고, 정상 대립 유전자는 X, 색맹 대립 유전자는 X′으로 나타낸다.)

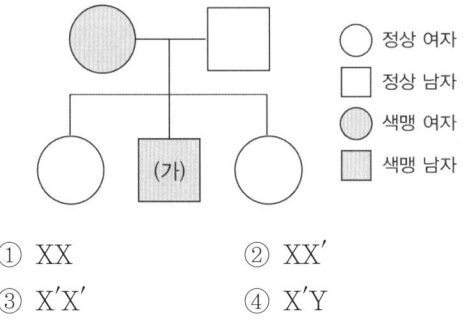

○ 정상 여자
□ 정상 남자
◑ 색맹 여자
▨ 색맹 남자

① XX
② XX′
③ X′X′
④ X′Y

20 그림은 지구 내부 구조의 일부를 나타낸 것이다. 이에 대한 설명으로 옳은 것은?

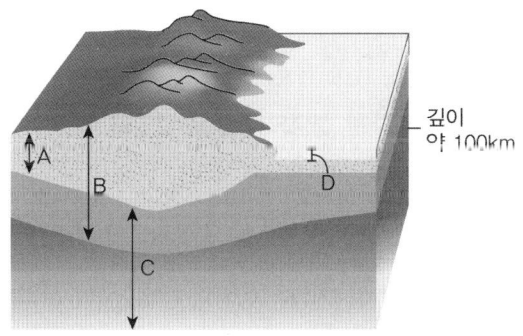

깊이
약 100km

① A는 대륙판이다.
② B는 맨틀의 일부가 포함되어 있다.
③ C는 액체 상태로 대류가 가능하다.
④ D는 가장 큰 부피를 차지한다.

21 그림은 달의 공전 궤도를 나타낸 것이다. A~D 중 달이 태양을 가려 태양의 전체 또는 일부가 보이지 않는 현상이 일어나는 위치는?

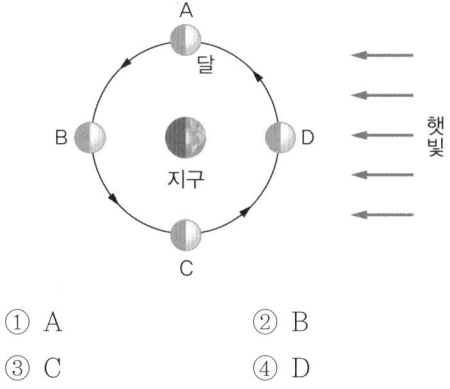

A
달
B
지구
D
햇빛
C

① A
② B
③ C
④ D

22 다음 설명에 해당하는 것은?

- 태양의 대기에서 볼 수 있는 현상이다.
- 채층 위로 멀리까지 뻗어 있는 진주색 대기층이다.
- 태양 활동이 활발해지면 크기가 커진다.

① 쌀알 무늬
② 코로나
③ 플레어
④ 흑점

23 그림은 해수의 연직 수온 분포를 나타낸 것이다.

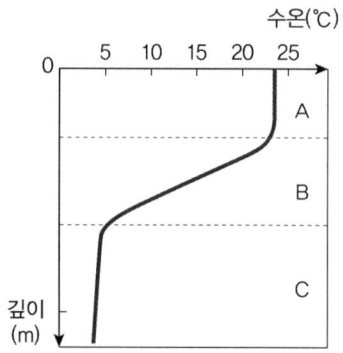

이에 대한 설명으로 옳은 것만을 〈보기〉에서 모두 고른 것은?

| 보기 |

ㄱ. A는 수온이 일정한 심해층이다.
ㄴ. B층은 깊어질수록 수온이 급격히 낮아진다.
ㄷ. C층의 수온이 일정하게 나타나는 데 가장 큰 영향을 주는 요인은 바람이다.

① ㄱ   ② ㄴ
③ ㄷ   ④ ㄱ, ㄷ

24 그림은 성질이 서로 다른 두 기단이 만나 생긴 전선을 나타낸 것이다. 이 전선에 대한 설명으로 옳은 것은?

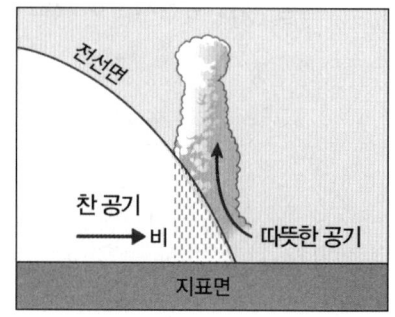

① 정체 전선이다.
② 전선 뒤쪽에 비가 온다.
③ 전선이 통과한 지역은 기온이 높아진다.
④ 따뜻한 공기가 찬 공기를 파고들며 형성된다.

25 표는 두 별 A와 B의 겉보기 등급과 절대 등급을 나타낸 것이다.

구분	겉보기 등급	절대 등급
A	−1	1
B	4	0

이에 대한 설명으로 옳은 것만을 〈보기〉에서 모두 고른 것은?

| 보기 |

ㄱ. 지구에서 A는 B보다 어두워 보인다.
ㄴ. 실제로 더 밝은 별은 B이다.
ㄷ. A와 B를 10pc에 두고 밝기를 비교하면 B가 더 밝다.

① ㄱ   ② ㄱ, ㄴ
③ ㄴ, ㄷ   ④ ㄱ, ㄴ, ㄷ

도덕

제1회 실전모의고사

정답 및 해설 p.202

01 다음과 관련 있는 용어로 옳은 것은?

> 사이버 공간에 게시된 자신과 관련한 정보를 삭제해 달라고 요구할 수 있는 권리를 말함

① 자율성 　　② 저작권
③ 잊힐 권리 　② 사이버 스토킹

02 밑줄 친 도덕적 실천의 동기로 옳지 <u>않은</u> 것은?

> <u>도덕적 실천</u> 의지를 바탕으로 아는 데 그치지 않고 아는 것을 실천으로 옮길 수 있다.

① 사랑 　　② 조건
③ 공감 　　④ 선한 의지

03 다음에서 알 수 있는 북한 사회의 특징은?

> 우리 가족은 모두 조직에 소속되어 있는데, 집단 농장에서 일하시는 아버지는 농업 근로자 동맹에서 활약하시고, 어머니는 여성 동맹에, 동생은 소년단에 소속되어 있습니다.

① 개인주의 　② 선군 정치
③ 자유주의 　④ 집단주의

04 다음 내용과 같은 삶을 통해 얻을 수 있는 것은?

> 무엇이 옳은지 그른지를 스스로 판단해 옳은 행위를 실천하고, 자신의 행동에 책임을 지는 삶

① 다양한 삶
② 도덕적인 삶
③ 타율적인 삶
④ 보편적인 삶

05 다음에서 추구하는 통일 한국의 미래상은?

> 인간은 누구나 최소한의 인간다운 삶을 누릴 수 있는 권리를 가지고 있다. 따라서 통일 한국의 모든 국민은 인간다운 삶을 누릴 수 있어야 하며, 국가는 이를 보장하기 위해 노력해야 한다.

① 자주적인 민족 국가
② 자유로운 민주 국가
③ 정의로운 복지 국가
④ 수준 높은 문화 국가

06 마음의 평화를 얻는 방법으로 옳지 <u>않은</u> 것은?

① 지나친 욕심을 버리고 절제하는 자세
② 다른 사람의 실수나 잘못을 용서하는 자세
③ 자신의 모습을 있는 그대로 바라보고 긍정하는 자세
④ 다른 사람과 비교하며 자신의 단점을 확인하는 자세

07 현대 사회 남녀의 성 역할에 대한 설명으로 옳지 <u>않은</u> 것은?

① 최근에는 남자들이 전업주부 역할을 하는 경우도 있다.
② 여성성과 남성성은 개인 안에서 나타나는 정도의 차이로 본다.
③ 남녀의 성 역할에 대한 고정 관념이 약화되고 있다.
④ 남녀의 성 역할 구분이 엄격해지고 있다.

08 다음 ㉠에 공통으로 들어갈 알맞은 용어는?

> 우리가 어떤 욕구를 추구할 때는 (㉠)을/를 생각해야 하는데, 그 (㉠)의 기준이 되는 대표적인 예가 도덕 규범이다. 하고 싶은 것과 해야 할 것이 일치된 사람은 인격 완성의 상태에 도달한 인격자들이라고 할 수 있다.

① 당위   ② 독단
③ 욕구   ④ 충동

09 봉사의 의미에 대한 설명으로 옳지 <u>않은</u> 것은?

① 학업 성적을 위한 의무적 행동
② 도움이 필요한 사람에게 손을 내밀어 아픔을 함께 나누는 행위
③ 주변 사람들에 대한 적극적인 배려 행위
④ 자발적으로 타인을 도와주려는 한결같은 마음에서 비롯된 행동

10 타인 존중을 실천하기 위해 ㉠에 들어갈 가장 적절한 답변은?

> 갑 : 우리 모둠이 보고서를 만들 때 나는 무엇을 할까?
> 을 : (㉠   )

① 넌 제발 좀 가만히 있어.
② 너는 아무런 도움도 안 되잖아.
③ 참, 답답하다. 네가 알아서 해야지!
④ 너는 인터넷에서 자료를 조사해 주면 좋겠어.

11 밑줄 친 부분과 같이 행동을 하게 된 이유는?

> ○○은 길에서 휴대 전화기를 주웠다. 전화기를 주인에게 찾아 주어야겠다고 생각한 ○○과는 달리 친구들은 전화기를 돌려주지 말자고 했다. <u>○○은 친구들에게 미움을 살 것 같아 결국 휴대 전화기를 돌려주지 못했다.</u>

① 도덕적 지식이 풍부해서
② 도덕적 신념이 확고해서
③ 도덕적 판단 능력이 분명해서
④ 타인의 영향으로 도덕적 실천 의지가 약해져서

12 환경친화적인 삶의 모습으로 적절하지 <u>않은</u> 것은?

① 음식물 쓰레기를 줄인다.
② 가까운 거리는 대중교통을 이용한다.
③ 시장을 볼 때 장바구니 사용을 생활화한다.
④ 재활용 가능한 쓰레기도 종량제 봉투에 버린다.

13 다음과 관련 있는 것은?

> • 언제 어디에서나 또 누구에게나 소중하다고 인정되는 가치
> • 인간 존엄성, 자유, 평등, 인권 등

① 쾌락적 가치 ② 보편적 가치
③ 물질적 가치 ④ 수단적 가치

14 다음에서 설명하는 인간의 특성은?

> 인간은 더위와 추위를 이겨 내기 위해 의복과 집을 만들었고, 신체적으로 불리한 조건을 타고났기 때문에 이를 극복하기 위하여 비행기, 자동차 등을 만들어 사용하고 있다.

① 도구적 존재   ② 사회적 존재
③ 문화적 존재   ④ 윤리적 존재

15 도덕적 자율성에 대한 설명으로 적절하지 <u>않은</u> 것은?

① 자신의 욕구에 충실히 따르는 것이다.
② 이성적 판단에 따라 도덕 원칙을 세우고 이를 지키는 능력이라고 할 수 있다.
③ 타인에게 지배나 구속을 당하지 않고 스스로 판단하고 행동하는 것이다.
④ 도덕이 성립되기 위한 중요한 전제이다.

16 바람직한 이웃 관계에 해당하는 생활 태도는?

① 이웃의 사생활에 과도하게 간섭한다.
② 다른 사람과 이웃에 대하여 험담한다.
③ 이웃에 대한 무관심으로 이웃 간 갈등을 최소화한다.
④ 공동체의 규칙을 지키고 솔선수범하는 자세를 지닌다.

17 다음에서 설명하는 개념의 구성 요소가 <u>아닌</u> 것은?

> 상대방의 처지를 헤아리고 다른 사람에게 도움이 되는 여러 행동을 생각하여 그 결과를 예측하는 능력

① 공감
② 도덕적 민감성
③ 도덕적 무관심
④ 행위의 결과 예측

18 다음 격언 및 속담에서 강조하고 있는 타인 존중의 방법은?

> • 말하는 것은 지식의 영역이고, 듣는 것은 지혜의 특권이다.
> • 듣고 있으면 내가 이득을 얻고, 말하고 있으면 남이 이득을 얻는다.

① 경청
② 자애
③ 예의
④ 관용

19 도덕적 추론의 구성 요소로 옳지 <u>않은</u> 것은?

① 고정 관념
② 도덕 원리
③ 도덕 판단
④ 사실 판단

20 공정한 경쟁의 조건으로 옳지 <u>않은</u> 것은?

① 경쟁의 과정이 공정해야 한다.
② 구성원의 차이를 고려하지 않는다.
③ 공정한 경쟁의 규칙에 따라야 한다.
④ 경쟁에 참여할 기회를 차별 없이 보장해야 한다.

21 다음에서 설명하는 이론은?

> 자연 상태에서 모든 인간은 평등하다. 다만, 사람들이 자신의 권리만 주장하면 분쟁이나 싸움이 생길 수 있는데, 이러한 문제를 해결하기 위해 국가가 생겼다.

① 사회계약설
② 국가정복설
③ 왕권신수설
④ 직업소명설

22 시민 불복종의 정당화 조건으로 가장 적절한 것은?

① 많은 지지자들을 확보해야 한다.
② 국가 권력의 명령을 거부한 행동이어야 한다.
③ 정부가 시행한 법이 정당하지 않은 법이어야 한다.
④ 최후의 수단으로 선택했고 비폭력적 방법으로 저항해야 한다.

23 다음 중 바람직한 이성 교제의 자세로 적절하지 <u>않은</u> 것은?

① 상대의 인격을 존중한다.
② 당장의 즐거움을 위해 미래를 위한 준비는 잠시 미루어 둔다.
③ 나와 다른 성의 특성을 인정하고 존중한다.
④ 자신의 생각과 주장을 주체적으로 표현한다.

24 다음과 같은 생명 존중 사상과 관련 있는 인물은?

- "살려고 하는 모든 생명을 존중해야 하고, 생명을 잘 살도록 해 주는 것이 선이고, 생명을 해치는 것이 악이다."
- "생명은 그 자체로서 인간에게 신성한 것이나."

① 공자　　　② 장자
③ 슈바이처　　④ 석가모니

25 다음 대화의 밑줄 친 부분을 통해 알 수 있는 도덕 원리의 검토 방법으로 옳은 것은?

> 갑 : 무단 횡단을 했더라도 아무도 다치지 않았으면 됐지, 뭐가 문제야?
> 을 : 무단 횡단을 하면 안 되지. 왜냐하면, <u>모든 사람이 무단 횡단을 한다면 도로가 어떻게 되겠어?</u>

① 포섭 검사
② 반증 사례 검사
③ 역할 교환 검사
④ 보편화 결과 검사

EBS 교육방송교재

중졸 검정고시 실전모의고사

2 회

실전모의고사

EBS 교육방송교재

중졸 검정고시 　실전모의고사

국어

제2회 실전모의고사

정답 및 해설 p. 205

01 다음에 제시된 음운들의 공통점으로 가장 적절한 것은?

> ㅏ, ㅑ, ㅓ, ㅕ, ㅗ, ㅛ, ㅜ, ㅠ

① 지금은 사용되지 않는 음운이다.
② 병서의 원리에 의해 만들어진 음운이다.
③ 기본자들의 결합으로 만들어진 음운이다.
④ 글자 모양에 소리가 세지는 것이 반영된 음운이다.

02 다음 대화 상황에서 나타나는 언어의 기능은?

> A : 날씨가 좋군요.
> B : 네, 요즘 건강은 어떠세요?

① 친교적 기능 ② 정서적 기능
③ 명령적 기능 ④ 지시적 기능

03 다음 문장 중 밑줄 친 품사의 종류가 <u>다른</u> 것은?

① <u>아차,</u> 가방을 두고 왔네.
② <u>영수야,</u> 학교 가자.
③ <u>여보,</u> 전화 받아요.
④ <u>예,</u> 잘 알겠습니다.

04 밑줄 친 음절의 끝소리로 알맞지 <u>않은</u> 것은?

① 부엌 → ㄱ   ② 낮 → ㄷ
③ 꽃 → ㅅ   ④ 풀잎 → ㅂ

05 다음 중 외래어인 것은?

① 비빔밥   ② 자동차
③ 컴퓨터   ④ 꼰내

06 다음 두 사람의 대화가 자연스럽지 <u>않은</u> 이유는?

> 한결 : 어제 다큐멘터리를 보는데 눈물이 나더라. 대자연의 웅장한 모습이 감동적이었어.
> 주연 : 공연도 얼마 안 남았는데 웨이브가 잘 안되네.
> 한결 : 너는 자연과 인간의 관계에 대해 어떻게 생각해?

① 상대의 성격을 고려하지 않았다.
② 상대의 관심사를 고려하지 않았다.
③ 상대의 지식 수준을 고려하지 않았다.
④ 상대의 가치관을 고려하지 않았다.

07 좋은 광고를 판단하는 기준으로 적절하지 <u>않은</u> 것은?

① 이치에 맞고 합리적인가?

② 편견에 치우치지 않았는가?

③ 소비자에게 절약의 가치를 일깨우는가?

④ 상업적 내용을 객관적 정보로 가장한 부분은 없는가?

[08~09] 다음 글을 읽고 물음에 답하시오.

> **탐구 활동 일지**
>
> 1. 탐구 목적 및 주제 : 우리 동네 자랑거리인 맛집을 조사하여 소개함.
> 2. 조사 계획
>   (1) 조사 기간 : ○월 ○일부터 ○일까지
>   (2) 조사 대상 : 각종 자료 및 ○○동 주민 100명
>   (3) 조사 방법
>   ㉠ 자료 조사 : 각종 언론 매체에 소개된 우리 동네 음식점 조사
>   ㉡ 설문 조사 : 설문지를 만들어서 ○○동 주민 100명에게 조사

08 보고서의 구성 요소 중 윗글에 제시되지 <u>않은</u> 것은?

① 조사 대상　　② 조사 기간

③ 조사 방법　　④ 조사 결과

09 윗글 보고서에 대한 설명으로 알맞은 것은?

① 자신의 경험을 자유롭게 쓴 글이다.

② 작성자의 주장이 뚜렷하게 드러나는 글이다.

③ 어떤 대상에 대한 지식과 정보를 이해하기 쉽게 풀어 쓴 글이다.

④ 어떤 목적을 가지고 탐구한 과정과 결과를 정리하여 전달하는 글이다.

[10~12] 다음 글을 읽고 물음에 답하시오.

> ㉠<u>두꺼비</u> ㉡<u>파리</u>를 물고 두엄 위에 치달아 앉아.
> 건넛산 바라보니 흰 ㉢<u>송골매</u> 떠 잇거늘 가슴이 섬뜩하여 풀떡 뛰어 내닫다가 두엄 아래 자빠졌구나.
> 모쳐라 날랜 나이니 망정이지 어혈질 뻔했구나.

10 위와 같은 글의 특성으로 알맞지 <u>않은</u> 것은?

① 장시조 또는 장형시조라고도 부른다.

② 3장 중 2구 이상이 길어진 형태이다.

③ 주로 유교적 이념을 노래했다.

④ 종장의 첫마디가 세 글자로 고정된다.

11 윗글에 대한 설명으로 가장 알맞은 것은?

① 비속어를 사용하였다.

② 비판 대상은 '파리'이다.

③ 자연 친화적인 내용이다.

④ 당대 현실 사회를 비판하고 있다.

12 ㉠~㉢이 상징하는 것으로 알맞은 것은?

	㉠	㉡	㉢
①	힘없는 백성	양반	탐관오리
②	탐관오리	양반	힘없는 백성
③	양반	힘없는 백성	고급 관리
④	고급 관리	양반	탐관오리

[13~15] 다음 글을 읽고 물음에 답하시오.

"이놈의 닭! 죽이리, 죽이리."

요렇게 ㉠암팡스레 패 주는 것이 아닌가. 그것도 대가리나 치면 모른다마는, 아주 알도 못 낳으라고 그 볼기짝께를 주먹으로 콕콕 쥐어박는 것이다.

나는 눈에 쌍심지가 오르고 사지가 부르르 떨렸으나, 사방을 한번 휘둘러보고야 그제서 점순이 집에 아무도 없음을 알았다. 잡은 참 지게막대기를 들어 울타리의 중턱을 후려치며,

"이놈의 계집애! 남의 닭 알 못 낳으라구 그러니?"

하고, 소리를 빽 질렀다. 그러나 점순이는 조금도 놀라는 기색이 없고, 그대로 의젓이 앉아서 제 닭 기지고 하듯이 ㉡ 줴지르고, 주어리 치고 페는 것이다. 이걸 보면, 내가 산에서 내려올 때를 겨냥해 가지고 미리부터 닭을 잡아 가지고 있다가, 나 보란 듯이 내 앞에 ㉡줴지르고 있음이 확실하다.

〈중략〉

내가 도끼눈을 뜨고 다시 빽 호령을 하니까, 그제야 울타리께로 쪼르르 오더니, 울 밖에 섰는 나의 머리를 겨누고 닭을 내팽개친다.

"에이 더럽다! 더럽다!"

"더러운 걸 넌더러 입때 끼고 있으랬니? 망할 계집애 년 같으니."

하고, 나도 더럽단 듯이 울타리께를 힝하게 돌아내리며 약이 오를 대로 오른 것은, 암탉이 풍기는 서슬에 나의 이마빼기에다 물찌똥을 찍 갈겼는데, 그걸 본다면 알집만 터졌을 뿐 아니라 골병은 단단히 든 듯싶기 때문이다. 그리고 나의 등 뒤를 향하여 나에게만 들릴 듯 말 듯한 음성으로,

"이 바보 녀석아!"

"얘! 너 ㉢ 배냇병신이지?"/그만도 좋으련만

"얘! 너 느 아버지가 고자라지?"

"뭐? 울 아버지가 그래 고자야?"

할 양으로 ㉣ 열벙거지가 나서 고개를 홱 돌리어 바라봤더니, 그때까지 울타리 위로 나와 있어야 할 점순이의 대가리가 어디를 갔는지 보이지를 않는다. 그러다 돌아서서 오자면 아까에 한 욕을 울 밖으로 또 퍼붓는 것이다.

– 김유정, 「동백꽃」 –

13 윗글에 대한 설명으로 알맞지 <u>않은</u> 것은?

① 짧고 간결한 문장으로 표현했다.

② 남녀 간의 가치관의 대립이 나타난다.

③ 작품 속 등장인물인 '나'가 이야기를 전달한다.

④ 농촌을 배경으로 토속적 어휘가 사용되었다.

14 ㉠~㉣의 뜻풀이로 알맞지 <u>않은</u> 것은?

① ㉠ 암팡스레 : 몸은 작아도 야무지고 다부진 면이 있게

② ㉡ 줴시르고 : 주먹으로 힘껏 내지르다.

③ ㉢ 배냇병신 : '선천 기형'을 일상적으로 이르는 말

④ ㉣ 열벙거지 : 수줍음을 타다.

15 윗글에서 주로 드러난 갈등의 양상은?

① 나와 점순이의 외적 갈등

② 나의 내적 갈등

③ 점순이의 내적 갈등

④ 나와 사회와의 갈등

[16~17] 다음 글을 읽고 물음에 답하시오.

이처럼 악의가 섞이지 않은 실수는 봐줄 만한 구석이 있다. 그래서인지 내가 번번이 저지르는 실수는 나를 곤경에 빠뜨리거나 어떤 관계를 불화로 이끌기보다는 의외의 수확이나 즐거움을 가져다줄 때가 많았다. 겉으로는 비교적 차분하고 꼼꼼해 보이는 인상이어서 나에게 긴장을 하던 상대방도 이내 나의 모자란 구석을 발견하고는 긴장을 푸는 때가 많았다. 또 실수로 인해 웃음을 터뜨리다 보면 어색한 분위기가 가시고 초면에 쉽게 마음을 트게 되기도 했다. 그렇다고 이런 효과 때문에 상습적으로 실수를 반복하는 것은 아니지만, 한번 어디에 정신을 집중하면 나머지 일에 대해서 거의 백지상태가 되는 버릇은 쉽사리 고쳐지지 않는다. 특히 풀리지 않는 글을 붙잡고 있거나 어떤 생각거리에 매달려 있는 동안 내가 생활에서 저지르는 사소한 실수들은 나 스스로도 어처구니가 없을 지경이다.

그러면 실수의 '어처구니없음'은 어디서 오는 것일까. 원래 어처구니란 엄청나게 큰 사람이나 큰 물건을 가리키는 뜻에서 비롯되었는데, 그것이 부정어와 함께 굳어지면서 어이없다는 뜻으로 쓰이게 되었다. 크다는 뜻 자체는 약화되고 그것이 크든 작든 우리가 가지고 있는 상상이나 상식을 벗어난 경우를 지칭하게 된 것이다. 그러니 상상에 빠지기 좋아하고 상식으로부터 자유로워지려는 사람에게 어처구니없는 실수가 그림자처럼 따라다니는 것은 아주 자연스러운 일이다.

결국 실수는 삶과 정신의 여백에 해당한다. 그 여백마저 없다면 이 각박한 세상에서 어떻게 숨을 돌리며 살 수 있겠는가. 그리고 발 빠르게 돌아가는 세상에 어떻게 휩쓸려가지 않고 남아 있을 수 있겠는가. 어쩌면 사람을 키우는 것은 능력이 아니라 실수의 힘일지도 모른다.

그러나 날이 갈수록 실수가 용납되는 땅은 점점 좁아지고 있다. 사소한 실수조차 짜증과 비난의 대상이 되기가 십상이다. 남의 실수를 웃으면서 눈감아 주거나 그 실수가 나오는 내면의 풍경을 헤아려 주는 사람을 만나기도 어려워져 간다. 나 역시 스스로는 수많은 실수를 저지르고 살면서도 다른 사람의 실수에 대해서는 조급하게 굴거나 너그럽게 받아 주지 못한 때가 적지 않았던 것 같다.

도대체 정신을 어디에 두고 사느냐는 말을 들을 때면 그 말에 무안해져 눈물이 핑 돌기도 하지만, 내 속의 어처구니는 머리를 디밀고 이렇게 소리치는 것이다. 정신과 마음은 내려놓고 살아야 한다고. 어디로 가는 줄도 모르고 뛰어가는 자신을 하루에도 몇 번씩 세워두고 '우두커니' 있는 시간, 그 '우두커니' 속에 사는 '어처구니'를 많이 만들어 내면서 살아야 한다고. 바로 그 실수가 곽휘원의 아내로 하여금 백지의 편지를 꽉 찬 그리움으로 읽어 내도록 했으며, 산사의 노스님으로 하여금 기억의 어둠 속에서 빗 하나를 건져 내도록 해 주었다고 말이다.

– 나희덕, 「실수」 –

16 윗글에 대한 특징으로 알맞지 <u>않은</u> 것은?

① 작가가 경험한 일을 사실적으로 적은 글이다.

② 일반적으로 부정적으로 생각하는 실수에 대한 긍정적인 효과에 대한 글쓴이의 생각이 담겨 있다.

③ 등장인물의 갈등으로 인해 전개되는 허구적인 내용이다.

④ 글쓴이의 가치관이 직접적으로 드러나는 글이다.

17 글쓴이가 생각하는 '실수'에 대해 글쓴이의 생각과 <u>다른</u> 것은?

① 악의가 섞이지 않은 실수는 의외의 즐거움을 가져다주게 된다.

② 악의가 섞이지 않은 실수로 인해 웃음을 터뜨리다 보면 어색한 분위기가 가시고 초면에 쉽게 마음을 트게 되기도 한다.

③ 실수를 반복하다 보니 상습적으로 실수를 반복하게 된다.

④ 실수는 삶과 정신의 여백에 해당해 각박한 세상에서 숨통을 트이게 한다.

[18~19] 다음 글을 읽고 물음에 답하시오.

글에 담긴 정보를 능동적으로 이해하기 위해서는 글에서 생략되거나 암시된 내용을 미루어 생각할 줄 알아야 한다. 예를 들어, 잔디밭에서 "잔디가 아파요."라는 표지판을 발견했을 때 이를 곧이곧대로 잔디가 병을 앓고 있다는 의미로 받아들이는 사람은 없을 것이다. 읽는 이는 잔디를 보호하기 위해서는 잔디를 밟지 말아야 한다는 지식과 사람들이 밟고 다녀서 움푹 팬 잔디밭을 본 경험 등을 총동원하여, 표지판이 '잔디밭 출입 금지'라는 의도를 담고 있음을 알아차리게 된다. 이처럼 우리의 기억 속에 저장된 모든 지식과 경험의 총체(總體)를 (ⓐ)(이)라고 한다. 따라서 글을 제대로 이해하기 위해서는 그 글과 관련된 자신의 (ⓐ)을/를 적극적으로 활용해야 한다.

나아가, 읽기는 의미를 구성하는 과정이라고 볼 수 있다. 즉, 독자는 글의 내용을 이해할 뿐만 아니라, ㉠ <u>읽은 내용을 자기 나름대로 상상하고 비판하면서 새로운 의미를 만들어 낸다.</u>

18 '양치기 소년'이라는 우화를 읽는다고 할 때, ㉠을 고려한 내용으로 알맞지 <u>않은</u> 것은?

① 단순히 이야기의 줄거리나 주제를 파악한다.

② 양치기 소년이 왜 거짓말을 했는지 생각해 본다.

③ 늑대가 나타나지 않았다면 양치기 소년은 어떻게 되었을지 상상해 본다.

④ 양치기 소년이 거짓말을 하도록 내버려둔 어른들의 행위는 정당한지 따져본다.

19 ⓐ에 공통적으로 들어갈 말로 적절한 것은?

① 배경지식　　　② 가치관

③ 상상력　　　　④ 신체

(가)　가뜩이나 공기가 탁해지고 물이 오염되어 반딧불이의 서식지가 줄어들고 있는데, 이제는 환한 불빛 때문에 암수가 서로의 위치를 찾기 어려운 지경에 이른 것이다. 인공 불빛이 짝짓기를 방해하는 ㉠바람에 여름날 풀숲에서 신비로운 불빛을 내며 날아다니는 반딧불이를 만나기가 점점 힘들어지고 있는 것이다.

(나)　그렇다면 인공 불빛을 받고 자라는 식물은 어떠할까? 식물도 빛 공해의 피해를 입고 있다. 모든 식물은 자연의 이치에 따라야 제대로 자란다. 그런데 밤이 낮처럼 환해지면서 생태계의 질서가 파괴되어 식물이 돌연변이를 일으키고, 결국 그 피해는 고스란히 인간에게 돌아오게 된다.

(다)　벼는 낮이 길 때 광합성 작용을 활발히 해서 영양분을 최대한 저장했다가 낮이 짧아지는 시기에 이삭을 만든다. 그런데 밤에도 계속 빛을 받으면 이삭이 제대로 여물지 못한다. 불빛에 민감한 들깨는 꽃을 피우지 못해 열매가 맺지 않고 계속 웃자라기만 한다. 빛에 가장 민감한 시금치는 보름달 밝기의 2배인 0.7럭스만 되어도 잘 자라지 않는다. 그만큼 식물은 알맞은 빛과 어둠이 중요하다.

(라)　사람도 ㉡빛 공해의 피해를 입고 있다. 우리나라의 도시에 사는 아이들은 시골에 사는 아이들보다 안과를 자주 찾는다. 세계적으로 유명한 과학 잡지 "네이처"에서는 밤에 항상 불을 켜 놓고 자는 아이의 34퍼센트가 근시라는 조사 결과를 발표했다. 불빛 아래에서는 잠드는 데 걸리는 시간인 수면 잠복기가 길어지고 뇌파도 불안정해진다. 이 때문에 도시의 눈부신 불빛은 아이들의 깊은 잠을 방해하고 있는 것이다.

　　　　　　　　　－ 박경화, 「도시의 밤은 너무 눈부시다」 －

20 (가)~(라)의 서술상 특징으로 적절하지 <u>않은</u> 것은?

① (가) : 전문가의 의견을 인용하여 서술했다.
② (나) : 묻고 답하는 형식으로 서술했다.
③ (다) : 이해를 돕기 위해 구체적인 수치를 제시했다.
④ (라) : 조사 결과를 활용하여 근거로 제시했다.

21 다음 밑줄 친 단어 중 ㉠과 유사한 의미로 쓰인 것은?

① <u>바람</u>이 불어서 날씨가 춥게 느껴졌다.
② 어제는 눈이 오는 <u>바람</u>에 길이 미끄러웠다.
③ 올해는 시험에 합격하는 것이 나의 <u>바람</u>이다.
④ 축구공에 <u>바람</u>이 빠져서 경기를 계속할 수 없었다.

22 ㉡을 줄일 수 있는 실천 방안으로 가장 적절한 것은?

① 나무를 많이 심자.
② 벼농사를 장려하자.
③ 불필요한 전등을 끄자.
④ 일회용품 사용을 줄이자.

[23~25] 다음 글을 읽고 물음에 답하시오.

(가)　원미동 사는 사람들은, 아니 더 정확히 말하면, 원미동 23통 5반 사람들은 이 겨울 들어 아주 난처한 일이 하나 생겼다. 생각하기에 따라서는 무엇이 그리 대단한 일이겠느냐고, 제법 요령 있게 넘어갈 수 있는 방법이 있지 않겠느냐고 하겠지만, 어쨌든 딱한 일임에는 분명하였다.

(나)　그때를 맞추기나 한 듯이 일이 시작된 것이다. 처음에는 어떤 일이나 그렇듯 대수롭지 않았다. '김포 쌀 상회'의 상호가 '김포 슈퍼'로 바뀌었을 뿐인 것이다. 원래는 쌀과 연탄만을 취급하면서 23통 일대의 쌀과 연탄을 도맡아 배달해 주던 김포 쌀 상회의 경호 아버지가 어지간히 돈을 모은 모양이었다. 비어 있는 옆 칸을 헐어 가게를 확장한 것이다. 김포 쌀 상회가 김포 슈퍼로 도약하였을 때에는 응당 상호에 걸맞게 온갖 생활필수품들이 진열대를 메우는 것은 당연한 노릇이었다. 한쪽에는 싸전을, 또 한쪽에는 미니 슈퍼를, 그리고 가게 앞 공터에다가는 연탄을 쟁여 놓고 있는 품이 제법 거창하기까지 해서, 김포 상회의 눈에 뜨이는 싱공은 동네 사람들을 놀라게 했다. 충청도 산골 마을에서 야망을 품고 상경한 이들 내외는 품팔이로 번 돈을 모아 4년 전, 원미동에 어엿하게 김포 쌀 상회를 내었다

(다)　김 반장은 이제 스물여덟의 역시 싹싹한 총각이었으며, 23통 5반을 손바닥 안에 꿰뚫고 있는 반장 직책을 가지고 있었다. 때문에 동네의 잡다한 사건에 그가 끼이지 않는 법이 없었고, 원미동 거리에서 가장 자주 듣게 되는 높다란 전라도 사두리도 틀림없이 그의 음성일 것이다. 그는 이 동네의 대변인이기도 하였다. 그의 형제 슈퍼에는 네 명의 어린 동생과 다리

골절로 직장을 잃은 아버지와 잔소리가 많은 어머니, 또 팔순의 할머니가 매달려 있었다. 식구가 복잡한 만큼 가게도 복잡하여, 누구 말대로 없는 것 빼고는 다 있는 만물상임은 틀림없지만, 기득권을 가진 가게답게 적잖이 무질서하고 부식의 신선미도 떨어지는 편이어서 사람들은 알게 모르게, 깔끔하게 정돈되어 있는 김포 슈퍼 쪽으로 발길을 돌렸던 것이다. 뭐든 새것이 역시 새 맛으로 좋은 법이었다. 그렇다고는 해도 김 반장이 그처럼 재빠르게 쌀과 연탄을 팔겠다고 나설 줄은 몰랐다. 아는 사람은 다 아는 일이지만, 지난 가을 김 반장은 작은 짐차를 하나 샀다가 한 달도 못 되어 사고를 저질러 그 뒷수습에 바짝 쪼들리고 있는 중이었다. 물건도 실어 나르고 채소나 과일을 산지에서 밭떼기를 할 작정으로 모아 놓은 장사 밑천을 다 털어서 차를 샀던 것인데, 그만 사람을 다치게 한 것이었다. 합의를 보고, 피해자 보상도 해 주고 이것저것 뒷갈망을 하는 데 차를 판 것은 물론이요 빚도 수월찮게 얻었다는 내막을 동네 사람들은 알고 있었다. 그런 처지에 빚을 얻어 싸전을 벌이고 연탄까지 팔겠다고 나서다니, 지물포 주씨 말대로 제 죽을 구멍 파는 미련한 짓이라고 욕을 먹을 만도 하였다. 경호 아버지가 쌀과 연탄을 도맡아 대고 있는 줄을 번연히 알면서 말이다.

　"김포 슈퍼요? 아, 난 상관없어요. 우리도 연탄 배달, 쌀 배달 다 하는데요. 무작정이 아니라구요. 관에다 허가받고 시작한 장사인데 나라고 왜 못 해요?"

(라)　과일 도산매만 하겠다면 설마 어쩌랴 싶었던지, 싱싱 청과물에서는 구정 대목이 다가오자 울긋불긋 꽃종이로 포장한 사과 상자, 귤, 배, 진영 단감, 딸기들을 가게 안팎으로 가득 벌여 놓기 시작하였다. 신정 연휴가 사흘이나

된다 하여도 음력설만큼 돈이 풀리려면 어림도 없다. 우리 정육점도 연일 비린내를 풍기며 고깃근을 쟁여 놓고 대목 장사를 준비하던 무렵이었다. 김포 슈퍼와 형제 슈퍼에도 울긋불긋 과일전이 흐드러졌다. 김 반장이 차를 빌려 서울까지 원정 나가서 도매로 들여온 물건이었다. 가격은 싱싱 청과물을 기준으로 하여 정해졌다. 싱싱 쪽에서 사과 상품 한 상자를 15,000원에 판다면 그들은 14,000원에 금을 매겼다. 깎으려고 드는 손님들도 그냥 돌려보내지 않고 한껏 금을 내려 주었다. 구정 선물용으로 대개 상자째 팔려나가는 때였다. 그것뿐이 아니었다. 싱싱에서 물건을 흥정하는 손님이 있으면 김 반장은 어디서 구해 왔는지 삑삑거리는 핸드마이크를 쳐들고 훼방을 놓았다.

(마)　원래가 목이 좋지 않아 어느 장사든 길게 가 본 적이 없는 싱싱 청과물은 문을 연 지 한 달 만에 셔터를 내리고야 말았다. 만두집, 돼지갈비 전문, 오락실 따위의 장사를 벌였던 이전의 주인들도 두세 달을 채우지 못했으니까 그다지 이상할 것도 없는 일이었다. 다만 몇 푼이라도 가게 치장에 돈이 든 것이 아니고, 미처 팔지 못한 과일이나 부식은 식구들이 먹어 치우면 될 것이니 다른 사람에 비해 큰 손해는 없을 것이라고 여자들은 수군거렸다. 동맹자들이 결국은 ㉠ 목적을 달성한 사실에 대해 한편으로는 놀라기도 하면서 혹은 언짢게 생각하면서도……

－ 양귀자, 「원미동 사람들」 －

23 윗글의 내용과 일치하는 것은?
① 원미동 사람들은 '형제 슈퍼'로 발길을 옮겼다.
② '싱싱 청과물'은 '김포 슈퍼'의 장사를 방해했다.
③ 경호 아버지는 빚을 지고 있는 어려운 형편이다.
④ 김 반장은 '김포 슈퍼'의 개업에 노심초사하고 있다.

24 (마)의 ㉠이 가리키는 것으로 가장 적절한 것은?
① 형제 슈퍼가 가게를 확장하는 것
② 싱싱 청과물 사내를 몰아내는 것
③ 세 가게가 살아남아 공존하는 것
④ 김 반장과 경호 아버지가 동맹하는 것

25 김포 슈퍼와 형제 슈퍼의 갈등의 원인에 해당하는 것은?
① 취급하는 품목이 같다.
② 판매 품목의 원산지가 같다.
③ 단골 손님을 서로 데려가려고 한다.
④ 원미동 사람들이 싼 곳만 찾아다닌다.

제2회 실전모의고사

정답 및 해설 p.208

01 다음은 두 수 24와 36의 최대공약수를 소인수 분해를 이용하여 구하는 과정을 나타낸 것이다. ㉠에 알맞은 수는?

$$24 = 2^3 \times 3$$
$$36 = 2^2 \times 3^2$$
$$\overline{\qquad ㉠ \times 3}$$

① 2

② 2^2

③ 2^3

④ 2^4

02 다음 수를 작은 수부터 차례대로 나열할 때, 네 번째 수는?

$$-3, \quad 1, \quad -6, \quad 5, \quad 2, \quad 0$$

① -3

② 1

③ 2

④ 5

03 $x = 1$, $y = -2$일 때, $3x + y$의 값은?

① 4

② 1

③ 0

④ -1

04 일차방정식 $3x - 2 = -2x + 8$의 해는?

① $x = -2$

② $x = -1$

③ $x = 1$

④ $x = 2$

05 순서쌍 $(-2, 1)$을 좌표평면 위에 나타낸 점은?

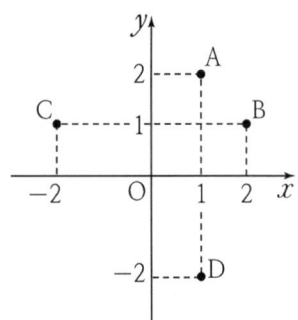

① A
② B
③ C
④ D

06 그림과 같은 삼각기둥에서 모서리 BE와 평행한 모서리의 개수를 a, 모서리 AB와 평행한 모서리의 개수를 b라 할 때, $a+b$의 값은?

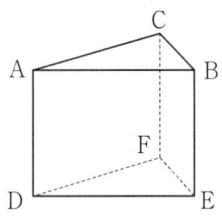

① 1
② 2
③ 3
④ 4

07 두 점 $(2, 0)$, $(0, -2)$를 지나는 직선을 그래프로 하는 일차함수의 식은?

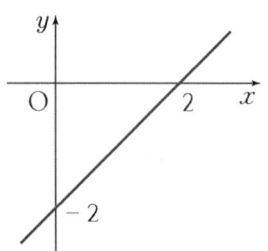

① $y = x - 1$
② $y = x - 2$
③ $y = 2x - 1$
④ $y = 2x - 2$

08 다음 식을 전개한 것은?

$$(x+5)(x-5)$$

① $x^2 - 5x - 10$
② $x^2 - 10x + 25$
③ $x^2 - 25$
④ $x^2 + 10x - 25$

09 다음 중 $a^2 \times b \times a \times b^3$을 간단히 한 것은?

① a^3b^4　　　　② a^2b^3

③ a^3b^3　　　　④ a^4b^2

11 그림은 일차함수 $y = ax + 3$의 그래프이다. 상수 a의 값은?

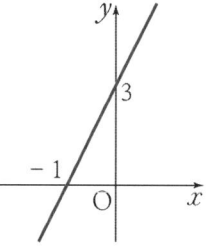

① -3　　　　② -1

③ 1　　　　④ 3

10 상자 안에 1에서 9까지의 자연수가 각각 적힌 아홉 개의 크기가 같은 구슬이 들어 있다. 이 중에서 임의로 한 개의 구슬을 꺼낼 때, 4의 배수가 나올 확률은?

① $\dfrac{1}{9}$　　　　② $\dfrac{2}{9}$

③ $\dfrac{4}{9}$　　　　④ $\dfrac{5}{9}$

12 그림과 같이 원 O에서 $\angle AOB = 30°$, $\angle COD = 60°$이고, 부채꼴 AOB의 넓이가 20cm^2일 때, 부채꼴 COD의 넓이는?

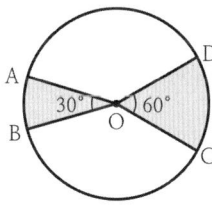

① 40cm^2　　　　② 45cm^2

③ 50cm^2　　　　④ 55cm^2

13 일차부등식 $2x+1 \geq 5$의 해를 수직선 위에 나타낸 것은?

①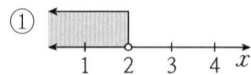

②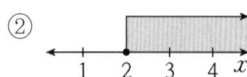

③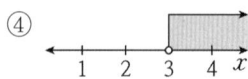

④

14 다항식 x^2+2x-8을 인수분해한 것은?

① $(x-2)(x+4)$ ② $(x-2)(x-4)$

③ $(x+2)(x-4)$ ④ $(x+2)(x+4)$

15 이차함수 $y=-(x+2)^2+3$의 그래프에 대한 설명으로 옳지 <u>않은</u> 것은?

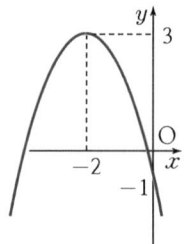

① 위로 볼록하다.
② 최댓값은 3이다.
③ 점 $(0, -1)$을 지난다.
④ 꼭짓점의 좌표는 $(2, 3)$이다.

16 다음은 학생 20명의 중간고사 평균 점수를 조사하여 나타낸 줄기와 잎 그림이다. 평균 점수의 최빈값은?

평균 점수   (6 | 2는 62점)

줄기	잎						
6	2	3	5	7	7	8	
7	1	2	2	2	2	2	5
8	1	5	6	8	9		
9	2	6					

① 63   ② 71
③ 72   ④ 92

17 그림에서 x의 값은?

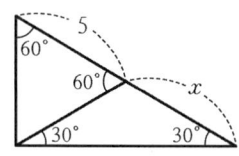

① 4 　　　　　 ② 5

③ 6 　　　　　 ④ 7

18 그림에서 $x+y$의 값은?

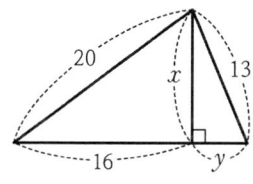

① 14 　　　　 ② 15

③ 16 　　　　 ④ 17

19 $\angle C = 90°$인 직각삼각형 ABC에서 $\sin B$의 값은?

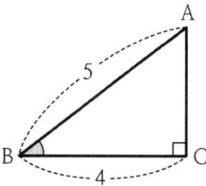

① $\dfrac{3}{5}$ 　　　　 ② $\dfrac{3}{4}$

③ $\dfrac{4}{5}$ 　　　　 ④ 1

20 그림과 같이 원 O에서 $\angle APB$와 $\angle AQB$는 호 AB에 대한 원주각이다. $\angle APB = 40°$일 때, $\angle x$의 크기는?

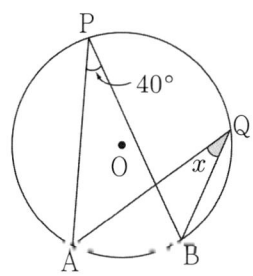

① 20° 　　　　 ② 30°

③ 40° 　　　　 ④ 50°

영어

제2회 실전모의고사

정답 및 해설 p.211

01 다음 밑줄 친 단어의 뜻으로 가장 적절한 것은?

> It will be very <u>dangerous</u> to drive carelessly.

① 다른   ② 어려운
③ 위험한   ④ 인기 있는

02 다음 중 두 단어의 의미 관계가 나머지 셋과 <u>다른</u> 것은?

① heavy − light
② pull − push
③ high − tall
④ strong − weak

03 다음 대화의 빈칸에 들어갈 말로 가장 적절한 것은?

> A : What's your father do?
> B : He is a _____. He teaches middle school student.

① fireman   ② police officer
③ cook   ④ teacher

04 그림으로 보아 빈칸에 들어갈 말로 가장 적절한 것은?

> A : What is the girl doing?
> B : She is _____ a picture.

① eating   ② flying
③ painting   ④ writing

05 다음 대화의 빈칸에 들어갈 말로 가장 적절한 것은?

> A : What _____ do you like?
> B : I like blue and white.

① often   ② music
③ school   ④ color

06 다음 빈칸에 공통으로 들어갈 말로 가장 적절한 것은?

> - I am fond _____ animals.
> - The air is composed _____ nitrogen, oxygen and hydrogen.

① in   ② by

③ of   ④ to

07 다음 대화에서 A가 찾아가려는 곳의 위치로 옳은 것은?

> A : Excuse me. How do I get to the Time Building?
> B : Go straight two blocks and turn right. It's on your left.
> A : Thank you.

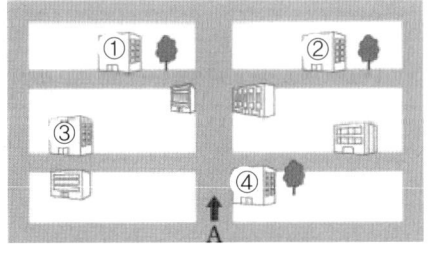

08 다음 대화에서 A에 대힌 B의 응답으로 적절하지 않은 것은?

> A : I lost your book. It's my fault.
> B : _____.

① Don't worry   ② Never mind

③ Thank you   ④ That's all right

09 다음 대화의 주제로 가장 적절한 것은?

> A : Hello, this is Speed Delivery Service. We are going to visit your office this afternoon.
> B : What time will you be coming?
> A : Maybe, I arrive around 3 o'clock.

① 사무실 위치 안내

② 날씨 안내

③ 배달 요일 변경 안내

④ 배달 시간 안내

[10~12] 다음 대화의 빈칸에 들어갈 말로 가장 적절한 것을 고르시오.

10

> A : _____ is good for you?
> B : 3 p.m. is good for me.

① When   ② How

③ Who   ④ What

11

A : How _____ are these shoes?
B : Sixty dollars.

① many   ② much
③ often   ④ old

12

A : What do you do in your free time?
B : I _____ spend a lot of time with my daughter.

① finally   ② usually
③ lately   ④ hardly

13 다음 표를 보고 빈칸에 들어갈 말로 가장 적절한 것은?

Name	Height	Weight
Jack	165cm	50kg
Sam	160cm	45kg
Tom	170cm	55kg

Sam is the _____ of the three.

① shortest   ② longest
③ tallest   ④ heaviest

14 다음 대화에서 두 사람이 샌드위치를 사기 위해 필요한 금액은?

A : I'm very hungry. Let's have a sandwich.
B : Good idea! How much is a sandwich?
A : Fifty cents. Let's buy two.

① 50cent   ② 1$
③ 2$ ④ 3$

15 다음 글의 'I'로 가장 적절한 것은?

I am an animal. You can see me in the zoo. I have hands and feet. I can climb trees very well. I have a red face. Who am I?

① a monkey   ② a rabbit
③ an elephant ④ a dog

16 다음 글의 주제로 가장 적설한 것은?

> There are four seasons in a year. They are spring, summer, fall, and winter. In spring we can see new leaves. The color of summer is green. It's very hot. But I like summer. I can swim in the pool. In fall every mountain turns red and yellow. In winter it snows a lot. Everything turns white.

① 사계절의 특징
② 즐거운 여름 방학
③ 계절이 없는 나라들
④ 수영하기 좋은 날씨

17 다음 표와 내용이 일치하는 것은?

> TV Programs
> 7:00 a.m.   News Today
> 8:00 a.m.   Drama
> 1:00 p.m.   Music World
> 3:00 p.m.   Basketball

① 오전 7시 드라마
② 오전 8시 스포츠
③ 오후 1시 음악 세계
④ 오후 3시 야구

18 다음 내화 직후에 B가 A를 위해서 할 일은?

> A : Can you teach me how to ride a bicycle?
> B : Sure, would you like to come to my house?

① 자전거 청소해 주기
② 자전거 타는 법 알려 주기
③ 자전거 빌려주기
④ 자전거 수리해 주기

19 다음 빈칸에 들어갈 말로 가장 적절한 것은?

> Joe went to see a baseball game. When he was looking for his seat, he saw that a man was sitting on a seat and he put his bag and coat on another seat. Joe became _____. He asked the man why he had bought two tickets.

① difficult   ② indifferent
③ curious   ④ lonely

20 다음 내화에서 밑줄 친 밀의 의도로 가징 직질한 것은?

> A : Where should I put this vase?
> B : On the table. <u>Be careful, or you'll break it.</u>

① 인사   ② 주의
③ 칭찬   ④ 동정

21 다음 글을 쓴 목적으로 가장 적절한 것은?

> Dear Mrs. Brown,
>
> I have a trouble with my best friend. I've known her since I was a child. I don't want to lose her, but I don't want to say, "I'm sorry," either. How can I make up with her?

① 축하　　　　② 사과
③ 상담　　　　④ 감사

22 다음의 수술 후 주의 사항에 제시되지 <u>않은</u> 것은?

> • Don't eat something cold.
> • Don't take a shower until tomorrow.
> • Take a medicine once a day.

① 차가운 것 먹지 않기
② 운동하지 않기
③ 다음 날까지 샤워하지 않기
④ 하루에 한 번 약 먹기

23 다음 빈칸에 들어갈 말로 가장 적절한 것은?

> Tourism* brings money into a country. And it provides jobs for many people. _____, tourism isn't always good. It can damage natural areas and local cultures.
> *tourism 관광 사업

① For example　　② However
③ In short　　　　④ Therefore

24 Galileo에 관한 다음 글의 내용과 일치하지 <u>않는</u> 것은?

> Galileo was a smart astronomer in Italy. He lived from 1564 – 1642. At this time most people did not know about science, but Galileo liked science. He made a small telescope in 1609. He looked at the sky through the telescope.

① Galileo는 이탈리아의 천문학자였다.
② Galileo는 과학을 좋아했다.
③ Galileo는 1609년에 작은 망원경을 만들었다.
④ Galileo 시대의 사람들은 과학을 굉장히 잘 알았다.

25 다음 글의 바로 뒤에 이어질 내용으로 가장 적절한 것은?

> The earth is sick nowadays. Have you ever tried to do something to make nature better? Here are some ideas.

① 병에 걸리지 않는 방법
② 인터넷 중독 예방법
③ 환경보호 실천 방법
④ 휴대폰 사용을 줄이는 방법

사회

제2회 실전모의고사

정답 및 해설 p.215

01 다음에서 설명하는 지도의 구성 요소는?

> 실제 거리를 지도상에 줄여서 나타낸 비율이다.

① 방위
② 기호
③ 축척
④ 지형

02 다음 중 사막 지역에 사는 주민의 생활 모습으로 적절하지 <u>않은</u> 것은?

① 오아시스 주변에서 대추야자와 밀 등을 재배한다.
② 집의 벽을 흙벽돌로 두껍게 만든다.
③ 지붕을 평평하게 만든다.
④ 바닥에서 높게 터를 돋우어 집을 짓는다.

03 다음에서 설명하는 지형은?

> 빙하의 침식 작용으로 만들어진 골짜기가 바닷물에 침수되어 생긴 지형이다.

① 모래사장
② 피오르 해안
③ 카르스트 지형
④ 신기 습곡 산지

04 다음 중 화산과 지진 활동이 빈번한 지역에 사는 사람들의 생활 모습으로 가장 거리가 <u>먼</u> 것은?

① 나무를 건축 재료로 많이 사용한다.
② 지진에 대비하여 내진 설계를 의무화한다.
③ 지진 해일이 발생하여 피해를 입기도 한다.
④ 지진 해일을 피해 산간 지역에 주로 거주한다.

05 다음에서 설명하는 지역은?

> 대도시권 내에서 독립된 행정 구역과 경제 기반을 가지면서도 기능적으로 중심 도시와 밀집한 관련을 맺으면서 중심 도시의 기능을 분담하는 도시이다.

① 위성 도시
② 도심
③ 중간 지역
④ 개발 제한 구역

06 ㉠, ㉡에 들어갈 용어를 바르게 연결한 것은?

> (㉠)(이)란 서로 다른 문화를 지닌 집단이 문화적인 면에서 지속적으로 접촉하는 일을 말한다. 반면 (㉡)(이)란 한 지역의 문화가 다른 지역으로 이동하거나 주변으로 퍼져나가는 현상을 말한다.

	㉠	㉡
①	문화 전파	문화 융합
②	문화 전파	문화 접촉
③	문화 접촉	문화 융합
④	문화 접촉	문화 전파

07 (가)에 들어갈 용어로 적절한 것은?

> **(가)**
>
> 기선으로부터 200해리 안쪽의 바다로 연안국은 해양 자원을 탐사·개발하고, 이용·보전할 수 있는 우선적 권리를 가진다.

① 영토   ② 공해
③ 영공   ④ 배타적 경제 수역

08 다음의 (가)에 해당하는 발전 방법은?

> 지하의 마그마에 의한 열에너지를 이용하는 (가) 은 따로 연료를 준비할 필요가 없고 전력을 생산하고 남은 열을 지역 주민들의 난방, 온수 공급 등에 이용할 수 있는 장점이 있다.

① 조력 발전   ② 풍력 발전
③ 수력 발전   ④ 지열 발전

09 다음 내용에 속하지 <u>않는</u> 것은?

> 태어나면서부터 자연적으로 차지하게 되는 지위로 주로 전통 사회에서 중시된다.

① 남자   ② 아들
③ 학생   ④ 인종

10 (가), (나)의 역할을 담당하는 정치 주체를 바르게 연결한 것은?

> (가) 현실에 맞는 다양한 방법과 대책을 찾아 정책을 집행한다.
> (나) 정책과 관련한 분쟁이 발생하였을 때 재판을 통해 판결한다.

	(가)	(나)		(가)	(나)
①	국회	정부	②	법원	언론
③	정부	법원	④	정당	국회

11 다음에서 설명하고 있는 법은?

> - 국가의 통치 체계
> - 국민의 기본적인 권리와 의무

① 민법   ② 형법
③ 헌법   ④ 사회법

12 다음에서 설명하고 있는 제도는?

> 자치 단체의 운영에 심각한 문제가 있는 경우 자치 단체장과 지방 의회 의원을 불러 주민 투표로 해임을 결정한다.

① 주민 소환 제도
② 주민 투표 제도
③ 주민 발의 제도
④ 주민 감사 청구 제도

13 다음과 같은 내용이 발생하는 근본적인 이유로 옳은 것은?

> - 무엇을 얼마나 생산할 것인가?
> - 어떻게 생산할 것인가?
> - 누구에게 나누어 줄 것인가?

① 인간의 필요와 욕구는 한정되어 있기 때문이다.
② 한 가지를 선택하면 다른 한 가지를 포기해야 하기 때문이다.
③ 인간의 욕구에 비해 필요한 자원은 한정되어 있기 때문이다.
④ 최소의 비용으로 최대의 만족을 얻기 위한 상품을 구매하려 하기 때문이다.

14 밑줄 친 ㉠, ㉡에 해당하는 사례를 옳게 연결한 것은?

> 자산은 개인이나 단체가 소유하고 있는 경제적 가치가 있는 것으로, ㉠ 금융 자산과 ㉡ 실물 자산으로 구분된다.

	㉠	㉡
①	예금	주식
②	주식	채권
③	예금	부동산
④	부동산	채권

15 다음 설명에 해당하는 재판의 종류는?

> 준혁이 아버지는 현재 소유하고 있는 땅이나 건물이 없는데 아버지 이름으로 재산세를 내라는 고지서가 구청에서 날아왔다. 아버지는 구청에 이의를 제기했으나 구청에서는 아무런 잘못이 없다고 주장하고 있다.

① 민사 재판   ② 형사 재판
③ 가사 재판   ④ 행정 재판

16 다음 설명에 해당하는 헌법 재판소의 권한은?

> 갑과 을은 서로 사랑하지만 동성동본이다. 두 사람은 민법 제809조 '동성동본 금혼' 조항 때문에 법률적으로 혼인을 하지 못한다. 이에 이들은 법원에 제청 신청을 하였고, 법원이 이의 심판을 헌법 재판소에 제청하여 헌법 불합치 판결이 내려졌다.

① 탄핵 심판
② 위헌 법률 심판
③ 헌법 소원 심판
④ 위헌 정당 해산 심판

17 다음 (가)에 해당하는 고려의 국왕은?

> [(가)]은/는 호족들이 불법으로 차지하고 있던 노비를 해방하고 과거제를 시행하여 인재 채용을 통한 왕권 강화에 힘썼다.

① 태조   ② 광종
③ 성종   ④ 공민왕

18 다음 설명의 유적과 관련 있는 국가는?

> 중국 남조의 영향을 받은 벽돌무덤을 축조하였다. 여기에서는 무덤의 주인을 알려 주는 기록이 발견되었을 뿐 아니라 금제 관식, 무기 등 많은 껴묻거리가 함께 나왔다.

① 백제   ② 신라
③ 고려   ④ 조선

19 다음에서 설명하는 국가는?

> • 대조영이 동모산 근처에 건국함.
> • 주민들은 고구려 유이민과 말갈인으로 구성
> • 고구려 문화 양식을 계승함.

① 고려   ② 발해
③ 고조선   ④ 통일 신라

20 다음 자료와 관련된 인물은?

> 고려는 압록강 동쪽의 280리 지역을 거란으로부터 돌려받고, 6개의 성을 쌓아 고려의 영토로 편입하였다. 이로써 고려의 영토는 압록강까지 확대되었다.

① 서희　　　　　② 윤관
③ 강감찬　　　　④ 김윤후

21 다음에서 지적하고 있는 문제점을 해결하기 위해 시행한 정책은?

> 붕당의 폐해가 요즈음보다 심한 적이 없었다. 처음에는 성리학 문제로 분쟁이 일어나더니, 이제는 한쪽 편 사람들을 모두 역당으로 몰아붙이고 있다. 반대편 사람들을 …… 멀리 유배 보내니 이들 중에 원한을 품은 사람이 어찌 없겠는가?
>
> 　　　　　　　　　　　－『영조실록』－

① 납속책　　　　② 대동법
③ 영정법　　　　④ 탕평책

22 다음에서 설명하는 것은?

> • 넉낭이 높은 유학자 제사, 성리학 연구, 지방 양반의 지제 교육
> • 향촌 사회 교화, 사림의 공론 형성

① 서당　　　　　② 향교
③ 서원　　　　　④ 성균관

23 다음과 같은 개혁 정치를 실시한 인물은?

> • 서원 정리
> • 경복궁 중건
> • 삼정의 문란 개혁

① 영조　　　　　② 정조
③ 고종　　　　　④ 흥선 대원군

24 다음의 설명과 관련 있는 인물은?

> '바른 것은 지키고, 그릇된 것은 배척한다.'라는 뜻으로 여기서 바른 것은 조선의 전통적인 유교 문화를 말하고, 그릇된 것은 서양의 문화와 사상을 가리킨다.

① 최익현　　　　② 어윤중
③ 전봉준　　　　④ 김옥균

25 다음 상황을 배경으로 일어난 사건으로 옳은 것은?

> 1960년 3월 15일에 열린 정부통령 선거에서 이승만 정부와 자유당은 대대적인 부정을 저질렀다.

① 4·19 혁명
② 12·12 사태
③ 6월 민주 항쟁
④ 5·18 민주화 운동

01 그림은 물 위에 떠 있는 배를 나타낸 것이다. 배가 물 위에 뜰 수 있게 하는 힘의 이름과 방향이 바르게 연결된 것은?

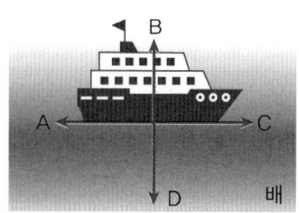

① A – 부력 ② B – 부력
③ C – 중력 ④ D – 중력

02 소리의 3요소 중 같은 세기로 같은 악보를 연주할 때 악기마다 다른 소리로 들리는 이유와 관련된 것은?

① 높낮이 ② 세기
③ 음색 ④ 방향

03 그림과 같이 지면으로부터 2m 높이에 정지해 있는 질량이 5kg인 공의 역학적 에너지는? (단, 공기의 저항과 마찰은 무시한다.)

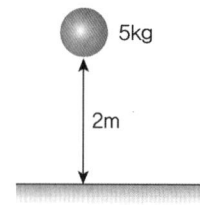

① 10J ② 98J
③ 196J ④ 980J

04 A~D는 각 지점에 흐르는 전류의 세기를 측정하기 위해 설치한 전류계의 위치를 나타낸 것이다. 전류의 세기를 측정한 결과 A는 6A, B는 2A, D는 6A가 측정되었을 때 C지점에서 측정되는 전류의 세기는?

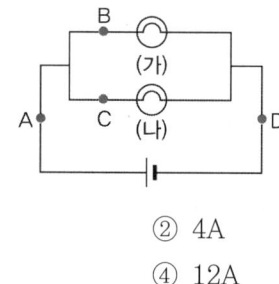

① 2A ② 4A
③ 6A ④ 12A

05 그림은 빛의 삼원색을 겹쳐서 비추었을 때의 모습을 나타낸 것이다. 무대 위에 흰색 옷을 입고 있는 사람에게 빨간색, 초록색, 파란색 조명을 비추고 있다가 파란색 조명이 꺼졌을 때 보여지는 옷의 색은?

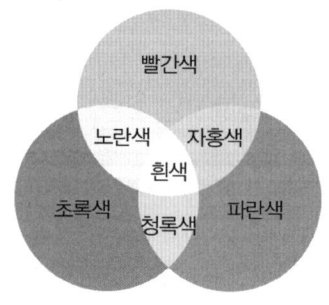

① 파란색 ② 청록색
③ 노란색 ④ 자홍색

06 다음은 한 가정에서 하루 동안 사용하는 전기 제품의 소비 전력과 사용 시간을 나타낸 것이다. 하루 동안 사용한 전력량이 가장 큰 전기 제품은?

전기 제품	소비 전력(W)	사용 시간(시간)
세탁기	40	2
전기 오븐	70	1
전구	5	10
선풍기	10	5

① 세탁기
② 전기 오븐
③ 전구
④ 선풍기

07 그래프는 어떤 고체 물질의 가열 곡선을 나타낸 것이다. 이에 대한 설명으로 옳지 않은 것은?

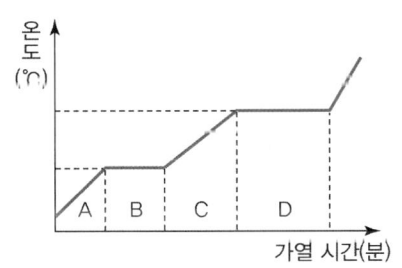

① A는 고체와 액체 상태가 모두 존재한다.
② B에서 융해가 일어난다.
③ C는 액체 상태만 존재한다.
④ D구간의 일정한 온도를 끓는점이라고 한다.

08 다음 중 수영장에서 나오면 추위를 느끼는 것과 같은 열에너지 출입은?

① 액체 파라핀에 손을 넣어 온찜질을 한다.
② 얼음집 내부에 물을 뿌려 온도를 높인다.
③ 더운 여름날 마당에 물을 뿌린다.
④ 눈이 오는 날이 더 포근하다.

09 다음 물질로 불꽃 반응 실험을 할 때 불꽃색이 다른 것은?

① 염화 나트륨
② 탄산 나트륨
③ 염화 칼슘
④ 질산 나트륨

10 다음 설명에 해당하는 물질의 특성은?

- 어떤 온도에서 용매 100g에 최대로 녹을 수 있는 용질의 질량(g)이다.
- 고체 물질은 대부분 온도가 높아질수록 증가한다.
- 기체는 온도와 압력의 영향을 크게 받는다.

① 용해도
② 녹는점
③ 어는점
④ 밀도

11 그래프는 구리와 산소가 반응하여 산화 구리(Ⅱ)가 생성될 때 구리와 산화 구리(Ⅱ)의 질량 관계를 나타낸 것이다. 산화 구리(Ⅱ) 15g을 얻기 위해 필요한 구리의 질량은?

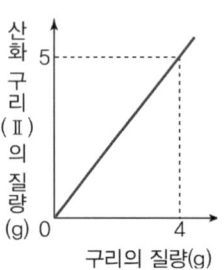

① 4g ② 8g
③ 9g ④ 12g

12 그림은 수소와 산소가 반응하여 수증기를 생성하는 반응을 모형으로 나타낸 것이다. 수소 40mL를 충분한 양의 산소와 반응시켰을 때 생성되는 수증기의 양은? (단, 반응 전후 온도와 압력은 같다.)

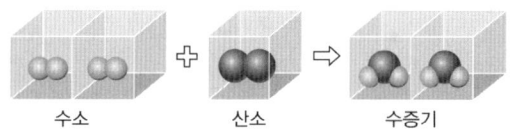

① 10mL ② 20mL
③ 30mL ④ 40mL

13 다음 설명에 해당하는 것은?

> 일정한 생태계 내에 서식하는 생물의 다양한 정도로 생물의 종류가 많고 여러 종이 고르게 분포할수록 높아진다.

① 변이 ② 생물 분류
③ 생물 다양성 ④ 원핵생물계

14 그림은 생물의 5계 분류를 나타낸 것이다. 짚신벌레, 유글레나, 미역, 다시마 등이 해당하는 생물계는?

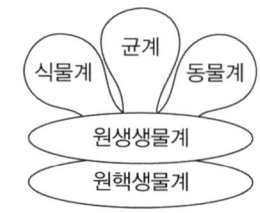

① 원생생물계 ② 식물계
③ 균계 ④ 동물계

15 다음 중 광합성량에 영향을 주는 요인이 아닌 것은?

① 빛의 세기
② 이산화 탄소의 농도
③ 온도
④ 열매의 색깔

16 그림은 혈관의 종류 및 구조를 나타낸 것이다. A~D 중 혈액이 거꾸로 흐르는 것을 막기 위한 구조와 이름이 바르게 연결된 것은?

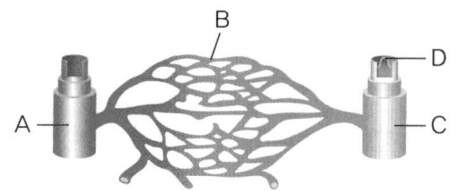

① A – 정맥 ② B – 모세 혈관
③ C – 동맥 ④ D – 판막

17 다음 중 사람의 소화계에 속하는 기관은?

① 심장
② 오줌관
③ 간
④ 폐

19 그림은 식물 세포의 체세포 분열 전기의 모습을 나타낸 것이다. 이 식물의 체세포 분열에 대한 설명으로 옳은 것은?

전기

① 분열 결과 4개의 딸세포가 형성된다.
② 딸세포 속 염색체 수는 2개이다.
③ 말기에 세포 중앙에 세포판이 형성된다.
④ 중기에 상동 염색체가 접합하여 2가 염색체가 나타난다.

18 그림은 순종의 둥근 완두(RR)와 주름진 완두(rr)의 교배 실험을 나타낸 것이다. 둥근 것이 주름진 것에 대해 우성일 때 잡종 1대에 대한 설명으로 옳은 것만을 〈보기〉에서 모두 고른 것은? (단, 돌연변이는 없다.)

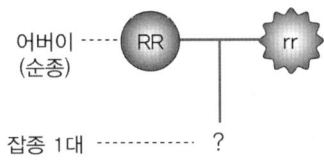

어버이 ---- RR   rr
(순종)

잡종 1대 ----------- ?

┤ 보기 ├
ㄱ. 유전자형은 RRrr이다.
ㄴ. 둥근 완두와 주름진 완두는 1 : 1의 비율로 나타난다.
ㄷ. 만들 수 있는 생식세포는 2가지 종류이다.

① ㄱ
② ㄴ
③ ㄷ
④ ㄱ, ㄴ

20 그림은 지구 내부 구조를 나타낸 것이다. 제시문에 설명된 구조는 무엇인가?

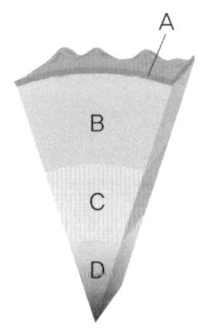

• 고체로 이루어져 있다.
• 온도와 압력이 가장 높다.
• 철과 니켈로 이루어져 있다.

① A
② B
③ C
④ D

21 다음은 어떤 암석의 특징을 나타낸 것이다. 이러한 특징을 보이는 암석은?

> • 층리를 볼 수 있다.
> • 과거 생물의 유해나 흔적이 남아 있다.

① 셰일　　　　② 화강암
③ 현무암　　　④ 편마암

22 그림은 대기권의 층상 구조를 나타낸 것이다. 이에 대한 설명으로 옳지 <u>않은</u> 것은?

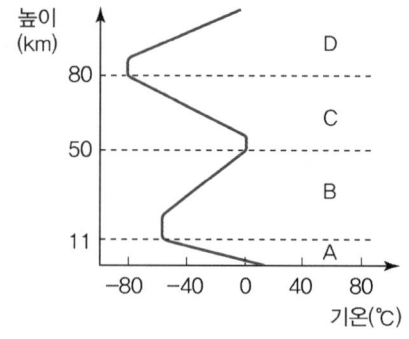

① 높이 올라갈수록 기온이 낮아지는 층은 A, C이다.
② 오존층이 존재하는 층은 B이다.
③ C층은 기상 현상이 활발하다.
④ 오로라가 나타나는 층은 D이다.

23 해수 2kg을 증발 접시에 담아 물이 완전히 사라질 때까지 가열했더니 염류가 60g이 남았다. 이 해수의 염분은?

① 30psu　　　② 33psu
③ 60psu　　　④ 120psu

24 다음 중 지구 자전에 의해 나타나는 현상은?

① 계절별 별자리 변화
② 일식
③ 낮과 밤의 변화
④ 흑점

25 표는 별의 겉보기 등급과 절대 등급을 나타낸 것이다. A~D 중 지구로부터 거리가 10pc인 별은?

구분	겉보기 등급	절대 등급
A	1.0	0.1
B	−1.5	−1.5
C	2.0	1.3
D	0.6	−0.6

① A　　　　② B
③ C　　　　④ D

제2회 실전모의고사

01 다음에서 설명하는 것은?

> 도덕적으로 올바른 행동을 하도록 하는 마음의 명령

① 용기

② 양심

③ 이성

④ 욕망

02 바람직한 가정을 이루기 위한 자세로 적절하지 <u>않은</u> 것은?

① 가까운 사이일수록 주의 깊게 배려한다.

② 대화를 통해 민주적인 가족 관계를 정립한다.

③ 가족 구성원이 서로 사랑하고 배려하며 어려움을 함께 극복한다.

④ 가족 간의 유대감을 키우기보다는 사회에서 각자에게 주어진 일에 최선을 다한다.

03 다음 ㉠에 공통으로 들어갈 말로 가장 적절한 것은?

> (㉠)(이)란 자신이 가지고 있는 도덕적 지식을 활용하여 일상의 도덕적 문제를 신중하게 검토하는 것을 말한다. 우리는 (㉠)을/를 통해 나의 행동이 자신과 타인에게 미칠 결과를 고려하여 가장 적절한 도덕적 행동이 무엇인지를 선택할 수 있다.

① 도덕적 사고

② 도덕적 성찰

③ 도덕적 실천

④ 도덕적 신념

04 다음 중 친구 간의 갈등을 해결하는 방법으로 옳지 <u>않은</u> 것은?

① 자신의 기분에 맞춰 친구를 대한다.

② 자신의 행동을 반성해 본다.

③ 친구의 입장을 고려해 본다.

④ 가깝고 친한 사이일수록 기본적인 예절을 잘 지킨다.

05 사회적 약자를 배려하기 위한 개인적 차원의 노력에 해당하는 것을 〈보기〉에서 고른 것은?

보기

ㄱ. 사회적 약자를 배려하는 자세
ㄴ. 사회적 약자를 위한 특별법 제정
ㄷ. 사회적 약자의 어려움에 대한 공감
ㄹ. 사회적 약자의 고통을 없애기 위한 사회 분위기 조성

---

① ㄱ, ㄴ   ② ㄱ, ㄷ
③ ㄴ, ㄹ   ④ ㄷ, ㄹ

06 다음에서 설명하는 사이버 공간의 특성은?

> 현실에서는 다양한 제약으로 인해 자기 자신을 제대로 표현하기 어려웠던 사람들도 사이버 공간에서는 자신의 주장을 과감하게 펼칠 수 있다. 그러나 비도덕적 행동을 해도 자기 신분을 숨기고 책임을 회피할 수 있다는 점이 문제로 지적되기도 한다.

① 개방성   ② 다양성
③ 효율성   ④ 익명성

07 다음 중 통일을 해야 하는 이유로 옳지 <u>않은</u> 것은?

① 북한 주민의 인간다운 삶이 보장되고 이산가족의 아픔도 달랠 수 있다.
② 통일이 되면 동북아시아는 물론이고 세계 평화에 이바지할 수 있다.
③ 장기적으로 통일 비용이 분단 비용보다 더 많이 들게 되므로 통일해야 한다.
④ 통일이 되면 남한의 자본과 북한의 노동력이 합쳐져 국가 경쟁력을 강화할 수 있다.

08 다음 중 가치 판단에 해당하는 것은?

① 장미 향기가 정말 좋다.
② 올림픽은 4년마다 열린다.
③ 독도는 대한민국의 영토이다.
④ 삼각형 내각의 합은 180°이다.

09 다음 중 북한 이탈 주민을 대하는 자세로 옳은 것은?

① 북한 이탈 주민은 가치관 등 많은 것이 남한 주민과 다르므로 쉽게 친해질 수 없다는 것을 인정해야 한다.

② 북한 이탈 주민은 사회적 약자이므로 항상 불쌍하게 여겨야 한다.

③ 북한 이탈 청소년을 만났을 때 궁금한 것이 있다면 신기해하면서 자꾸 물어보는 것이 좋다.

④ 북한 이탈 주민이나 청소년에 대해서 다른 이웃들을 대하는 것처럼 편하게 대하는 것이 좋다.

11 다음 내용에 해당하는 것은?

> - 타인과 사회에 사랑과 나눔을 실천하는 것
> - 국가나 사회 또는 다른 사람을 위해 마음을 다해 애쓰는 이타적인 행동
> - 타인의 어려움을 도우려는 적극적인 배려 행위

① 회피 활동   ② 경제 활동

③ 직업 활동   ④ 봉사 활동

10 다음 ㉠에 들어갈 용어로 옳은 것은?

> 소크라테스는 "너 자신을 알라.", "반성하지 않는 삶은 살 가치가 없다."라는 말을 통해 (㉠)의 중요성을 강조하였다.

① 도덕적 성찰   ② 도덕적 사고

③ 도덕적 행동   ④ 도덕적 상상력

12 다문화 사회의 구성원으로서 필요한 자세로 적절하지 <u>않은</u> 것은?

① 다른 민족과 문화를 배척한다.

② 편견을 없애는 사회 분위기를 조성한다.

③ 다문화 가정을 열린 마음으로 포용한다.

④ 다문화 이웃의 어려움에 공감하고 배려한다.

13 도덕적 상상력의 관련 요소를 〈보기〉에서 고른 것은?

┌─── 보기 ───┐
ㄱ. 공감　　　　ㄴ. 도덕 감수성
ㄷ. 도덕적 차별　ㄹ. 도덕적 무관심
└──────────┘

① ㄱ, ㄴ　　　　② ㄱ, ㄹ
③ ㄴ, ㄷ　　　　④ ㄷ, ㄹ

14 다음에서 소개하는 사상가는?

┌──────────────────────┐
◈ 도덕 인물 카드 ◈
● 고대 그리스 철학자
● "인간은 사회적 동물이며, 정치적 동물이다."
● "제비 한 마리가 왔다고 봄이 되는 것은 아니며 …… 하루의 실천으로 행복한 사람이 되는 것은 아니다."
└──────────────────────┘

① 칸트　　　　② 데카르트
③ 소크라테스　④ 아리스토텔레스

15 정의로운 사회 제도가 필요한 근본적인 이유로 적절하지 <u>않은</u> 것은?

① 사회 질서 유지
② 인간다운 삶의 보장
③ 구성원 간의 갈등 조정
④ 특정 계층의 이익 극대화

16 다음 판서의 ㉠에 들어갈 알맞은 개념은?

┌──────────────────────┐
(㉠)의 의미와 중요성
● 의미 : 아직 이루어지지 않은 무언가를 바라보면서 더 나은 삶을 꿈꾸는 것
● 중요성 : 바람직한 가치를 담고 있는 (㉠)을/를 추구하고 이를 실현하기 위해 포기하지 않고 꾸준히 노력하면 나 자신과 사회에 기여할 수 있음.
└──────────────────────┘

① 평화　　　　② 용서
③ 희망　　　　④ 욕심

17 다음에 해당하는 인권의 특징으로 가장 적절한 것은?

┌──────────────────────┐
누구도 빼앗거나 침범할 수 없는 권리
└──────────────────────┘

① 획일성　　　　② 사회성
③ 항구성　　　　④ 불가침성

18 다음에서 설명하는 개념으로 옳은 것은?

> 이것은 공개적으로 법을 위반하는 행위입니다. 이것은 행위의 목적이 정당해야 하며, 비폭력적이고 최후의 수단으로 사용되어야 합니다. 이것은 무엇일까요?

① 준법   ② 선거

③ 인권   ④ 시민 불복종

20 용서에 대한 설명으로 옳은 것을 〈보기〉에서 모두 고른 것은?

┤ 보기 ├
ㄱ. 상대방을 부정적으로 대하는 것
ㄴ. 타인과의 대립과 갈등에서 생겨난 고통을 극복하는 근본적인 해결책
ㄷ. 내적 고통을 치유하고 상대방을 이해하면서 성숙한 관계를 만들어 나갈 수 있는 행위

① ㄱ, ㄴ   ② ㄱ, ㄷ

③ ㄴ, ㄷ   ④ ㄱ, ㄴ, ㄷ

19 정의로운 국가의 모습으로 옳은 것을 〈보기〉에서 고른 것은?

┤ 보기 ├
ㄱ. 무력을 통해 영토를 확장한다.
ㄴ. 모든 국민에게 동일한 세금을 부과한다.
ㄷ. 사회적 약자에게 의료비를 지원한다.
ㄹ. 어려움에 처한 국민들에게 생활비를 지원한다.

① ㄱ, ㄴ   ② ㄱ, ㄷ

③ ㄴ, ㄹ   ④ ㄷ, ㄹ

21 우리가 타인을 존중해야 하는 이유로 옳지 않은 것은?

① 타인을 존중해야 자신의 인격도 보호받을 수 있기 때문이다.

② 타인 존중은 인간 존중을 실현하는 길이기 때문이다.

③ 인간을 목적이 아닌 수단으로 대우해야 하기 때문이다.

④ 인간은 존엄한 존재이기 때문이다.

22 다음을 통해 알 수 있는 부패의 원인으로 적절한 것은?

> 혈연이나 학연, 지연으로 맺어진 관계를 중요하게 여기고 다른 사람을 차별하는 것

① 청렴의식   ② 정실주의
③ 연고주의   ④ 목표 지상주의

23 다음과 같은 상황에서 요구되는 국가의 역할로 가장 적절한 것은?

> • 화재 발생 상황
> • 지진 발생 상황

① 인간의 선(善)한 생활 보장
② 기초 생활 보장을 통한 인간다운 삶 보장
③ 작은 집단이나 개인의 힘만으로 해결할 수 없는 일 해결
④ 덕 실현을 통한 행복 추구라는 인간의 궁극적 목표 달성

24 도덕적 자아가 강한 사람의 모습으로 적절한 것은?

① 잘못된 행동을 한 후에는 외부의 유혹이나 주어진 환경에서 그 원인을 찾아본다.
② 자신이 도덕적으로 많이 부족하다고 생각한다.
③ 자신의 부족한 점을 솔직히 인정하고 다른 사람의 장점을 본받고자 한다.
④ 자신이 속한 공동체에 대한 책임이나 다른 사람의 기대에는 관심을 갖지 않는다.

25 교사의 질문에 바르게 대답한 학생만 고른 것은?

> 교사 : 과학 기술을 책임 있게 활용하는 자세로는 무엇이 있을까요?

> 갑 : 과학 기술을 활용할 때에는 미래 세대를 고려해야 합니다.
> 을 : 과학 기술은 어떤 경우에도 인류의 평화와 안전을 위협하지 않습니다.
> 병 : 과학 기술은 어떤 결과를 가져올지 정확히 예측하기 어렵기 때문에 책임이 필요합니다.
> 정 : 과학 기술이 동식물에 주는 영향은 고려하지 않아도 됩니다.

① 갑, 을   ② 갑, 병
③ 을, 정   ④ 병, 정

3회

실전모의고사

EBS 교육방송교재

중졸 검정고시 실전모의고사

제3회 실전모의고사

정답 및 해설 p. 225

01 영수가 지민에게 말하는 의도로 적절한 것은?

> 영수 : 지민아, 창문 좀 닫아 주겠니?
> 지민 : 응, 알았어.

① 감사   ② 설명
③ 요청   ④ 위로

02 다음은 독도를 소재로 글을 쓰기 위해 작성한 메모이다. 조사 내용을 찾기 위한 자료로 적절하지 <u>않은</u> 것은?

> ● 주제 : 독도를 바르게 알자.
> ● 조사 내용
>   – 독도의 위치   – 독도의 역사
>   – 독도의 자원   – 독도의 생물

① 독도 자원 조사 보고서
② 독도의 지리와 관련된 서적
③ 독도 방문객 수 월별 그래프
④ 독도에서 관찰된 동식물 사진

03 다음 단어들을 유형에 따라 나눈 것으로 알맞지 <u>않은</u> 것은?

> 인터넷, 음이온, 나이, 주무시다,
> 연세(年歲), 피자, 스포츠, 가족(家族)

① 외래어 : 인터넷, 피자
② 한자어 : 연세(年歲), 가족(家族)
③ 전문어 : 음이온, 스포츠
④ 고유어 : 나이, 주무시다

04 다음 상황에서 정완에게 해 줄 수 있는 말로 적절하지 <u>않은</u> 것은?

> 아버지 : 정완아, 소화도 시킬 겸 산책하러 나갈까?
> 정 완 : 싫어요.
> 아버지 : 하루 종일 방에만 있지 말고 나가서 바람 쐬고 오자.
> 정 완 : 됐어요. 피곤한데 무슨 산책이에요.

① 상대방의 기분을 고려해서 말한다.
② 거절할 때는 직설적으로 표현한다.
③ 어른과 대화할 때는 정중하게 말한다.
④ 산책을 가지 못하는 이유를 설명한다.

05 밑줄 친 부분에 해당하는 것은?

> 문장을 이루는 데 필요한 주성분에는 주어, <u>목적어</u>, 보어, 서술어가 있다.

① 소녀가 저만치 <u>뛰어갔다</u>.
② 소년은 <u>꽃을</u> 꺾었다.
③ 그 친구는 <u>선생님이</u> 되었다.
④ <u>고양이가</u> 생선을 물고 간다.

06 다음 중 단일어에 해당하는 것은?

① 덧버선　　② 하늘
③ 돌다리　　④ 손발

07 다음에서 설명하는 어휘가 쓰이지 <u>않은</u> 것은?

> 둘 이상의 단어들이 결합하여 특별한 의미로 사용되는 관습적인 말

① 내 친구는 <u>발이 넓다</u>.
② 언니는 <u>눈이 높다</u>.
③ 생일에 <u>미역국을</u> 먹었다.
④ 자신이 한 일이 아니라고 <u>시치미를 뗐다</u>.

08 다음 단어 중 표준어가 <u>아닌</u> 것은?

① 오뚝이　　② 대장장이
③ 위충　　　④ 윗어른

09 밑줄 친 부분의 예로 적절하지 <u>않은</u> 것은?

> 주어가 다른 사람이나 대상에게 동작이나 행동을 하게 하는 것을 사동이라 하고, 이를 나타내는 문장을 <u>사동문</u>이라 한다.

① 형아가 동생을 울렸다.
② 엄마가 아이에게 옷을 입혔다.
③ 도둑이 경찰에게 쫓긴다.
④ 선생님이 학생을 의자에 앉혔다.

10 '바람직한 졸업식 문화'에 대한 글의 개요를 작성하였다. ㉠~㉢ 중 알맞지 <u>않은</u> 것은?

처음	㉠ 요즘 졸업식 실태와 이에 대한 사회적 시각
	㉡ 독자에 대한 당부와 전망
중간	요즘 졸업식 행사의 문제점과 원인
	㉢ 바람직한 졸업식 문화를 만들기 위한 해결 방안
끝	㉣ 내용 요약

① ㉠　　　　　　② ㉡
③ ㉢　　　　　　④ ㉣

[11~13] 다음 글을 읽고 물음에 답하시오.

> 열무 삼십 단을 이고
> 시장에 간 우리 엄마
> 안 오시네, 해는 시든 지 오래
> 나는 ㉠찬밥처럼 방에 담겨
> 아무리 천천히 숙제를 해도
> 엄마 안 오시네, ㉡배춧잎 같은 발소리 타박타박
> 안 들리네, 어둡고 무서워
> 금 간 창틈으로 고요히 ㉢빗소리
> 빈방에 혼자 엎드려 훌쩍거리던
>
> 아주 먼 옛날
> 지금도 내 ㉣눈시울을 뜨겁게 하는
> 그 시절, 내 유년의 윗목
>
> – 기형도, 「엄마 걱정」 –

11 위 시의 말하는 이에 대한 설명으로 알맞지 <u>않은</u> 것은?

① 엄마가 생계를 꾸리고 있다.
② 외로웠던 어린 시절을 회상하고 있다.
③ 엄마가 장사를 해서 집안 형편이 넉넉하다.
④ 어른이 되어서도 어린 시절을 떠올리며 슬퍼하고 있다.

12 ㉠~㉣ 중 엄마를 기다리는 말하는 이의 처지를 비유적으로 표현한 것은?

① ㉠   ② ㉡
③ ㉢   ④ ㉣

13 위 시에서 느껴지는 분위기와 정서로 알맞은 것은?

① 평화로움   ② 행복함
③ 안타까움   ④ 반가움

[14~15] 다음 글을 읽고 물음에 답하시오.

> 한자로써 우리말을 적는 이러한 문자 생활은 매우 불편할 수밖에 없었다. 무엇보다도 대부분의 사람들은 한자를 몰랐다. 그래서 백성들은 글자를 몰라 억울한 일을 당하기도 하는 등 큰 고충을 겪었다.
> 이와 같은 사정으로 우리말을 적을 쉬운 글자가 필요했다. 그래서 세종대왕은 재위 25년(1443년)에 소리글자인 훈민정음을 창제하였다. 그리고 3년 뒤인 재위 28년(1446년)에 이 글자를 반포하여 백성들이 널리 쓰도록 하였다.

14 윗글을 통해 알 수 있는 훈민정음의 창제 정신으로 알맞은 것은?

① 장인 정신   ② 애민 정신
③ 개척 정신   ④ 사대 정신

15 윗글에 대한 설명으로 알맞지 <u>않은</u> 것은?

① 한글의 필요성을 주장한 글이다.
② 한글 창제 배경이 드러나 있다.
③ 한자를 모르는 백성들은 불편을 겪었다.
④ 훈민정음의 창제 시기를 알 수 있다.

제3회

[16~18] 다음 글을 읽고 물음에 답하시오.

[앞부분 줄거리] 어느 날 북해 용왕은 병을 얻는데, 한 도사가 나타나 토끼의 간이 특효약이라고 알려 준다. 별주부가 육지로 나가 토끼를 꾀어 용궁으로 데려온다. 토끼는 간을 꺼내라는 말에 육지에 두고 왔다고 거짓말을 한다.

대개 수궁은 육지의 사정에 밝지 못한 까닭에 용왕은 토끼의 말을 묵묵히 듣고 있다가 속으로 헤아리되,

'만일 저 말과 같을진대, 배를 갈라 간이 없으면 애써 잡은 토끼만 죽일 따름이요, 다시 누구에게 간을 얻을 수 있으리오? 차라리 살살 달래어 육지에 나가 간을 가져오게 함이 옳도다.'

하고, 좌우에 명하여 토끼의 결박[1]을 풀고 자리를 마련해 편히 앉도록 했다. 토끼가 자리에 앉아 황공함을 이기지 못하거늘, 용왕이 가로되,

"토 선생은 과인의 무례함을 너무 탓하지 마시게."

하고, 옥으로 만든 술잔에 귀한 술을 가득 부어 권하며 재삼[2] 위로하니, 토끼가 공손히 받아 마신 후 황송함을 아뢰었다.

그때, 한 ㉠신하가 문득 앞으로 나와 아뢰었다.

"신이 듣사오니 토끼는 본디 간사한 짐승이라 하옵니다. 바라옵건대 토끼의 간사한 말을 곧이듣지 마시고 바삐 간을 내어 옥체[3]를 보중하옵소서."

모두 바라보니, 간언[4]을 잘하는 ㉡자가사리였다. 하지만, 토끼의 말을 곧이듣게 된 용왕은 기꺼워하지[5] 않으며 말하였다.

"토 선생은 산중의 점잖은 ㉢선비인데, 어찌 거짓말로 과인을 속이겠는가? ㉣경은 부질없는 말을 내지 말고 물러가 있으라."

결국 자가사리가 분함을 못 이기고 하릴없이[6] 물러났다.

〈중략〉

"이놈, 별주부야! 아무 걱정 없이 산속에서 한가로이 지내던 나를 유인하여 너의 공을 이루려 하였으니, 수궁에서 죽을 뻔한 일을 생각하면 아직도 머리털이 꼿꼿이 서는 듯하다. 너를 죽여 나의 분을 풀어야 마땅하겠지만, 네가 나를 업고 만리창파[7] 너른 바닷길을 왕래하던 수고를 생각하여 목숨만은 살려 주겠노라. 죽고 사는 일은 모두 하늘의 명에 달린 것이니, 속히 돌아가 다시는 부질없는 생각을 내지 말라고 용왕에게 전하여라. 나는 청산으로 돌아가노라."

하고는 소나무 우거진 숲 속으로 자취를 감추어 버렸다.

이때, 별주부는 토끼가 간 곳을 바라보며 길게 탄식하여 가로되,

"충성이 부족한 탓에 간특한[8] 토끼에게 속아 빈 손으로 돌아가게 되었으니 무슨 면목으로 우리 용왕과 신하들을 대하리오? 차라리 이곳에서 죽는 것만 같지 못하도다."

하고 토끼에게 속은 사연을 적어 바위에 붙이고, 머리를 바위에 부딪쳐 죽었다.

　　　　　　　　　　　　－ 작자 미상, 「토끼전」 －

---

1) 결박 : 몸이나 손을 마음대로 움직이지 못하게 끈으로 단단히 묶는 것
2) 재삼 : 두세 번
3) 옥체 : 임금의 몸
4) 간언 : 웃어른이나 임금에게 옳지 못하거나 잘못된 일을 고치도록 하는 말
5) 기꺼워하다 : 아주 기쁘게 생각하다.
6) 하릴없이 : 달리 어떻게 할 도리 없이
7) 만리창파 : 끝없이 넓은 바다
8) 간특하다 : 간사하고 악독하다.

16 윗글에 대한 설명으로 가장 적절한 것은?

① 용왕은 토끼가 영원히 살기를 바랐다.

② 별주부는 토끼에게 속은 것을 깨달았다.

③ 토끼는 용왕을 위해 간을 구하러 떠났다.

④ 자가사리는 토끼를 육지로 보내야 한다고 생각했다.

17 ㉠~㉣ 중 가리키는 대상이 <u>다른</u> 것은?

① ㉠   ② ㉡

③ ㉢   ④ ㉣

18 다음은 윗글에 대한 감상이다. ㉮, ㉯에 해당하는 인물로 적절한 것은?

> 이 작품은 인간 세계를 동물 세계에 빗대어 지배층을 풍자하는 이야기로 해석할 수 있다. 자신의 이익을 위해 ㉮ 피지배층을 희생시키려는 ㉯ 지배층의 이기적인 태도를 비판하고 있다.

	㉮	㉯
①	토끼	용왕
②	용왕	토끼
③	용왕	별주부
④	별주부	토끼

[19~20] 다음 글을 읽고 물음에 답하시오.

> [S# 13의 줄거리] 옥림이와 아빠는 식당에서 밥을 먹으면서 운동 경기에서의 규칙과 일상생활에서 양심을 지키며 사는 일에 대해 서로 의견을 나눈다. 옥림이는 경우에 따라 반칙이나 비양심적인 행동을 해도 된다고 말한다. 옥림이의 말을 들은 아빠는 옥림이가 주운 80만 원이 들어 있는 지갑을 파출소에 가져다주기로 결심한다.

S# 14 파출소 앞 거리(밤)

옥림이의 팔을 붙잡고 어디론가 끌고 가는 아빠의 모습.

옥림 : (어리둥절해하며) 왜 이래, 아빠 어디 가는 건데?

아빠, 파출소 앞에 탁 멈춰 선다.

아빠 : (지갑을 꺼내 보이며) 이거, 그때 네가 주운 지갑이야. ㉠ 솔직히 아빠도 이거 갖다줄까 말까 갈등했는데, 네 얘기 들으니까 안 되겠어. 왜 그런지 알아?

옥림 : (뚱해서 본다.)

아빠 : 너 몇 살이야? 열다섯 살밖에 안 됐지? 그런 애가 만날 세상 탓하고. 다른 사람들이 다 도둑질하면 너도 도둑 될래?

옥림 : 그런 말이 아니잖아.

아빠 : 세상이 뭐냐, 그건 만들어 가는 거야. 아빠가 지금 지갑 갖다주지? 그러면 이 지갑 받은 사람이 감동받지? 그럼 그 사람이 나중에 돈 주워서 또 파출소 갖다주고, 그게 돌고 돌아서 세상이 깨끗해질 수도 있는 거라고!

옥림 : 그렇게 아빠 돈도 돌아온다고? 150만 원이?

아빠 : (멈칫하다가 결연하게) 어! 그럴 거야. 아빠는 그렇게 믿어. 봐라, 이건 이제 지갑이 아

니라 부메랑이야. 돌고 돌아서 오는 부메랑! 봐라? 아빠, 이거 갖다준다? 부메랑 주고 온다?

씩씩하게 파출소로 들어가서 경찰관에게 의기 양양 턱 지갑을 내미는 아빠의 모습을 바라보는 옥림이.

– 홍자람, 「챔피언」 –

19 윗글에 대한 설명으로 적절하지 <u>않은</u> 것은?

① 형식이 자유로운 글이다.

② 영화나 드라마의 대본이다.

③ 인물의 갈등이 드러나 있다.

④ 대사와 지시문으로 표현한다.

20 '아빠'가 ㉠과 같이 말한 이유로 가장 적절한 것은?

① 주운 물건을 신고하고 보상받기 위해서

② '옥림'의 잘못된 생각을 바로잡아 주기 위해서

③ 주인이 지갑을 찾는다는 연락을 해왔기 때문에

④ '옥림'이 '아빠'를 비양심적인 사람이라고 생각했기 때문에

[21~23] 다음 글을 읽고 물음에 답하시오.

(가) 전자책이 종이책의 특성을 닮기 위해 노력하고 있지만 아직 어림도 없다. 전자책은 무엇보다 종이책을 읽을 때 느끼는 촉각의 쾌감을 흉내 낼 수 없다. 양손으로 종이책을 들고 손가락을 자유자재로 움직일 때 느끼는 손맛은 짜릿하다 못해 황홀하다.

그뿐인가. 종이책을 읽으면 책장이 스르륵 넘어가는 소리를 들을 수 있고 향긋한 종이 냄새까지 맡을 수 있다. 이토록 다양하게 인간의 감각을 만족시키는 매체가 또 있던가.

– 김무곤, 「종이책 읽기의 즐거움」 –

(나) 앞으로 10년 안에 사람들은 책이나 신문, 잡지를 전자책으로 읽는 것을 더 선호하게 될 것이다. 전자책은 종이책에서는 불가능한 움직이는 삽화와 사진, 동영상을 담을 수 있기 때문이다.

이제 '책'이라는 명사는 더 이상 사용되지 않을 수도 있다. 정확히 말하면 책이 애플리케이션이 될 것이기 때문이다. 전자책은 많은 장점이 있다. 그중 하나는 저작권이 소멸된 수천 권의 고전이 공짜라는 점이다. 전자책은 종이책보다 싸고, 친환경적이며, 공간 또한 차지하지 않는다.

– 장 폴로, 「책은 죽었는가」 –

21 위와 같은 글에 대한 설명으로 알맞은 것은?

① 사실을 바탕으로 가치 있는 정보를 제공한다.

② 어떤 문제에 대한 근거와 주장을 제시한다.

③ 독자에게 삶의 지혜와 감동을 준다.

④ 여정에 따른 견문과 감상이 드러난다.

22 (나)를 통해 알 수 있는 전자책의 특징으로 알맞지 <u>않은</u> 것은?

① 종이책보다 가격이 비싸다.

② 종이책에 비해 친환경적이다.

③ 움직이는 삽화와 사진, 동영상을 담을 수 있다.

④ 저작권이 소멸된 수천 권의 고전을 무료로 볼 수 있다.

23 (가)와 (나)에 대한 설명으로 알맞은 것은?

① (가)와 (나)는 책의 기능에 대한 이야기이다.

② (가)는 전자책의 미래에 대해 말하고 있다.

③ (나)는 전자책의 장점을 말하고 있다.

④ (가)와 (나)의 글쓴이의 관점은 같다.

[24~25] 다음 글을 읽고 물음에 답하시오.

> 푸른 마라토너는 점점 더 나와 가까워졌다. 드디어 나는 그의 표정을 볼 수 있었다.
>
> 나는 그런 표정을 생전 처음 보는 것처럼 느꼈다. 여태껏 그렇게 정직하게 고통스러운 얼굴을, 그렇게 정직하게 고독한 얼굴을 본 적이 없다. 가슴이 뭉클하더니 심하게 두근거렸다. 그는 20등, 30등을 그 일대에서 위내해 보였다. 지금 모든 환호와 영광은 우승자에게 있고 그는 환호 없이 달릴 수 있기에 위대해 보였다.
>
> 나는 그를 위해 뭔가 하지 않으면 안 된다고 생각했다. 왜냐하면 내가 좀 전에 그의 20등, 30등을 우습고 불쌍하다고 생각했던 것처럼 그도 자기의 20등, 30등을 우습고 불쌍하다고 생각하면서 혹시 모르겠다 하고 그 자리에 주저앉아 버리면 어쩌나, 그래서 내가 그걸 보게 되면 어쩌나 싶어서였다.

어떡하든 그가 그의 20등, 30등을 우습고 불쌍하다고 느끼지 말아야지 느끼기만 하면 그는 당장 주저앉게 돼 있었다. 그는 지금 그가 괴롭고 고독하지만 위대하다는 걸 알아야 했다.

나는 용감하게 인도에서 차도로 뛰어내리며 그를 향해 열렬한 박수를 보내며 환성을 질렀다.

나는 그가 주저앉는 걸 보면 안 되었다. 나는 그가 주저앉는 걸 봄으로써 내가 주저앉고 말 듯한 어떤 미신적인 연대감마저 느끼며 실로 열렬하고도 우렁찬 환영을 했다.

내 고독한 환호에 딴 사람들도 ㉠합세를 해 주었다. 푸른 마라토너 뒤에도 또 그 뒤에도 주자는 잇따랐다. 꼴찌 주자까지를 그렇게 열렬하게 성원하고 나니 손바닥이 붉게 부풀어 올라 있었다. 그러나 뜻밖의 장소에서 환호하고픈 오랜 갈망을 마음껏 풀 수 있었던 내 몸은 날듯이 가벼웠다.

― 박완서, 「꼴찌에게 보내는 갈채」 ―

24 '나'가 '그'를 응원한 이유로 적절하지 <u>않은</u> 것은?

① '그'가 1등 하는 모습을 보고 싶어서

② '그'가 포기하고 주저앉는 것을 보고 싶지 않아서

③ '그'가 자신의 상황을 비관하지 않도록 하기 위해서

④ '그'가 고통을 참고 주어진 경기에 최선을 다하고 있기 때문에

25 ㉠의 사전적 의미로 적절한 것은?

① 여러 곳의 세금을 합함.

② 많은 사람이 힘들여 일함.

③ 힘이나 권력으로 강제로 억누름.

④ 흩어져 있는 힘을 한곳에 모음.

수학

제3회 실전모의고사

정답 및 해설 p. 228

01 24를 소인수분해하면 $2^a \times b$이다. $a+b$의 값은?

① 3 　　　　② 4

③ 5 　　　　④ 6

03 다음을 문자를 사용한 식으로 바르게 나타낸 것은?

> 한 개에 x원인 지우개 7개의 가격

① $(7+x)$원 　　　　② $(x-7)$원

③ $(7-x)$원 　　　　④ $(7 \times x)$원

02 다음 수를 작은 수부터 차례대로 나열할 때, 두 번째 수는?

> $3, \quad -7, \quad +5, \quad -2, \quad 1, \quad 0$

① -2 　　　　② 0

③ 1 　　　　④ 3

04 다음 그림에서  그림을 찾아 제 몇 사분면 위에 있는지 구하면?

① 제1사분면 　　　　② 제2사분면

③ 제3사분면 　　　　④ 제4사분면

05 $x = -3$일 때, $-4x + 2$의 값은?

① 9   ② -9
③ 14   ④ -14

06 일차방정식 $5x - 4 = 2x + 11$의 해는?

① $x = 5$ ② $x = 7$
③ $x = 9$ ④ $x = 12$

07 $5^5 \times 5^4 \div 5^3$을 간단히 한 것은?

① 5^3 ② 5^5
③ 5^6 ④ 5^7

08 어른 입장료가 어린이 입장료의 3배인 동물원이 있다. 어른 1명과 어린이 2명의 입장료의 합이 5,000원일 때, 어린이 1명의 입장료는?

① 500원   ② 1,000원
③ 1,500원   ④ 2,000원

09 다음은 어느 반 학생 30명의 하루 동안 스마트폰 사용 시간을 조사하여 나타낸 도수분포표이다. A의 값은?

사용 시간	도수(명)
$0^{이상} \sim 3^{미만}$	10
3 ~ 6	7
6 ~ 9	A
9 ~ 12	5
12 ~ 16	3
합계	30

① 3   ② 4
③ 5   ④ 6

10 두 점 $(-1, 0)$, $(0, 2)$를 지나는 직선을 그래프로 하는 일차함수의 식은?

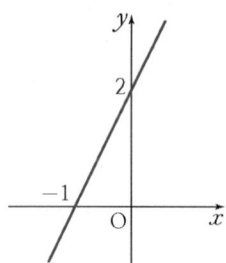

① $y = -2x - 1$ ② $y = -2x + 2$

③ $y = 2x - 1$ ④ $y = 2x + 2$

11 두 개의 주사위를 동시에 던질 때, 두 눈의 수의 합이 8이 될 확률은?

① $\dfrac{1}{12}$ ② $\dfrac{1}{9}$

③ $\dfrac{5}{36}$ ④ $\dfrac{1}{6}$

12 그림에서 $\triangle \mathrm{ABC} \backsim \triangle \mathrm{DEF}$일 때, $\overline{\mathrm{DE}}$의 길이는?

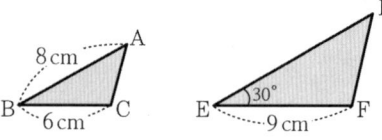

① $6\,\mathrm{cm}$ ② $8\,\mathrm{cm}$

③ $10\,\mathrm{cm}$ ④ $12\,\mathrm{cm}$

13 일차부등식 $4x + 4 \geq 2x - 2$의 해를 수직선 위에 나타낸 것은?

①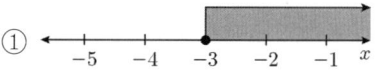

②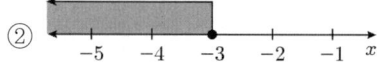

③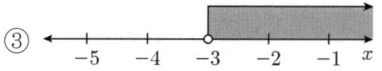

④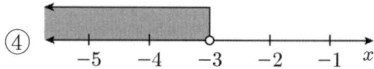

14 다항식 $x^2 + 6x + 8$을 인수분해한 것은?

① $(x+2)(x+4)$ ② $(x+1)(x+4)$

③ $(x-3)(x-4)$ ④ $(x-1)(x-3)$

16 이차방정식 $x^2 - 2x - 3 = 0$의 한 근이 $x = -1$ 일 때, 다른 한 근은?

① $x = 3$ ② $x = 2$

③ $x = 1$ ④ $x = -3$

15 $2\sqrt{3} + 3\sqrt{3}$을 간단히 한 것은?

① $\sqrt{3}$ ② $3\sqrt{3}$

③ $5\sqrt{3}$ ④ $7\sqrt{3}$

17 이차함수 $y = -x^2$의 그래프에 대한 설명으로 옳은 것은?

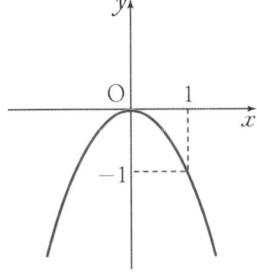

① 제1, 2사분면을 지난다.

② 아래로 볼록하다.

③ 원점 $(0, 0)$을 지난다.

④ $y = -2x^2$의 그래프보다 폭이 좁다.

18 다음 자료는 다은이네 반 학생 30명의 생활복 치수를 조사하여 나타낸 것이다. 생활복 치수의 최빈값은?

(단위 : 호)

90	95	85	95	100	90
85	95	90	95	100	85
90	85	95	90	95	90
95	85	100	95	90	95
95	90	85	90	95	95

① 85호
② 90호
③ 95호
④ 100호

19 다음 그림에서 x의 값은?

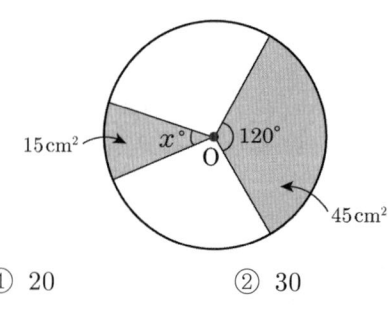

① 20
② 30
③ 40
④ 50

20 그림과 같이 원 O에서 $\angle x + \angle y$의 값은?

① 100°
② 110°
③ 120°
④ 130°

영어

제3회 실전모의고사

01 다음 밑줄 친 단어의 뜻으로 가장 적절한 것은?

> This problem is <u>difficult</u> to solve.

① 공손한   ② 다른

③ 어려운   ④ 정직한

02 다음 중 두 단어의 의미 관계가 나머지 셋과 <u>다른</u> 것은?

① big — small   ② fast — slow

③ clean — clear   ④ strong — weak

03 다음 대화의 빈칸에 들어갈 말로 가장 적절한 것은?

> A : Can you help me?
> B : Sure, _____. What can I do for you?

① she isn't   ② I am

③ I can   ④ he cans

04 다음 대화에서 A가 찾아 가려는 곳의 위치로 옳은 것은?

> A : Excuse me. Where is the library?
> B : Go straight one block. And turn left. It's next to the flower shop.

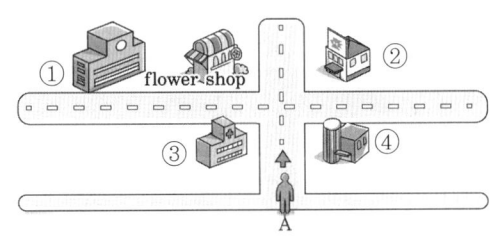

05 다음 대화의 빈칸에 들어갈 말로 가장 적절한 것은?

> A : Which _____ do you want to register*?
> B : I want to register English class.
>   *register 등록하다

① subject   ② cup

③ money   ④ color

06 다음 빈칸에 공통으로 들어갈 말로 가장 적절한 것은?

- In the fall, leaves fall _____ from the tree.
- What subway station should I get _____?

① on   ② with
③ by   ④ off

07 다음은 영화 상영 시간표이다. 알맞지 <u>않은</u> 것은?

Time	Movie Title
9:00 a.m.	Pretty Woman
12:00 p.m.	Star Wars
3:00 p.m.	Lord of Ring
6:00 p.m.	Harry Potter
9:00 p.m.	Sound of Music

① Pretty Woman starts earlier than Star Wars.
② Lord of Ring starts later than Harry Potter.
③ Harry Potter starts earlier than Sound of Music.
④ Sound of Music starts the last.

08 다음 대화에서 B에 대한 A의 질문으로 가장 적절한 것은?

A : _____?
B : It's Minsu. He is my best friend.

① Where is your office
② How much water do you need
③ Who is your best friend
④ When do you arrive

09 다음 메모를 보고 알 수 <u>없는</u> 것은?

MEMO
To : Julie
From : Jack
Date : July 10th
Message : The exam is tomorrow.

① 보낸 사람   ② 시험 과목
③ 보낸 날짜   ④ 시험 날짜

[10~12] 다음 대화의 빈칸에 들어갈 말로 가장 적절한 것을 고르시오.

10
A : _____ do you go to school?
B : I go to school by bus.

① How   ② What
③ When   ④ Where

11

A : Could you do me a _____ ?
B : Sure. What can I do for you?

① favor   ② snack
③ flower   ④ man

12

A : May I take your _____ ?
B : Yes. One fish burger and one medium
    size coke.

① order   ② song
③ book   ④ time

13 다음 비행기 티켓을 보고 알 수 없는 것은?

Komi Air		Boarding pass

NAME   Ju−Hye Park Ms.
FLIGHT K 773

BOARDING TIME	GATE	SEAT
22:30	**35**	**10A**

① 탑승자 명   ② 탑승 시간
③ 총 비행시간   ④ 좌석 위치

14 다음 대화의 내용과 가장 어울리는 속담은?

A : Look, our new PE teacher*! How short
    he is! He can't run fast, can he?
B : Yes, he can. He won the gold medal in
    the LA Marathon.

                              * PE teacher 체육교사

① Don't judge a book by its cover.
② Knowledge is power.
③ No pains, no gains.
④ Out of sight, out of mind.

15 다음 글의 주제로 가장 적절한 것은?

As the rain water moves to the river, it
takes some salt from the ground. Then the
salty river has run into the sea for a long
time. So there is much salt in the sea.

① 강에 사는 물고기들
② 바닷물에 소금이 있는 이유
③ 빗물의 성분
④ 세계의 장마철

16 다음 글의 목적으로 가장 적절한 것은?

> Hello, everyone. I'm glad to meet you. My name is Kim Min－su. I am from Jeju island. It's a special day today. This is my first day in middle school. I'm happy to be a middle school student. I am excited now.

① 작별 인사　　② 학예회 초대
③ 학교 안내　　④ 자기소개

17 다음 글의 바로 뒤에 이어질 내용으로 가장 적절한 것은?

> Korean is the language of Korea, and Japanese is the language of Japan. German is spoken in Germany, and French in France. Generally speaking, each nation has its own language. But this is not always so.

① 자신의 언어가 없는 나라들
② 각 나라의 고유한 언어
③ 원시 시대의 언어
④ 동물들의 언어

18 자기소개에 관한 다음 글에서 언급되지 <u>않은</u> 것은?

> Hi, my name is Suji. I'm 13 years old. I'm from Seoul. I'm a middle school student. I like English and math. I'm glad to see you.

① 나이　　　　② 출신지
③ 가족　　　　④ 좋아하는 과목

19 다음 빈칸에 들어갈 말로 가장 적절한 것은?

> There was a girl who was unhappy, because she was blind. She was always _____. She hated everything except her boyfriend.

① positive　　　② negative
③ glad　　　　④ happy

20 다음 대화에서 밑줄 친 말의 의도로 가장 적절한 것은?

> A : Can you help me?
> B : <u>Sure.</u> what can I do for you?

① 요청　　　　② 제안
③ 수락　　　　④ 경고

21 다음 글에 나타난 'I'의 고민으로 가장 적절한 것은?

> Dear Julie,
> I feel very nervous when I have to speak in front of a lot of people. In this situation, I forget everything I want to say. What should I do? I need your help.
> 　　　　　　　　　　　　　　　Beth

① 농구 실력이 잘 늘지 않는 것
② 효율적인 학습 방법을 모르는 것
③ 새로운 친구를 잘 사귀지 못하는 것
④ 많은 사람들 앞에서 말할 때 긴장하는 것

22 다음 빈칸에 들어갈 말로 가장 적절한 것은?

> Julia went to church, _____?

① was she　　② didn't she
③ does she　　④ did she

23 주어진 말에 이어질 두 사람의 대화를 〈보기〉에서 찾아 순서대로 가장 적절하게 배열한 것은?

> Wow, look at the cars! It's amazing.

| 보기 |

(A) I don't think so. They cause a problem.
(B) What do you mean?
(C) I mean air pollution. Sometimes I can't breathe well.

① (A) − (B) − (C)
② (B) − (A) − (C)
③ (B) − (C) − (A)
④ (C) − (B) − (A)

24 다음 글의 바로 뒤에 이어질 내용으로 가장 알맞은 것은?

> You can buy many good things with money. But you can't buy health with it. How can you have good health? Here are some simple ways to stay in good health.

① 돈이 들지 않는 운동
② 건강이 나빠지는 이유
③ 돈으로 살 수 없는 것들
④ 건강을 유지할 수 있는 방법

25 다음 글의 주제로 가장 적절한 것은?

> A typhoon is a very strong storm. The wind can blow at 250 kilometers per hour or more. Sometimes there is a lot of rain, too. Typhoon start from a warm sea. A typhoon can last from one to 30 days.

① 대풍이 가져오는 피해
② 장마와 태풍의 차이점
③ 기온 이상 현상
④ 태풍의 다양한 특성들

사회

제3회 실전모의고사

정답 및 해설 p. 236

01 다음 설명에 해당하는 위치 표현 방법은?

> 우리나라는 북위 33°~43°, 동경 124°~132°에 위치해 있다.

① 랜드마크
② 지리적 위치
③ 수리적 위치
④ 관계적 위치

02 다음의 지역에서 볼 수 있는 농업 형태는?

> 지중해성 기후 지역에서는 기온이 높고 강수량이 적은 여름철을 견디기 위해 뿌리를 깊게 내리는 나무를 재배한다. 주로 재배되는 나무로는 올리브, 오렌지, 코르크 등이 있으며 이를 이용한 음식 문화가 발달한다.

① 플랜테이션 농업
② 수목 농업
③ 화전 농업
④ 혼합 농업

03 다음에서 설명하는 작물로 옳은 것은?

> • 3대 곡물 자원의 하나이다.
> • 생산과 수출 1위는 미국이다.
> • 바이오 에탄올의 원료로 이용된다.

① 쌀
② 밀
③ 옥수수
④ 카카오

04 다음에서 설명하고 있는 자연재해는?

> • 여름철에 수증기 덩어리가 시계 반대 방향으로 회전하며 적도에서 중위도로 이동하여 온다.
> • 열대 해상에서 만들어졌기 때문에 강풍과 폭우를 동반한다.

① 태풍
② 가뭄
③ 지진
④ 폭설

05 인구의 흡인 요인으로 옳은 것을 〈보기〉에서 고른 것은?

| 보기 |
ㄱ. 자연재해   ㄴ. 전쟁과 분쟁
ㄷ. 높은 임금   ㄹ. 의료 시설

① ㄱ, ㄴ   ② ㄱ, ㄹ
③ ㄴ, ㄷ   ④ ㄷ, ㄹ

08 다음 내용의 ㉠에 들어갈 에너지로 옳은 것은?

(㉠)는 마그마에 의해 가열된 지하수의 증기를 이용하여 생산된다. 따라서 화산 지대에서 많이 활용하며, 이렇게 생산된 에너지는 냉난방에 이용된다.

① 지열 에너지
② 조류 에너지
③ 풍력 에너지
④ 태양열 에너지

06 다음에서 설명하는 것은?

영토와 영해의 수직 상공으로, 일반적으로 지표면에서 대기권까지의 하늘

① 영공   ② 영토
③ 영해   ④ 배타적 경제 수역

09 다음에서 문화를 바라보는 태도는?

각각의 문화는 고유한 가치를 지니므로 좋고 나쁨을 평가할 수 없다.

① 문화 제국주의
② 문화 상대주의
③ 문화 사대주의
④ 극단적 문화 상대주의

07 다음에서 설명하는 용어는?

자연과 전통문화 보전, 에너지 절약, 친환경적으로 쓰레기를 처리하기, 보행 및 자전거 도로 확충 등을 통해 지속 가능한 발전을 추구하는 도시

① 마을 숲   ② 슬로 시티
③ 위성 도시   ④ 전통 마을

10 다음에서 설명하는 기본권은?

• 기본권을 보장하기 위한 수단적 권리
• 국가에 대해 일정한 행위를 청구할 수 있는 권리

① 자유권   ② 청구권
③ 사회권   ④ 참정권

11 전자 쓰레기에 대한 설명으로 옳지 <u>않은</u> 것은?

① 전자 쓰레기는 주로 선진국에서 배출된다.
② 전자 쓰레기를 수입하는 국가는 유해 물질로 인해 환경 오염이 심각하다.
③ 첨단 기능을 갖춘 전자 제품이 등장하면서 전자 쓰레기의 발생이 감소하고 있다.
④ 선진국은 환경 및 경제적 부담을 줄이기 위해 전자 쓰레기를 개발 도상국으로 수출한다.

12 다음에서 설명하는 제도는?

> • 의미 : 선거와 국민 투표를 공정하게 관리하는 독립된 국가 기관
> • 역할 : 후보자 등록, 정당과 정치자금에 관한 사무 처리

① 국민 투표
② 선거 공영제
③ 선거 관리 위원회
④ 선거구 법정주의

13 다음 그림의 과정에 대한 설명으로 옳지 <u>않은</u> 것은?

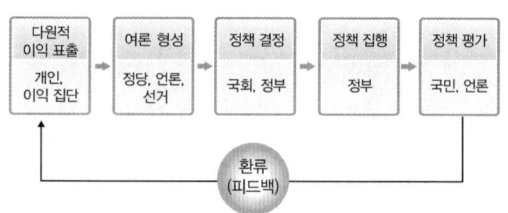

① 구성원들의 다원적인 이익들이 조정되고 해결된다.
② 다양한 이해관계가 정당과 언론 등에 의해 집약되어 정책으로 결정되고 집행되는 과정이다.
③ 구성원들 사이의 갈등이 해결되고 사회 통합과 사회 발전이 이루어진다.
④ 구성원들 간의 갈등이 조정되고 시민 단체에 의해 공공 정책으로 결정된다.

14 다음 설명에 해당하는 소비 유형은?

> 한정된 소득에서 최소의 비용으로 최대의 만족을 얻을 수 있도록 소비하는 것

① 과시 소비   ② 모방 소비
③ 충동 소비   ④ 합리적 소비

15 다음에서 설명하는 경제 용어는?

> 한 해 동안 그 나라 안에서 새롭게 생산된 최종 생산물의 합

① 국제 수지
② 소비자 물가 지수
③ 국내 총생산
④ 국민 총생산

16 다음 설명에 해당하는 사회 문제는?

> • 원인 : 경기 침체, 기술의 발달(산업화, 자동화), 산업 구조 변동, 특정 직업의 선호·경시
> • 대책 : 공공사업을 통한 일자리 창출, 취업 정보 제공, 취업 교육

① 환경 오염
② 종교 분쟁
③ 인종 갈등
④ 실업 문제

17 다음 중 신석기 시대에 사용된 유물은?

①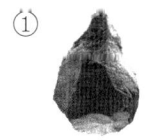
주먹도끼

②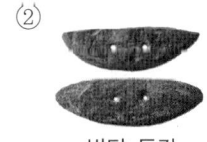
반달 돌칼

③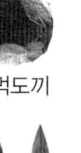
비파형 동검

④
빗살무늬 토기

18 다음에서 설명하는 나라는?

> 군장이 소국을 지배하고, 천군이 신성지역인 소도에서 종교 의식을 주관한다.

① 부여
② 고구려
③ 동예
④ 삼한

19 다음의 (가)에 들어갈 인물로 알맞은 것은?

> 9세기에 ＿(가)＿ 이/가 완도에 청해진을 설치하여 해적을 소탕하고 남해와 황해의 해상 무역권을 장악하였다.

① 김유신
② 김춘추
③ 장보고
④ 궁예

20 태조 왕건의 정책에 대한 설명으로 옳지 않은 것은?

① 후대 왕에게 훈요 10조를 남겼다.
② 과거제와 노비안검법을 실시하였다.
③ 호족 포섭 정책과 견제 정책을 실시하였다.
④ 고구려를 계승하여 북진 정책을 실시하였다.

21 다음의 (가)에 해당하는 인물은?

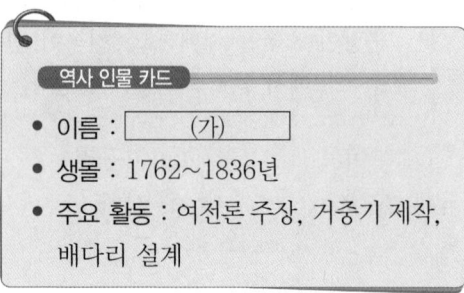

역사 인물 카드
- 이름 : (가)
- 생몰 : 1762~1836년
- 주요 활동 : 여전론 주장, 거중기 제작, 배다리 설계

① 박제가　　　② 박지원
③ 정약용　　　④ 이익

22 조선 세종의 업적으로 옳은 것을 〈보기〉에서 고른 것은?

보기
ㄱ. 집현전 설치　　ㄴ. 균역법 실시 ㄷ. 규장각 설치　　ㄹ. 4군 6진 개척

① ㄱ, ㄴ　　　② ㄱ, ㄹ
③ ㄴ, ㄷ　　　④ ㄷ, ㄹ

23 독립 협회의 활동으로 옳지 않은 것은?

① 독립문 건립
② 독립신문 발행
③ 폐정 개혁안 건의
④ 만민 공동회 개혁

24 다음의 활동을 한 인물은?

1932년 상하이 훙커우 공원에서 열린 일본군의 상하이 점령 축하 기념식장에서 단상을 향해 물통 폭탄과 도시락 폭탄을 던져 일본군을 응징하였다. 중국 주둔 일군 사령관 '시라카와'와 일본인 거류민 단장이 즉사하고 일본인 중장을 비롯하여 10여 명이 중상을 입었다. 그는 거사 직후 현장에서 자살을 시도하였지만 실패하고 현장에서 경찰에 체포되었다.

① 김구　　　② 박은식
③ 윤봉길　　　④ 주시경

25 3·1 운동의 의의로 옳지 않은 것은?

① 대한민국 임시 정부가 수립되었다.
② 총독부가 없어지고 통감부가 설치되었다.
③ 최대 규모의 독립운동이었다.
④ 일제가 식민 통치 방식을 문화 통치로 바꾸었다.

01 다음 설명에 해당하는 물체의 운동을 나타낸 그래프로 옳은 것은?

> • 중력만 받아 낙하하는 물체의 운동이다.
> • 시간에 따른 속력 변화량이 일정하다.

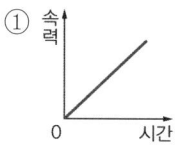 ①
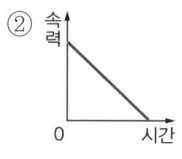 ②
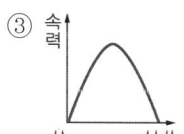 ③
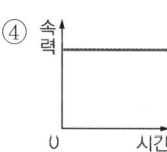 ④

02 용수철에 10N의 추를 매달았더니 용수철이 2cm 늘어났다. 이 용수철을 100N의 힘으로 당 겼을 때 용수철이 늘어난 길이는 몇 cm인가?

① 4cm　　② 6cm
③ 10cm　　④ 20cm

03 그림은 어떤 파동의 위치를 거리에 따라 나타낸 것이다. 이 파동의 진폭과 파장을 옳게 나타낸 것은?

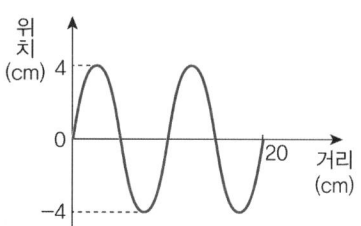

　　진폭　　파장
① 4cm　　20cm
② 8cm　　20cm
③ 4cm　　10cm
④ 8cm　　10cm

04 그림 (가)는 전기 회로에 전류계를 연결한 모습 을 나타낸 것이고, 그림 (나)는 (−)단자를 5A에 연결했을 때 전류계의 모습이다. 이 회로에 연 결된 전구의 저항은 얼마인가?

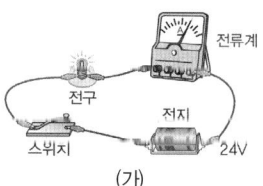
(가)
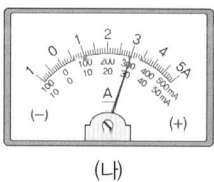
(나)

① 3Ω　　② 8Ω
③ 10Ω　　④ 24Ω

05 그림은 자석의 두 극 사이에서의 자기력선을 나타낸 것이다. 이에 대한 설명으로 옳지 <u>않은</u> 것은?

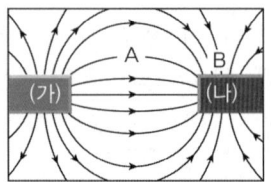

① (가)는 N극, (나)는 S극이다.
② (나)로 자기력선이 들어간다.
③ (가)와 (나) 사이에는 척력이 작용한다.
④ A보다 B의 자기장이 더 세다.

06 그림은 위로 던져 올린 공의 모습을 나타낸 것이다. 이에 대한 설명으로 옳지 <u>않은</u> 것은? (단, 공기 저항과 마찰은 무시한다.)

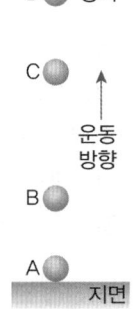

① A지점에서 운동 에너지가 최대이다.
② B → C로 이동할 때 운동 에너지가 위치 에너지로 전환된다.
③ C지점의 역학적 에너지가 가장 크다.
④ D지점에서 운동 에너지는 0이다.

07 다음 중 입자 운동에 의한 현상이 <u>아닌</u> 것은?

① 가뭄으로 논바닥이 갈라진다.
② 병원에 가면 소독약 냄새가 난다.
③ 어항 속의 물이 조금씩 줄어든다.
④ 용수철을 잡아당기면 늘어난다.

08 다음은 공기가 들어 있는 주사기의 입구를 막고 피스톤을 당겼을 때 변화를 입자 모형으로 나타낸 것이다. (가)에서 (나)로 될 때 변하지 <u>않는</u> 것은? (단, 온도는 일정하다.)

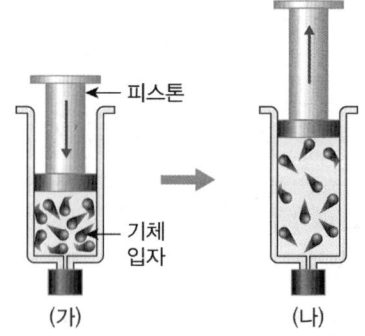

① 기체 입자의 개수
② 기체 입자 사이의 거리
③ 기체의 압력
④ 기체 입자의 충돌 횟수

09 그림은 물질의 상태 변화를 입자 모형으로 나타낸 것이다. 상태 변화가 일어날 때 주위의 온도가 높아지는 과정이 바르게 묶인 것은?

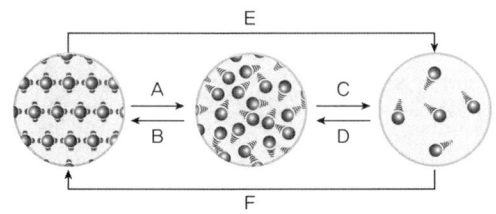

① A, B, E
② B, D, F
③ A, C, E
④ A, B, C

10 다음 중 원소 이름과 원소 기호가 옳게 표기된 것은?

① 철 − FE
② 칼슘 − ca
③ 나트륨 − Na
④ 염소 − N

11 그림은 원자가 이온이 되는 과정을 나타낸 것이다. 이와 같은 과정을 통해 형성된 이온으로 옳은 것은?

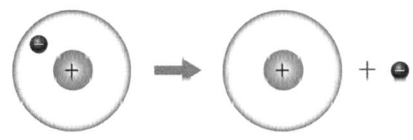

① Na^+
② Cl^-
③ Ca^{2+}
④ O^{2-}

12 화학 반응이 일어날 때 그림과 같은 에너지 출입이 일어나는 경우 주위의 온도 변화로 옳은 것은?

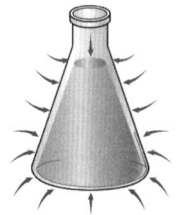

① 주위의 온도는 변하지 않는다.
② 주위의 온도가 높아지다가 낮아진다.
③ 주위의 온도가 높아진다.
④ 주위의 온도가 낮아진다.

13 그림은 생물을 5계로 분류한 것이다. 원핵생물계에 대한 설명으로 옳은 것은?

① 버섯이 속한다.
② 핵이 있다.
③ 유일하게 광합성이 가능한 집단이다.
④ 세균이 속한다.

14 다음 중 식물의 광합성과 호흡에 대한 설명으로 옳은 것은?

① 광합성은 엽록체에서 일어난다.
② 광합성은 낮에, 호흡은 밤에 일어난다.
③ 호흡에 필요한 기체는 이산화 탄소이다.
④ 광합성을 통해 생성된 기체는 석회수를 뿌옇게 흐려지게 한다.

15 다음 설명에 해당하는 영양소는?

- 에너지원이다.
- 소화 과정을 거쳐 아미노산이 되어 몸에서 흡수된다.
- 효소, 호르몬, 근육, 머리카락 등 몸을 구성하는 성분으로 사용된다.

① 물   ② 단백질
③ 바이타민   ④ 무기 염류

16 다음 설명에 해당하는 기관계에 속하지 <u>않는</u> 것은?

세포 호흡의 결과 생성된 노폐물을 몸 밖으로 내보내는 데 관여한다.

① 콩팥   ② 항문
③ 방광   ④ 오줌관

17 그림은 신경계를 구성하는 뉴런을 나타낸 것이다. 이에 대한 설명으로 옳은 것은?

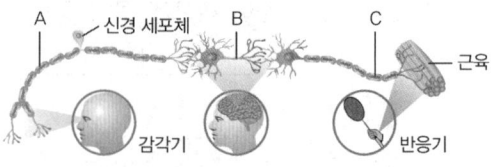

① A는 연합 뉴런이다.
② B는 중추 신경을 구성하는 뉴런이다.
③ C는 명령에 따라 반응이 일어난다.
④ 자극은 C → B → A 순서로 이동한다.

18 다음은 발생 초기 세포 분열을 나타낸 것이다. 발생 초기 수정란이 세포 분열을 거치며 여러 개의 세포로 나뉘는 과정을 무엇이라고 하는가?

수정란   2세포기   4세포기   8세포기

① 임신   ② 착상
③ 출산   ④ 난할

19 다음 중 순종인 것은?

① Yy ② Rr
③ rr ④ RrYy

20 그림은 어느 집안의 ABO식 혈액형 가계도의 일부를 나타낸 것이다. AB형인 부모 사이에서 (가)가 태어날 때 (가)에게 나타날 수 없는 혈액형은?

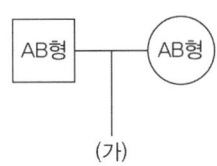

① A형 ② B형
③ O형 ④ AB형

21 다음 중 수지원으로 이용되는 지하수, 호수, 하천수가 속하는 지구계 구성 요소는?

① 외권 ② 기권
③ 생물권 ④ 수권

22 다음은 광물의 표면에 묽은 염산을 떨어뜨려 거품이 발생하는지 확인하는 염산 반응의 모습이다. 다음 중 염산 반응을 통해 구분할 수 있는 광물은?

① 석영 ② 자철석
③ 금 ④ 방해석

23 그림은 해수의 연직 수온 분포를 나타낸 것이다. 표층 수온의 온도가 높은 저위도에 발달하는 층의 기호와 이름이 바르게 연결된 것은?

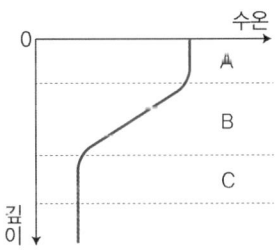

① A － 혼합층
② A － 수온 약층
③ B － 수온 약층
④ C － 심해층

24 그림은 지구 공전에 따른 계절별 별자리 변화를 알아볼 수 있는 황도 12궁이다. 1월 한밤중 남쪽 하늘에서 볼 수 있는 별자리는 쌍둥이 자리이다. 3월 한밤중 남쪽 하늘에서 볼 수 있는 별자리는?

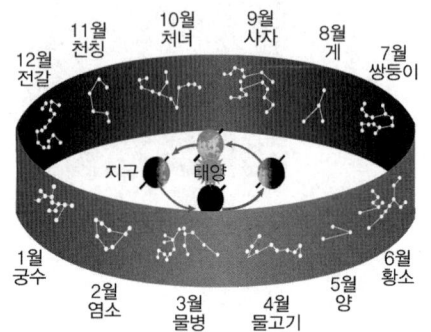

① 물병 자리   ② 사자 자리
③ 전갈 자리   ④ 양 자리

25 그림은 어느 날 A~D 지역의 온대 저기압 단면을 나타낸 것이다. 그림의 A~D에서 기온이 높고 비가 내리지 않는 지역은?

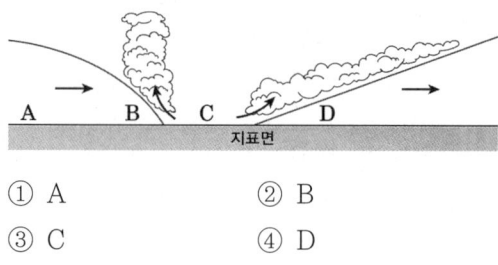

① A   ② B
③ C   ④ D

01 다음에서 설명하는 인간 본성의 관점은?

> 자신의 선택과 판단이나 주변 환경에 따라 인간의 본성이 선이나 악으로 달라질 수 있다고 본다.

① 성선설(性善說)
② 성악설(性惡說)
③ 성무선악설(性無善惡說)
④ 사회계약설(社會契約說)

02 다음 중 자아에 대한 설명으로 가장 적절한 것은?

① 자아는 스스로 찾는 것이 아니라 다른 사람에 의해 발견되는 것이다.
② 자아를 안다는 것은 개인적 존재로서의 나와 사회적 존재로서의 나를 이해한다는 것이다.
③ 자아를 발견하기 위해서는 소망이나 능력보다는 의무를 더 잘 파악해야 한다.
④ 다른 사람이 자신을 어떻게 이해하느냐는 자아 형성에 아무런 영향도 주지 못한다.

03 법을 지켜야 하는 이유로 가장 타당한 것은?

① 법은 언제나 옳고 정당하기 때문에
② 법은 타율적·강제적 규범이기 때문에
③ 자발적 복종은 성숙한 시민의 기본적 자질이기 때문에
④ 준법은 타인에게 이익을 줄 뿐만 아니라 나에게도 혜택을 주기 때문에

04 ㉠에 들어갈 말로 가장 적절한 것은?

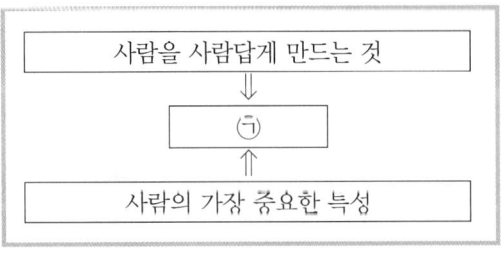

① 자율성
② 도덕성
③ 효율성
④ 민감성

05 마음의 평화를 얻는 방법으로 옳지 <u>않은</u> 것은?

① 부정적인 감정을 조절하는 자세를 갖는다.

② 지나친 욕심을 버리고 절제하는 자세를 갖는다.

③ 다른 사람의 실수나 잘못을 지적하는 자세를 갖는다.

④ 자신의 모습을 있는 그대로 바라보고 긍정하는 자세를 갖는다.

06 밑줄 친 ㉠~㉣ 중 내용이 <u>잘못된</u> 것은?

> **북한 주민들의 생활**
> • 정치생활 : ㉠ <u>자유롭게 정치적 결정을 하거나 생각을 표현할 수 없음.</u>
> • 경제생활 : ㉡ <u>생활에 필요한 주택, 식량, 의복 등은 국가가 배급해 주는 것이 원칙임.</u>
> • 사회생활 : ㉢ <u>개인주의 원칙을 바탕으로 주민들의 사상을 통제함.</u>
> • 문화생활 : ㉣ <u>북한 체제의 정당성을 홍보하거나 국가 지도자에 대한 충성심을 고취하는 것이 목적임.</u>

① ㉠   ② ㉡

③ ㉢   ④ ㉣

07 다음과 관계 깊은 동양의 사상은?

> 죽음은 계절의 순환처럼 자연스러운 과정이므로 슬퍼할 것이 아니라고 여김.

① 유교   ② 도가

③ 불교   ④ 동학

08 삶의 유한성을 극복하기 위한 자세로 옳지 <u>않은</u> 것은?

① 선의 추구와 진리 탐구

② 절대자에게 의지하는 초월적 삶과 성스러움의 추구

③ 사회적 명예와 부의 축적

④ 예술 작품의 아름다움으로 승화

09 인간다운 삶을 살기 위한 태도로 옳은 것은?

① 정신적 가치를 중시해야 한다.

② 무절제한 욕망을 추구해야 한다.

③ 이기적인 생활 태도를 가져야 한다.

④ 자신의 잘못을 반성해서는 안 된다.

10 진정한 행복을 얻기 위한 일에 대한 설명으로 바람직하지 <u>않은</u> 것은?

① 생계유지와 자아실현
② 많은 보수를 받기 위한 노력
③ 인간으로서의 긍지
④ 사회의 유지·발전에 참여

11 다음 중 ㉠, ㉡에 들어갈 가족 간의 도리를 알맞게 짝지은 것은?

> 부모가 자녀를 사랑하는 마음을 (㉠)라 하고, 형제자매 간에 서로를 존중하는 행동을 (㉡)라 한다.

	㉠	㉡
①	자애(慈愛)	우애(友愛)
②	경로(敬老)	자애(慈愛)
③	우애(友愛)	효도(孝道)
④	효도(孝道)	경로(敬老)

12 지구 공동체 문제를 개선하기 위한 노력으로 바람직하지 <u>않은</u> 것은?

① 국가적 차원의 법과 제도 마련
② 지구 온난화 문제에 대한 국제 협약
③ 질병 예방을 위한 비정부 기구의 활동 금지
④ 외국의 자연재해에 대한 국가 주도의 원조와 구호 활동

13 다음 대화의 밑줄 친 부분을 통해 알 수 있는 도덕 원리 검토 방법으로 적절한 것은?

> 갑 : 주말에 보고 싶은 영화를 불법으로 다운로드 받았어. 하지만 다른 사람에게 유포하지는 않았지. 이게 잘못된 행동일까?
> 을 : 잘못된 행동이지. <u>넌 그럼 다른 사람의 물건을 훔치는 것이 잘못된 행동이 아니라고 생각하니?</u>

① 포섭 검사
② 역할 교환 검사
③ 반증 사례 검사
④ 보편화 결과 검사

14 다음 내용이 설명하고자 하는 것으로 가장 타당한 것은?

> "나이 일흔에 마음이 하고자 하는 대로 하여도 법도를 넘어서거나 어긋나지 않았다."
> – 공자 –

① 생명 존중
② 물질적 풍요
③ 사회적 성공
④ 욕구와 당위의 조화

15 다음에서 설명하는 일상생활에서의 성찰 방법으로 옳은 것은?

> 자신의 행동이나 주변에서 일어난 사건들을 되돌아보고 그것에 관해 기록하고 깊이 생각하여 반성할 수 있다.

① 경(敬) ② 참선
③ 명상하기 ④ 성찰 일기 쓰기

16 다음과 같은 문화를 대할 때 지녀야 할 태도로 가장 바람직한 것은?

> • 순장 • 명예 살인

① 우리와 다른 문화라 하더라도 존중해야 한다.
② 종교는 신성한 것이므로 가치 판단을 할 수 없다.
③ 보편적 도덕 규범에 어긋나므로 비판해야 한다.
④ 우리 문화보다 열등하므로 수용해서는 안 된다.

17 다음 중 신념에 대한 설명으로 옳은 것은?

① 모든 신념은 바람직하다.
② 잘못된 신념은 자신에게만 피해를 준다.
③ 신념은 어떤 것이 옳다고 굳게 믿는 마음을 뜻한다.
④ 자신의 신념이 특별한 사람들에게만 인정받는 특수한 가치를 지닐 수 있도록 반성해야 한다.

18 ㉠에 들어갈 내용으로 가장 적절한 것은?

> 〈탐구 주제〉
> • 타인을 존중하는 태도
> 〈탐구 활동〉
> • 생활 속에서 실천할 수 있는 방법
> (　　　　　㉠　　　　　)

① 상대방의 말을 잘 경청한다.
② 가까운 친구가 실수를 하면 비난한다.
③ 사소한 일에도 화를 내고 감정을 표출한다.
④ 상대방이 아닌 나의 입장을 고려하여 행동한다.

19 다음에서 설명하는 사이버 공간의 특성으로 옳은 것은?

> 누구나 자신의 흥미와 관심사에 따라 스스로 참여할 수 있다.

① 개방성　　　② 자율성
③ 익명성　　　④ 무제약성

20 다음에서 설명하는 상부상조의 전통은?

- 권선징악과 상부상조를 주로 하는 향촌의 자치 규약
- 미풍양속 계승, 마을의 도덕적 기풍 조성

① 계　　　　② 두레
③ 향약　　　④ 품앗이

21 다음 중 부패 행위의 영향으로 옳지 않은 것은?

① 공정한 분배 보장
② 사회 정책 결정 과정에 혼란 발생
③ 비용의 낭비 초래
④ 사회의 도덕성과 정의의 기준에 혼란

22 생태 중심주의 자연관에 대한 설명으로 옳은 것을 〈보기〉에서 고른 것은?

> ┤보기├
> ㄱ. 자연을 정복의 대상, 인간만을 위한 도구로 여긴다.
> ㄴ. 자연의 본래적 가치를 지킬 것을 주장하는 입장이다.
> ㄷ. 인간을 다른 생명체보다 우월한 존재로 바라본다.
> ㄹ. 바위 등 지구 생태계의 모든 가치를 존중하는 입장이다.

① ㄱ, ㄴ　　　② ㄱ, ㄷ
③ ㄴ, ㄹ　　　④ ㄷ, ㄹ

23 폭력이 발생하였을 때 대처 방법으로 적절하지 않은 것은?

① 상대방에게 싫다는 뜻을 분명하게 표현한다.
② 학교 폭력 관련 상담 기관에 전화하거나 방문한다.
③ 친구들이나 부모님, 선생님께 알리고 도움을 요청한다.
④ 시간이 지나면 저절로 해결되므로 대처하지 않고 가만히 있는다.

24 다음 밑줄 친 '이것'에서 설명하는 현상은?

> 우리는 분노를 참지 못해 혹은 물질적 욕심 때문에 다른 사람의 생명을 해치는 사람의 이야기를 대중 매체에서 자주 접한다. 한편, 원치 않는 임신으로 낙태하는 사람, 자신의 생명을 스스로 끊는 사람도 늘어나고 있다. 이렇게 사회 전반적으로 생명의 가치를 가볍게 여기는 현상을 이것이라고 한다.

① 물질 만능주의
② 외모 지상주의
③ 생명 경시 풍조
④ 학벌 중심주의

25 과학 기술이 인간에게 미친 긍정적 영향을 〈보기〉에서 고른 것은?

┤ 보기 ├
ㄱ. 문화의 대중화 및 민주주의의 발전
ㄴ. 교통·통신의 발달로 말미암은 교류 확대
ㄷ. 사이버 공간의 활용으로 만연한 피상적 인간관계
ㄹ. 과학 만능주의적 사고방식의 확대

① ㄱ, ㄴ   ② ㄱ, ㄷ
③ ㄴ, ㄹ   ④ ㄷ, ㄹ

4회

실전모의고사

EBS 교육방송교재

중졸 검정고시 실전모의고사

01 다음 담화에 대한 설명으로 알맞지 <u>않은</u> 것은?

① 시간과 장소에 맞게 말해야 한다.

② 대화의 흐름에 맞는 말을 해야 한다.

③ 상대방의 처지는 고려하지 않는다.

④ 상황을 잘 고려해서 말해야 한다.

02 다음 설명에 해당하는 표현이 사용되지 <u>않은</u> 것은?

누군가에게 어떤 행동을 하도록 시키는 사람을 주어로 하여 사건을 표현한 것을 '사동 표현'이라고 한다.

① 엄마가 아기에게 우유를 먹인다.

② 동생에게 책을 읽혔다.

③ 형이 동생을 울린다.

④ 새로운 글자가 만들어졌다.

03 문법 요소가 바르게 쓰인 문장은?

① 지난 설날에는 떡국을 먹는다.

② 폭설로 길이 막혀서 시골에 안 갔다.

③ 할아버지, 어디 아프세요?

④ 몸이 아파서 학교에 못 갔다.

04 다음 〈보기〉의 단어를 '상태나 성질을 나타내는 단어'끼리 묶은 것으로 적절한 것은?

| 보기 |

가리다, 가늘다, 길다, 넘기다, 닦다, 안타깝다

① 길다, 넘기다, 닦다

② 가리다, 넘기다, 닦다

③ 가리다, 가늘다, 길다

④ 가늘다, 길다, 안타깝다

05 다음에서 설명하고 있는 문장으로 알맞은 것은?

화자가 청자에게 어떤 행동을 함께하도록 요청하면서 권유의 뜻을 전달하는 문장으로 '청유문'이 된다.

① 청소를 하거라.

② 청소를 한다.

③ 청소를 하자.

④ 청소를 할까?

06 다음 설명에 해당하는 음운은?

발음을 할 때 목청을 울리며 나는 소리로, 콧소리와 흐름소리가 있다.

① ㅅ, ㄱ, ㅊ, ㅈ

② ㄴ, ㄹ, ㅁ, ㅇ

③ ㄱ, ㄲ, ㅇ, ㅎ

④ ㅁ, ㅂ, ㅃ, ㅍ

07 다음에서 협상하기의 태도로 알맞은 것은?

① 자신의 주장을 끝까지 내세운다.
② 상대방의 요구를 무조건 수용한다.
③ 조정과 타협의 과정을 거친다.
④ 정보를 정확히 전달하는 것이 목적이다.

08 글의 통일성을 고려하여 고쳐쓰기를 할 때, 가장 중요하게 보아야 할 점검 항목으로 알맞은 것은?

① 글의 주제를 충실히 드러냈는가?
② 지나치게 길고 복잡한 문장이 있는가?
③ 문맥에 어울리지 않는 단어가 있는가?
④ 띄어쓰기나 맞춤법은 바르게 이루어졌는가?

[09~11] 다음 글을 읽고, 물음에 답하시오.

나는 북관(北關)에 혼자 앓어누워서
어느 아츰 의원을 뵈이었다.
의원은 여래(如來) 같은 상을 하고 관공(觀空)의 수염을 드리워서
먼 옛적 어느 나라 신선 같은데
새끼손톱 길게 돋은 손을 내어
묵묵하니 한참 맥을 짚더니
문득 물어 고향이 어데냐 한다
평안도 정주라는 곳이라 한즉
그러면 아무개 씨 고향이란다
그러면 아무개 씰 아느냐 한즉
의원은 빙긋이 웃음을 띠고
막역지간(莫逆之間)이라며 수염을 쓴다
나는 아버지로 섬기는 이라 한즉

의원은 또다시 넌즈시 웃고
말없이 팔을 잡어 맥을 보는데
손길은 따스하고 부드러워
고향도 아버지도 아버지의 친구도 다 있었다.

– 백석, 「고향」 –

09 윗글에 나타난 말하는 이의 태도로 가장 적절한 것은?

① 현실을 비판적으로 바라보고 있다.
② 외로움을 견디지 못하고 좌절하고 있다.
③ 어린 시절로 돌아가기를 소망하고 있다.
④ 고향과 가족을 떠올리며 따뜻함을 느끼고 있다.

10 윗글에 대한 설명으로 적절한 것은?

① 공간의 이동에 따라 시상을 전개하고 있다.
② 의문형으로 시를 끝맺어 주제를 강조하고 있다.
③ 인물 간의 대화를 통해 시적 상황을 표현하고 있다.
④ 말하는 이가 드러나지 않은 채 대상을 관찰하고 있다.

11 윗글을 읽은 감상으로 적절하지 <u>않은</u> 것은?

① 타지에서 고향 사람을 만나면 반가울 것 같아.
② 타지에서 말하는 이가 그동안 고생했을 것 같아.
③ 고향을 청각적 심상으로 표현한 것이 기억에 남아.
④ 비유를 통해 의원의 모습을 묘사한 것이 인상적이야.

[12~14] 다음 글을 읽고 물음에 답하시오.

이 고을에 새로 부임해 오는 군수는 으레 양반을 먼저 찾아보았고, 그에게 두터운 경의를 표현하는 것이 관례로 되어 있었다. 그러나 워낙 살림이 가난해서 해마다 관가에서 곡식을 꾸어다 먹는 신세였는데, 여러 해가 쌓이고 보니 꾸어 먹은 곡식이 천 석이나 되었다. 관찰사가 여러 고을을 돌아다니다가 마침 정선에 이르러 관청의 곡식 장부를 살펴보고는 그만 몹시 노하게 되었다.

"어떤 놈의 양반이 나라의 곡식을 이렇게 많이 축냈단 말이냐?"

관찰사는 즉시 그 양반을 잡아 옥에 가두라고 명하였다. 명령을 받은 군수는 양반을 잡아 가둔다 해도 그가 가난해서 도저히 빚을 갚을 방도가 없다는 것을 알고 있었다.

이 사실을 전해 들은 양반은 밤낮으로 울기만 할 뿐, 아무런 대책도 세울 수 없었다. 그의 아내가 남편에게 푸념을 했다.

㉠ "당신은 한평생 앉아서 글만 읽더니 관가에서 빌린 곡식을 한 톨도 갚지 못하는 무능력한 사람이 되었구려. 에이! 더럽소! 양반, 양반 하더니 그 양반이라는 것이 아무 쓸모가 없는 것이구려."

한편 그 마을에는 부자 한 사람이 살고 있었다. 양반이 곤경에 처하게 된 사실을 들은 부자는 식구들을 모아 놓고 이런 말을 하였다.

"양반은 아무리 가난해도 항상 높고 영화스럽건만, 우리는 아무리 돈이 많아도 항상 낮고 천하단 말이야. 감히 말을 한번 타 볼 수도 없고, 양반만 보면 저절로 기가 죽어서 쩔쩔매고 굽실거리며 절을 해야 하지. 참으로 더러운 일이 아닐 수 없단 말이야. 그런데 마침 저 양반이 가난해서 관가에서 꾼 곡식을 갚지 못해 몹시 곤란해진 모양이야. 양반 자리도 지닐 수 없는 형편이 되

었다고 하니, 이제 우리가 그 '양반'이라는 것을 돈으로 사서 행세하는 것이 어떻겠는가?"

부자는 즉시 양반을 찾아가서 관가의 곡식을 자기가 대신 갚겠다고 자청하였다. 양반은 크게 기뻐하면서 허락하였다. 그래서 부자는 곧 곡식을 관가에 보내어 모두 갚아 주었다.

– 박지원, 「양반전」 –

12 윗글에 대한 설명으로 알맞지 않은 것은?

① 부자들이 대우받는 시대였다.
② 현실 생활에 무능한 양반의 모습이 나타난다.
③ 양반의 신분 매매를 제재로 삼고 있다.
④ 양반 계층에 대한 풍자가 드러난다.

13 밑줄 친 ㉠에서 풍자하고 있는 양반의 모습은?

① 백성들에게 횡포를 부리는 모습
② 경제적으로 무능한 모습
③ 겉치레를 중시하는 모습
④ 자연에 은둔하는 모습

14 윗글에 나타난 '양반의 아내'의 성격으로 알맞은 것은?

① 수동적   ② 권위적
③ 위선적   ④ 비판적

개울물은 날로 여물어 갔다.

소년은 갈림길에서 아래쪽으로 가 보았다.

갈밭머리에서 바라보는 서당골 마을은 쪽빛 하늘 아래 한결 가까워 보였다. 어른들의 말이, 내일 소녀네가 양평읍으로 이사 간다는 것이었다. 거기 가서는 조그마한 가겟방을 보게 되리라는 것이었다.

⊙ 소년은 저도 모르게 주머니 속 호두알을 만지작거리며, 한 손으로는 수없이 갈꽃을 휘어 꺾고 있었다.

그날 밤, 소년은 자리에 누워서도 같은 생각뿐이었다. 내일 소녀네가 이사하는 걸 가보나 어쩌나. 가면 소녀를 보게 될까 어떨까.

그러다가 까무룩 잠이 들었는가 하는데,

"허, 참 세상일도……."

마을 갔던 아버지가 언제 돌아왔는지,

"윤 초시 댁도 말이 아니야, ⓛ 그 많던 전답을 다 팔아 버리고, 대대로 살아오던 집마저 남의 손에 넘기더니, 또 악상까지 당하는 걸 보면……."

남폿불 밑에서 바느질감을 안고 있던 어머니가,

"증손(曾孫)이라곤 계집애 그 애 하나뿐이었지요?"

"그렇지, 사내 애 둘 있던 건 어려서 잃어버리고……."

"어쩌면 그렇게 자식 복이 없을까."

"글쎄 말이지. 이번 앤 꽤 여러 날 앓는 걸 약도 변변히 못써 봤다더군. 지금 같아선 윤초시네도 대가 끊긴 셈이지……. 그런데 참, 이번 계집앤 어린 것이 여간 잔망스럽지가 않아. 글쎄, 죽기 전에 이런 말을 했다지 않아? 자기가 죽거든 자기 입던 옷을 꼭 그대로 입혀서 묻어 달라고……."

– 황순원, 「소나기」 –

15 ㉠에 드러나는 갈등의 양상으로 알맞은 것은?

① 소년과 소녀의 외적 갈등

② 소년과 사회와의 외적 갈등

③ 소녀의 내적 갈등

④ 소년의 내적 갈등

16 윗글에 대한 설명으로 알맞은 것은?

① 인물 간의 외적 갈등이 두드러진다.

② 소년이 자신의 이야기를 하고 있다.

③ 일제 강점기의 시대상을 보여 준다.

④ 소년과 소녀의 순수한 사랑을 보여 주고 있다.

17 ㉡에 해당하는 표현으로 알맞은 것은?

① 금상첨화

② 설상가상

③ 같은 값이면 다홍치마

④ 와신상담

[18~20] 다음 글을 읽고 물음에 답하시오.

(가)

형과 아우, ㉠밧줄을 사이에 두고 가위 바위보를 한다. 아우가 이긴다. 그는 형 쪽으로 껑충 뛰어 넘어 가서 의기양양하게 뽐내며 다니다가 자기 쪽으로 되돌아온다. 아우는 세 번이나 형을 이기고, 똑같은 행동을 되풀이한다.

형 : 그만하자, 그만해!

아우 : 왜요……?

(나)

　형과 아우, ⓛ 벽으로 다가간다. 그러나 그들은 잠시 망설인다.

아우 : 그렇지만 형님이 나를 용서하지 않는다면, 난 어떻게 되는 거지?

형 : 미안하다고 말해도 소용없다면?

아우 : 나 혼자 독립해서 사는 것도 나쁜 건 아닐 텐데…… 좀 더 생각해 봐야겠어.

형 : 그래도 형 체면이 있지, 내가 먼저 말할 수는 없어.

아우 : 그림을 그리면서 생각해 보자구.

형 : 동생이 먼저 말할 때까지 기다리는 게 낫겠군.

(다)

조수들 : (박수를 치며) 아주 잘하는데요!

측량 기사 : 양쪽 다 정말 잘해!

조수 1 : (하늘을 바라본다.) 그런데 밀쩡하던 날씨가 왜 이 모양이지?

조수 2 : ⓒ 번개가 치고 천둥이 울리잖아?

측량 기사 : (허공에 손을 내밀며) 이런, 빗방울이 떨어지는데!

조수들 : (측량 기사에게) 비를 피했다가 다시 오면 어떨까요?

측량 기사 : 그래, 그게 좋겠어. (호주머니에서 수첩과 만년필을 꺼낸다.) 빨리 청구서를 써야겠군. 전망대는 워낙 가격이 비싸서…… 여기에 총값을 추가하고…….

조수들 : 총알값도 비싸게죠.

측량 기사 : 물론이지, 총알도 공짜로는 줄 수 없고……. (수첩의 종이를 뜯어서 형에게 내민다.) 청구서입니다. 보면 아시겠지만, 아주 싸게 드린 거예요. ⓔ 전망대는 땅의 반절로 계산하였고, 총값은 그 나머지 반절의 반절로 계산했어요.

－ 이강백, 「들판에서」 －

18 위와 같은 글의 특징으로 알맞지 <u>않은</u> 것은?

① 시간과 공간의 제약이 없다.

② 연극으로 상연할 것을 전제로 한다.

③ 상징적이고 함축적인 소재들이 사용된다.

④ 등장인물의 대사와 행동을 통해 주제를 형상화한다.

19 ㉠~㉣ 중 다음 설명에 해당하는 것은?

> 　형과 아우 사이의 왕래를 막아 형제 사이를 완전히 단절시키는 소재이다. 대립과 갈등이 심화되는 것을 상징한다.

① ㉠ 밧줄　　　　② ㉡ 벽

③ ㉢ 번개　　　　④ ㉣ 전망대

20 윗글에 등장하는 등장인물의 성격에 대한 설명으로 적절하지 <u>않은</u> 것은?

① 측량 기사는 자신들의 이익만을 추구한다.

② 형은 형으로서 체면을 중시한다.

③ 아우는 소극적인 성격의 소유자이다.

④ 측량 기사와 조수들은 형제의 땅을 빼앗는 교활한 인물이다.

(가) 입맛은 사람마다 다르지만 대부분 달고 기름진 음식, 그러니까 탄수화물의 일종인 당분과 지방이 듬뿍 든 음식을 맛있다고 느낍니다. 그런데 이렇게 사람들이 좋아하는 음식들은 열량이 높아서 비만과 성인병의 원인이 되지요.
이것은 인간에게 비극입니다. 열량이 높은 음식들이 맛이 없으면 아무런 문제가 없을 텐데 말입니다. 왜 이런 비극이 생기는 걸까요? 결론부터 말하자면, 인간의 생물학적 특성은 그대로인데 인간을 둘러싼 환경이 변했기 때문입니다.

(나) 이런 지방 세포의 성질은 과거에는 인간이 생존하는 데 매우 중요한 역할을 했습니다. 먹을 것이 풍부한 여름과 가을에 가능하면 많이 먹고 지방을 저장해 두어야 식량이 부족한 겨울을 버틸 수 있었으니까요. 요즘에는 먹어도 먹어도 살찌지 않는 사람들이 복받은 체질이라고 하지만 과거에는 이런 사람들이야말로 저주받은 체질이었을 것입니다. 아무리 먹어도 지방이 저장되지 않아 시시때때로 닥치는 기근을 넘기기 힘들었을 테니까요. 그런데 최근 들어 세상이 아주 많이 변했지요. 달고 기름진 음식들이 넘쳐나기 시작한 것입니다.

(다) **우리 몸과 새로운 시대의 충돌**
이제는 탄수화물 덩어리인 정제된 곡물에 설탕을 잔뜩 넣어 반죽해 기름에 튀긴 도넛, 설탕과 유지방이 듬뿍 든 아이스크림, 너무 달아서 혀가 마비되어 버릴 것 같은 초콜릿 케이크가 사람들의 입맛을 사로잡았습니다.
그런데 이런 고열량 음식을 자꾸 먹으면 열량이 몸에 쌓여 문제가 됩니다. 우리 몸이 남는 열량을 미련 없이 버린다면 비만을 걱정할 필요가 없을 것입니다. 하지만 오랫동안 열량이

부족한 환경에서 살아온 우리 몸은 감히 그럴 생각을 하지 못합니다. 쓰고 남은 열량을 지방으로 바꾸어 지방 세포에 착착 저장하지요.

(라) 먹을거리가 부족했던 옛날에는 통통한 몸을 아름답게 여겼습니다. 하지만 시대가 변해 열량을 쉽게 섭취할 수 있게 되자 아름다운 몸에 대한 기준이 바뀌었습니다. 과거에는 없어서 못 먹었기에 선망의 대상이었던 고열량 식품들도 비만과 성인병의 주범으로 기피당하는 신세가 되었습니다. 이것은 모두 세상의 빠른 변화에 우리 몸이 적응하지 못해 벌어지는 일입니다. 그 변화를 되돌릴 수 없다면 이제는 우리의 식습관과 생활 습관을 바꾸어야 하지 않을까요?
　　　　　　　　　– 이은희, 「우리 몸은 단맛을 사랑해」 –

21 위와 같은 글을 읽는 방법에 대한 설명으로 적절한 것은?

① 사건 전개에 따른 중심인물의 심리 변화를 이해하며 읽는다.
② 글쓴이가 제기하는 의견의 타당성과 실현 가능성을 비판하며 읽는다.
③ 사실적인 체험의 과정을 바탕으로 글쓴이의 개성을 파악하며 읽는다.
④ 읽기의 과정에 따라 글의 내용과 구조, 글쓴이의 의도 등을 예측하며 읽는다.

22 (가)로 보아 뒤에 이어질 내용으로 적절한 것은?

① 지방 세포의 특성과 종류
② 환경 변화의 구체적인 내용
③ 환경 파괴로 인한 인간의 피해 실태
④ 고열량 식품으로 인한 환경 문제의 발생

23 윗글을 읽으며 독자에게 미칠 영향을 예측한 내용으로 적절한 것은?

① 요즘 나도 고열량 음식을 많이 먹다 보니 예전에 비해 자꾸 살이 찌는 것 같아.

② 글의 내용으로 보아 글쓴이는 과학이나 식품 영양학을 전공한 사람일 것 같아.

③ 소제목을 보니 우리 몸이 환경의 변화를 따라가지 못한다는 내용이 이어질 것 같아.

④ 글을 읽은 후에 많은 사람들이 고열량 음식을 즐겨 먹는 식습관에 대해 돌아보게 될 것 같아.

[24~25] 다음 글을 읽고 물음에 답하시오.

(가) 이런 사회에 전력 공급이 끊긴다면 어떻게 될까. 우리는 2011년 9월 이미 예습을 했다. 승강기에 갇힌 1902건의 사고에서 2905명이 긴급 구조를 요청했다. 4588개 중소기업이 총 301억 9100만 원의 피해를 당했다. 편리함을 좇아 쌓아 올린 정보 기술(IT) 왕국 역시 사상누각처럼 불안하다. 도시 곳곳에 무선 인터넷망이 깔리고 금융 네트워크 위에 설계된 ㉠ 정보 기술 한국의 미래는 장밋빛으로 보였다. 그러나 정전이 되자 정보 기술은 무용지물이었다.

(나) ㉡ 10년 후인 2021년쯤에는 한반도의 남해안과 동해안 지역이 모두 아열대 기후에 속하게 된다. 기후 변화는 우리가 낭년한 현실이다. 지난해 국내 사망자 수는 통계 작성 이래 최고치를 기록했다. 겨울에 다친 이상 한파로 폐렴, 심혈관계 질환 발생률이 높아지면서 고령층의 사망률이 훌쩍 뛰었기 때문이다.

(다) 효율적이고 편리해지고 있는 세상에서 비만증이나 성인병, 우울증, 자살은 더 늘어나고 있다. ㉢ 편하게 살기는 결코 우리의 행복과 풍요를 보장하지 못한다. 건강, 안전한 사회, 삶의 질을 생각한다면 ㉣ 우리는 다소의 불편함에 익숙해져야 한다.

– 김다슬, 「조금씩 불편해지기」 –

24 윗글에서 글쓴이의 주장에 해당하는 부분으로 알맞은 것은?

① ㉠　　　　　② ㉡
③ ㉢　　　　　④ ㉣

25 윗글이 독자에게 설득력을 주는 이유로 알맞지 않은 것은?

① 구체적 통계 수치를 제시하였다.
② 전문가의 말을 인용하였다.
③ 기후 변화의 사례를 제시하였다.
④ 우리나라에서 발생한 실제 정전 사고의 예를 제시하였다.

01 다음은 90을 소인수분해하는 과정을 나타낸 것이다. 90을 소인수분해한 것은?

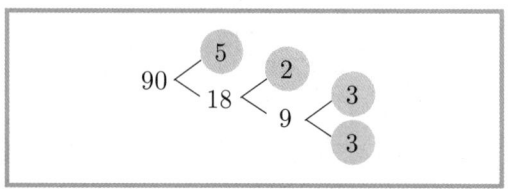

① $2 \times 5 \times 9$ ② 9×10

③ 2×3^2 ④ $2 \times 3^2 \times 5$

02 다음 정수를 수직선 위에 나타낼 때, 오른쪽에서 두 번째에 있는 수는?

$+4$	-5	0	$+1$	-3

① $+4$ ② $+1$

③ 0 ④ -3

03 $3-(-2)$를 계산하면?

① 5 ② 1

③ -1 ④ -5

04 $a=-3$일 때, $4a+1$의 값은?

① 11 ② 7

③ -7 ④ -11

05 일차방정식 $-3x + 2 = 5x - 14$의 해는?

① 1   ② 2

③ 3   ④ 4

06 다음 좌표평면 위에 있는 점 A의 좌표는?

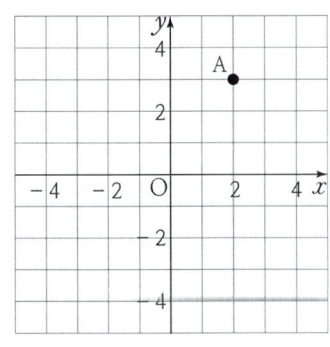

① $(-2, 3)$ ② $(-2, -3)$

③ $(2, -3)$ ④ $(2, 3)$

07 피자 1판의 가격이 치킨 1마리의 가격의 2배인 가게가 있다. 피자 2판과 치킨 2마리를 주문하여 총 60,000원을 지불하였을 때, 치킨 1마리의 가격은?

① 10,000원   ② 15,000원

③ 20,000원   ④ 25,000원

08 다음 도수분포표는 어느 블로그의 하루 동안 방문한 사람 수를 30일 동안 조사하여 나타낸 것이다. 방문자 수가 25명 이상인 일수는 며칠인가?

방문자 수

방문자 수(명)	일수(일)
$10^{이상}$ ~ $15^{미만}$	2
15 ~ 20	5
20 ~ 25	18
25 ~ 30	A
30 ~ 35	1
합계	30

① 1일   ② 4일

③ 5일   ④ 7일

09 $-2a^2 \times 6a^3$을 간단히 한 것은?

① $12a^6$ ② $-12a^6$

③ $12a^5$ ④ $-12a^5$

11 평행사변형 ABCD에서 $\angle \mathrm{A} = 110°$일 때, $\angle x$의 크기는?

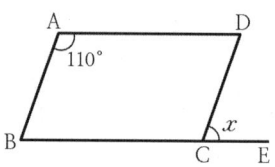

① $50°$ ② $60°$

③ $70°$ ④ $80°$

10 다은이와 한슬이가 가위바위보를 할 때, 서로 비길 확률은?

① $\dfrac{1}{4}$ ② $\dfrac{1}{3}$

③ $\dfrac{2}{3}$ ④ $\dfrac{3}{4}$

12 다음 일차함수 $y = ax + b$의 그래프에서 ab의 값은?

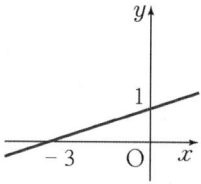

① $\dfrac{1}{3}$ ② $-\dfrac{1}{3}$

③ 1 ④ 3

13 일차부등식 $5x + 2 \leq 7x - 8$의 해를 수직선 위에 나타낸 것은?

①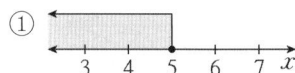

②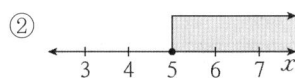

③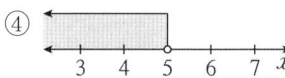

④

15 이차방정식 $x^2 - 5x + 6 = 0$의 해는?

① $x = 2$ 또는 $x = 3$

② $x = 1$ 또는 $x = 6$

③ $x = -1$ 또는 $x = -6$

④ $x = -2$ 또는 $x = -3$

14 삼각형 ABC와 삼각형 DEF가 닮음일 때, $\angle \mathrm{C}$의 크기는?

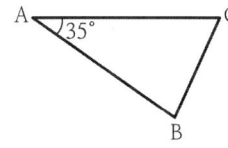 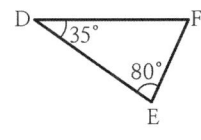

① $35°$
② $45°$
③ $65°$
④ $80°$

16 $\sqrt{32} = a\sqrt{2}$일 때, a의 값은?

① 2
② 3
③ 4
④ 5

17 이차함수 $y = -\dfrac{3}{2}x^2$의 그래프에 대한 설명으로 옳은 것은?

① 제2사분면과 제4사분면을 지난다.

② 아래로 볼록한 포물선이다.

③ 꼭짓점의 좌표는 $\left(0, \ -\dfrac{3}{2}\right)$이다.

④ 점 $\left(1, \ -\dfrac{3}{2}\right)$을 지난다.

18 그림은 $\angle B = 90°$인 직각삼각형 ABC의 세 변을 각각 한 변으로 하는 세 개의 정사각형을 그린 것이다. □ADEB의 넓이는 $16\,\text{cm}^2$이고 □BFGC의 넓이가 $9\,\text{cm}^2$일 때, 직각삼각형 ABC의 빗변 AC의 길이는?

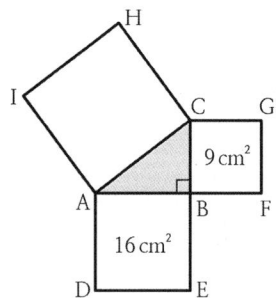

① 3cm

② 4cm

③ 5cm

④ 6cm

19 직각삼각형 ABC에서 $\angle C = 90°$일 때, $\cos A$의 값은?

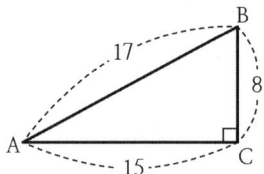

① $\dfrac{17}{8}$

② $\dfrac{8}{15}$

③ $\dfrac{15}{17}$

④ $\dfrac{8}{17}$

20 다음 그림에서 $\angle x$의 크기는?

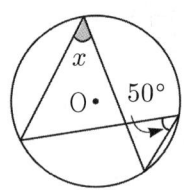

① 30°

② 40°

③ 50°

④ 60°

영어

제4회 실전모의고사

정답 및 해설 p. 251

01 다음 밑줄 친 단어의 뜻으로 가장 적절한 것은?

> They are selling shoes <u>cheap</u> this week.

① 싸게   ② 비싸게

③ 많이   ④ 적게

02 다음 두 단어의 의미 관계가 나머지 셋과 <u>다른</u> 것은?

① begin − start   ② favorite − dislike

③ glad − sad   ④ beautiful − ugly

03 다음 대화의 빈칸에 들어갈 말로 가장 적절한 것은?

> A : Does David join us?
> B : Yes, _____ He always want to join us

① he does   ② I don't

③ she isn't   ④ you don't

04 다음 대화에서 A가 찾아 가려는 곳의 위치로 옳은 것은?

> A : Excuse me, but I'm looking for a hospital.
> B : Go straight for one block and turn right. It's on your right. You can't miss it.

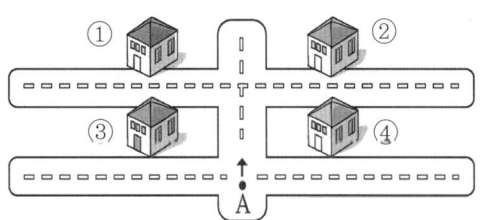

05 다음 대화의 빈칸에 들어갈 말로 가장 적절한 것은?

> A : What is he doing now?
> B . He's _____ in the pool.

① swim   ② swimming

③ swam   ④ to swim

06 다음 빈칸에 공통으로 들어갈 말로 가장 적절한 것은?

> • Please _____ after the baby while I'm away.
> • I _____ forward to meeting you again.

① break   ② cover

③ look   ④ cut

07 일기 예보를 보고 대화의 빈칸에 들어갈 말로 가장 적절한 것은?

Mon	Tue	Wed	Thur	Fri
1	2	3	4	5
맑음	흐림	비	눈	흐림

> A : Today is Wednesday. It's raining.
> B : How about Friday?
> A : It will be _____.

① cloudy   ② rainy

③ snowy   ④ sunny

08 다음 대화에서 B에 대한 A의 질문으로 가장 적절한 것은?

> A : _____?
> B : I am from Korea. And you?

① How old are you

② What are you doing here

③ How much is it

④ Where are you from

09 다음 대화의 내용으로 가장 적절한 것은?

> A : Julie, do you like the Halloween party?
> B : Sure. I love to. How about you?
> A : I like it, too.

① 할로윈 파티   ② 결혼식

③ 학교 수업   ④ 생일 파티

[10~11] 다음 대화의 빈칸에 들어갈 말로 가장 적절한 것을 고르시오.

10
> A : _____ does your summer vacation start?
> B : It starts next Saturday.

① When   ② How

③ Why   ④ Where

11
> A : What _____ will be best for you?
> B : Blue is best for me.

① kind   ② time

③ color   ④ sleep

12 다음 대화의 빈칸에 알맞지 <u>않은</u> 표현은?

> A : Thank you so much.
> B : _____.

① My pleasure
② You're welcome
③ Don't mention it
④ I'd love to, but I can't

13 다음 자기소개서를 보고 알 수 <u>없는</u> 것은?

> Name : Go Mira
> E-mail Address : kkkk@hotmail.net
> Hobby : swimming
> Birthday : October 9, 1988

① 이름   ② 집주소
③ 취미   ④ 생일

14 다음 대화에서 엄마가 줄리에게 부탁하는 것은?

> Mom : I'm washing the dishes. Can you help me, Julie?
> Julie : Sorry, I'm busy. I'm doing my homework.

① 세차하기   ② 설거지하기
③ 숙제하기   ④ 청소하기

15 디음 글의 주제로 기장 적절한 것은?

> In the United states, Thanksgiving is celebrated on the fourth Thursday in November. It is held to express thanks for the harvest. Most people celebrate this holiday with their family or friends. They eat roasted turkey, mashed potatoes, and other fall vegetables.

① 칠면조 요리
② 길거리 음식들
③ 추수 감사절
④ 미국의 다양한 기념일

16 다음 글의 목적으로 가장 적절한 것은?

> Dear Mom and Dad,
> Hi, Mom and Dad! You are grandparents now. And I am also a father. Yesterday my wife, Maria, had a baby, a little girl. We named her Elena. Everybody says that Elena looks like me.

① 손주의 탄생을 알리기 위해서
② 생일 파티에 초대하기 위해서
③ 여행 계획을 확인하기 위해서
④ 안부를 묻기 위해서

17 다음 글의 주장으로 가장 적절한 것은?

> Don't waste water. Heating water needs a lot of energy. So take shorter showers! It is a good way to save water.

① 공기 오염을 막기
② 물 아껴 쓰기
③ 쓰레기 줄이기
④ 재활용하기

18 두 사람이 이번 주 토요일에 할 일로 가장 적절한 것은?

> A : Why don't we go to the movies this Saturday?
> B : That's a good idea. What time shall we meet?
> A : How about 2:00?
> B : Great! See you then.

① 쇼핑하기   ② 영화 보기
③ 외식하기   ④ 운동하기

19 다음 빈칸에 들어갈 말로 가장 적절한 것은?

> _____ have to work fast. When the fire bell rings, they have to jump up, get on their truck, and get to the fire as soon as they can.

① Police officer
② Teacher
③ Flight attendant
④ Fire fighter

20 다음 대화에서 밑줄 친 말의 의도로 가장 적절한 것은?

> A : Watch out! You almost fell down.
> B : Oh, there was something on the ground.

① 주의 주기   ② 감사하기
③ 수락하기   ④ 거절하기

21 다음 빈칸에 들어갈 말로 가장 적절한 것은?

> Columbus _____ new land in 1492.

① discovered   ② discovers
③ will discover   ④ discovering

22 다음 글의 내용에서 알 수 없는 것은?

> Tom visited his grandparents today. They grow rice and vegetables. After lunch, he worked in the field. It was hard work, but he learned a lot about farming.

① 톰이 방문한 사람
② 톰의 조부모님이 하시는 일
③ 오늘 톰이 한 일
④ 톰의 부모님 직업

23 주어진 말에 이어질 두 사람의 대화를 〈보기〉에서 찾아 순서대로 가장 적절하게 배열한 것은?

> How's the weather in New Zealand?

┤ 보기 ├

(A) I want to go there to see the snow.
(B) It's snowing here. It looks amazing.
(C) I hope you will come someday.

① (A) − (B) − (C)
② (B) − (A) − (C)
③ (B) − (C) − (A)
④ (C) − (B) − (A)

24 다음 글의 분위기로 가장 적절한 것은?

> The sky is blue and the sheep run happily in the field. I just lie down on the grass and think about present which I was given yesterday. There is no worry about anything.

① peaceful   ② humorous
③ scary   ④ lonely

25 다음 글의 바로 뒤에 이어질 내용으로 가장 적절한 것은?

> Many people like climbing mountains these days. But sometimes climbing can be dangerous. Here are some tips for a safe climbing.

① 다양한 스포츠 활동
② 산과 바다의 차이점
③ 안전한 등산을 위한 조언
④ 취미 활동의 필요성

제4회

01 다음과 같은 생활 모습을 볼 수 있는 대표적인 기후 지역은?

- 증발량이 강수량보다 많다.
- 사막과 초원이 넓게 분포한다.
- 유목이 이루어진다.

① 건조 기후　　② 열대 기후
③ 고산 기후　　④ 냉대 기후

02 다음 설명에 해당하는 자원은?

- 20세기 이후 주요 동력 자원
- 총매장량의 60% 이상이 서남아시아에 집중
- 주요 수출국 : 사우디아라비아, 아랍 에미리트, 러시아 등

① 구리　　　　② 석유
③ 주석　　　　④ 철광석

03 다음에서 설명하는 지형은?

하천에 의해 운반된 모래나 주변 물질이 파도에 의해 해안에서 퇴적되어 형성된다.

① 곶　　　　　② 갯벌
③ 사빈　　　　④ 피오르 해안

04 다음 내용과 관련된 자연재해는?

2004년 12월 인도네시아와 인도, 스리랑카, 타이 등의 해안 지방에 큰 해일이 덮쳐 큰 규모의 인명 및 재산 피해를 냈다. '쓰나미'라 불리는 이 해일은 바다 표면에서부터 밑바닥까지 바닷물 전체가 출렁이며 만들어 낸 엄청난 크기의 파도였다.

① 가뭄　　　　② 폭염
③ 지진　　　　④ 황사

05 고령화 사회에서 나타나는 문제를 해결하기 위한 방안으로 적절하지 <u>않은</u> 것은?

① 육아 휴직 제도 확충

② 노인 돌봄 서비스 사업

③ 연금 제도 개선

④ 사회 보장 제도의 정비

06 다음 중 뉴미디어에 대한 설명으로 옳지 <u>않은</u> 것은?

① 쌍방향 의사소통이 가능하다.

② 인터넷, 스마트폰이 대표적이다.

③ 다양화·차별화된 정보가 생산된다.

④ 생산자와 소비자 간의 경계가 뚜렷하다.

07 팔레스타인 지역에서 이슬람교를 믿는 팔레스타인과 분쟁 중인 국가와 종교를 바르게 연결한 것은?

	국가	종교
①	중국	불교
②	인도	힌두교
③	파키스탄	유대교
④	이스라엘	유대교

08 공정 무역에 대한 설명으로 옳지 <u>않은</u> 것은?

① 생산자에게 정당한 노동의 대가를 지불한다.

② 경제적으로 불리한 생산자에게 기회를 제공한다.

③ 지역 간 경제적 불평등을 해결하기 위한 방안이다.

④ 중간 유통 과정을 늘려 소비자에게 상품을 공급한다.

09 다음에서 설명하는 사회화 기관은?

* 가장 기초적인 사회화 기관
* 언어, 예절, 의식주 등 기본적인 생활 방식을 습득

① 가정   ② 학교

③ 또래 집단   ④ 지역 사회

10 (가)와 (나)에 나타난 문화를 바라보는 태도를 바르게 짝지은 것은?

> (가) 프랑스의 여배우 브리지트 바르도는 개 고기를 먹는 한국인을 야만인이라 비난 하면서 "고기를 연하게 하려고 죽을 때 까지 개들을 잔인하게 두들겨 패는 것을 문화라 할 수 없다."라고 주장하였다.
>
> (나) 세종대왕의 훈민정음 창제 노력에 대해 최만리는 "중국의 문자를 사용하며 중 국의 발달된 문화를 받아들이고 있는 이때, 난데없이 새로운 글자를 만들어 중국의 심기를 건드리는 것은 옳지 못 합니다."라는 글을 올렸다.

<u>(가)</u>   <u>(나)</u>
① 자문화 중심주의   문화 상대주의
② 자문화 중심주의   문화 사대주의
③ 문화 사대주의   자문화 중심주의
④ 문화 사대주의   문화 상대주의

11 다음 설명에 해당하는 기본권을 바르게 연결한 것은?

> (가) 소극적 권리에 해당하며 가장 오래된 기본권이다.
>
> (나) 능동적 권리로 국가의 의사 결정 과정 에 참여할 수 있는 권리이다.
>
> (다) 다른 기본권을 보장하기 위한 수단적 권리이며 일정한 행위를 청구할 수 있 는 권리이다.

	<u>(가)</u>	<u>(나)</u>	<u>(다)</u>
①	자유권	평등권	청구권
②	사회권	참정권	자유권
③	사회권	평등권	자유권
④	자유권	참정권	청구권

12 다음 내용에 해당하는 것은?

> 일정한 연령에 도달하면 성별, 직업 등에 관계 없이 모든 국민에게 선거권을 인정한다.

① 평등 선거   ② 보통 선거
③ 직접 선거   ④ 비밀 선거

13 다음에서 설명하는 정부 형태는?

> • 입법부와 행정부가 융합된 형태이다.
> • 의회 다수당의 대표가 수상(총리)이 되어 내각(행정부)을 구성한다.

① 왕정
② 대통령제
③ 의원 내각제
④ 이원집정부제

14 다음 내용과 관계 깊은 기본권은?

> • 기본권이 침해된 경우, 이를 구제받을 수 있는 수단으로서의 권리
> • 국가에 대해 일정한 행위를 요청할 수 있는 권리

① 청구권　　② 사회권
③ 평등권　　④ 자유권

15 다음 설명에 해당하는 경제 활동의 종류는?

> 생산 과정에 참여한 대가를 받는 것

① 분배　　② 생산
③ 소비　　④ 재화

16 수요·공급 그래프에서 가격이 P에서 P′으로 상승하였을 때의 변화를 알맞게 짝지은 것은? (단, 다른 조건은 일정하다.)

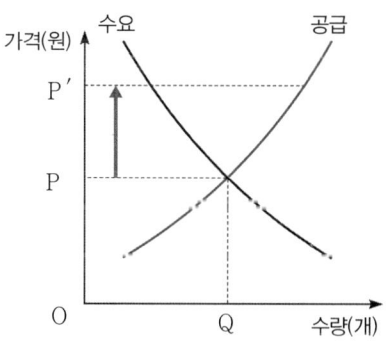

	수요량	공급량
①	증가	증가
②	증가	감소
③	감소	감소
④	감소	증가

17 다음 내용의 (가), (나)에 해당하는 나라가 바르게 연결된 것은?

> (가) 다른 부족의 생활권을 침범하면 책화라 하여 노비와 소, 말로 변상하게 하였으며, 매년 10월에 무천이라는 제천 행사를 열었다.
>
> (나) 12월에 영고라는 제천 행사가 열렸으며, 이때에는 하늘에 제사를 지내고 노래와 춤을 즐겼으며, 죄수를 풀어 주기도 하였다.

<u>(가)</u>　　<u>(나)</u>
① 동예　　부여
② 부여　　고구려
③ 옥저　　동예
④ 고구려　　부여

18 다음 설명에 해당하는 신라의 왕은?

> • 불교를 공인해 국민의 정신적 통일을 꾀함.
> • '건원'이라는 연호를 사용하여 중국과 대등한 나라라는 자주 의식을 나타냄.
> • 율령을 반포하고 17관등과 관리의 공복을 제정하는 등 제도 정비에 힘씀.

① 내물왕　　　　② 법흥왕
③ 근초고왕　　　④ 소수림왕

19 고려 공민왕이 실시한 정책을 〈보기〉에서 고른 것은?

> ┤ 보기 ├
> ㄱ. 수원 화성 건설
> ㄴ. 집현전 설치
> ㄷ. 전민변정도감 설치
> ㄹ. 철령 이북의 땅 회복

① ㄱ, ㄴ　　　　② ㄱ, ㄹ
③ ㄴ, ㄷ　　　　④ ㄷ, ㄹ

20 다음에서 설명하는 정치 세력은?

> 성리학을 공부하고 과거에 급제하여 관직에 진출하였다. 공민왕의 개혁 정치 과정에서 크게 성장하였다.

① 양반　　　　　② 문벌 귀족
③ 권문세족　　　④ 신진 사대부

21 정조가 다음과 같은 정책들을 실시한 근본적인 목적은?

> • 탕평책 실시　　• 규장각 설치
> • 장용영 설치　　• 수원 화성 건설

① 국방력 강화
② 왕권 강화
③ 상업 활동의 확대
④ 과학 기술의 발전

22 다음에서 설명하는 사건은?

> 청의 군신 관계 요구를 조선이 거절하자 일어난 사건이다.

① 임진왜란   ② 정묘호란

③ 병자호란   ④ 신미양요

24 다음 (가)에 해당하는 인물은?

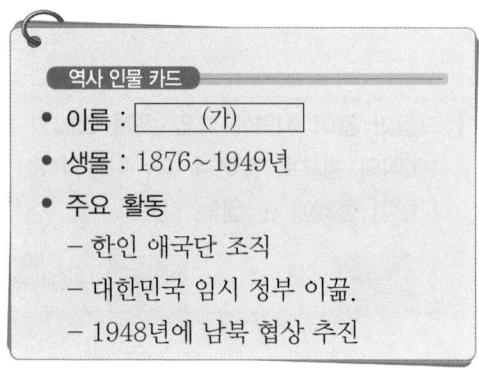

역사 인물 카드
- 이름 : _____(가)_____
- 생몰 : 1876~1949년
- 주요 활동
  - 한인 애국단 조직
  - 대한민국 임시 정부 이끎.
  - 1948년에 남북 협상 추진

① 이승만   ② 여운형

③ 김구   ④ 안중근

23 다음에서 설명하는 단체는?

> - 일본 도쿄에서 일본 국왕의 암살을 시도한 이봉창 의사 파견
> - 상하이 홍커우 공원에서 열린 일본군 상하이 점령 축하 기념식장에 폭탄을 던진 윤봉길 의사 파견

① 신민회   ② 신간회

③ 의열단   ④ 한인 애국단

25 다음 설명에 해당하는 사건은?

> - 원인 : 3 · 15 부정 선거
> - 전개 : 마산 의거, 계엄령 선포 및 시위 진압
> - 결과 : 이승만 하야, 자유당 정권 붕괴

① 4 · 19 혁명

② 부 · 마 항쟁

③ 6월 민주 항쟁

④ 5 · 18 민주화 운동

01 그림과 같이 지면에 놓인 무게 20N의 물체를 100N의 힘으로 밀어서 4m 이동시켰다. 이때 사람이 물체에 한 일의 양은?

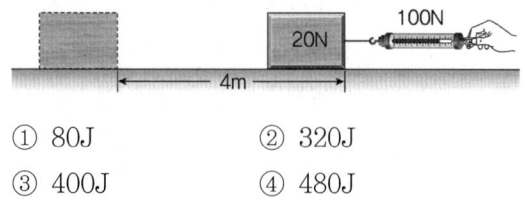

① 80J ② 320J
③ 400J ④ 480J

03 그림과 같이 레이저 포인터를 이용하여 거울 면에 빛을 비추었다. 이에 대한 설명으로 옳은 것은?

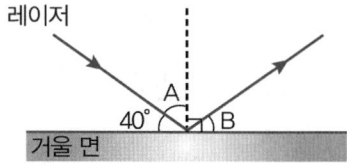

① 입사각은 40°이다.
② A가 커지면 반사각이 커진다.
③ 반사각은 B이다.
④ 반사 법칙에 의해 A는 40°이다.

02 그림과 같이 공기 중에서 5N인 추를 물속에 모두 잠기게 하였더니 용수철저울이 3N을 가리켰다. 물속에서 추에 작용하는 부력의 크기는?

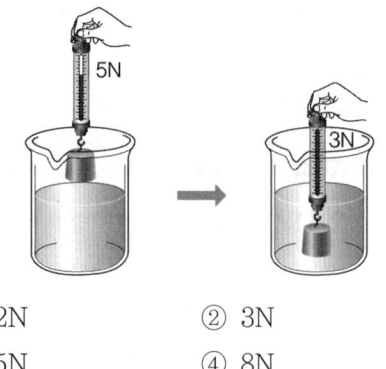

① 2N ② 3N
③ 5N ④ 8N

04 그림은 저항값이 다른 두 개의 저항을 직렬로 연결한 전기 회로도를 나타낸 것이다. 전류계를 통해 측정된 이 회로에 흐르는 전류의 세기는?

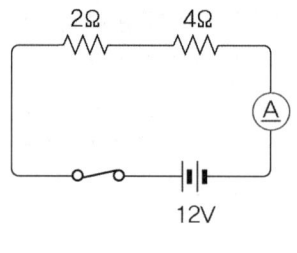

① 2A ② 4A
③ 6A ④ 12A

05 그림은 뜨거운 물이 들어 있는 비커를 차가운 물이 들어 있는 수조에 넣었을 때 시간에 따른 온도 변화를 나타낸 것이다. 이에 대한 설명으로 옳은 것은? (단, 외부와의 열 출입은 없다.)

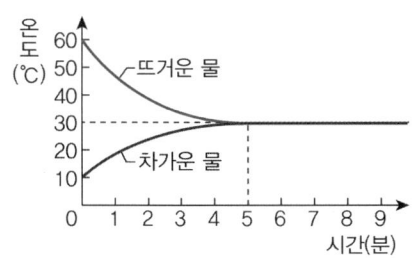

① 열은 차가운 물에서 뜨거운 물로 이동한다.
② 열평형 온도는 30℃이다.
③ 뜨거운 물의 입자 운동은 점점 활발해진다.
④ 차가운 물이 얻은 열량이 뜨거운 물이 잃어버린 열량보다 적다.

06 다음은 찜질 팩에 대한 설명이다. 빈칸에 들어갈 알맞은 말은?

> 물은 (   )이/가 커서 온도 변화가 작기 때문에 찜질 팩 안에는 주로 물을 넣어 사용한다.

① 질량   ② 부피
③ 비열   ④ 크기

07 그림은 대전된 물체를 매달았을 때의 모습을 나타낸 것이다. 이에 대한 설명으로 옳지 <u>않은</u> 것은?

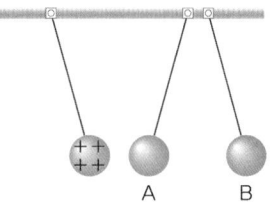

① A는 (−)전하를 띤다.
② B는 (+)전하를 띤다.
③ A와 B 사이에는 척력이 작용한다.
④ (+)대전체와 B가 띠는 전하는 다르다.

08 그림은 입구에 고무풍선을 끼운 삼각 플라스크를 뜨거운 물에 넣는 모습이다. 이에 대한 설명으로 옳지 <u>않은</u> 것은?

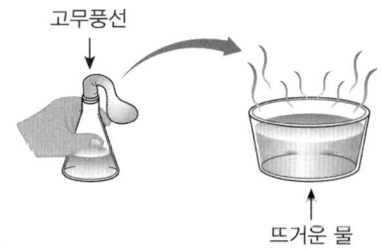

① 고무풍선의 크기가 커진다.
② 고무풍선 속 입자의 개수가 증가한다.
③ 고무풍선 속 입자 사이의 거리가 멀어진다.
④ 온도가 높아지면 기체의 부피가 증가함을 알 수 있다.

09 다음 중 음이온의 모형으로 옳은 것은?

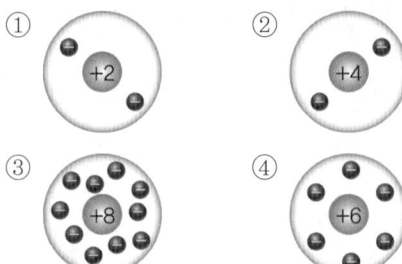

10 그림은 암모니아의 분자 모형을 나타낸 것이다. 이를 분자식으로 바르게 나타낸 것은?

- 질소 원자
- 수소 원자

① NH3   ② nh3
③ HN_3 ④ NH_3

11 그림은 볼트(B)와 너트(N)를 이용하여 화합물(BN₂)을 만드는 반응을 나타낸 것이다. 볼트(B) 2개를 모두 이용하여 화합물(BN₂)을 만들려고 할 때 필요한 너트(N)의 개수는?

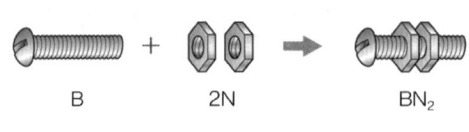

① 1개   ② 2개
③ 3개   ④ 4개

12 바다에 유출된 기름을 제거할 때 이용되는 물질의 특성은?

① 밀도   ② 끓는점
③ 어는점   ④ 녹는점

13 다음 설명에 해당하는 법칙은?

> • 화학 반응이 일어날 때 반응 물질의 총 질량과 생성 물질의 총 질량이 같다.
> • 원자의 종류와 개수가 달라지지 않기 때문에 성립한다.

① 보일 법칙
② 샤를 법칙
③ 질량 보존 법칙
④ 역학적 에너지 보존 법칙

14 그림은 생물 5계를 나타낸 것이다. A에 대한 설명으로 옳은 것은?

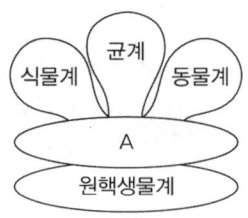

① A는 핵막을 가지고 있지 않다.
② 버섯과 푸른곰팡이는 A에 속하는 생물이다.
③ 광합성을 할 수 없는 생물의 무리이다.
④ A는 원생생물계이다.

15 그림은 잎의 뒷면에 주로 분포히는 기공의 변화를 나타낸 것이다. 이러한 변화를 통해 증산 작용이 활발하게 일어나는 환경 조건은?

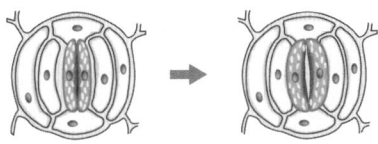

① 온도가 낮을 때
② 바람이 불지 않을 때
③ 햇빛이 강할 때
④ 비가 올 때

16 다음은 영양소를 (가)와 (나)로 구분한 것이다. (가)와 (나)의 분류 기준으로 옳은 것은?

(가)	(나)
물, 바이타민, 무기 염류	탄수화물, 단백질, 지방

① 몸의 구성 성분
② 에너지원
③ 생리 기능 조절
④ 몸의 구성 비율

17 그림은 사람의 호흡 기관을 나타낸 것이다. A~D 중 다음 설명에 해당하는 것은?

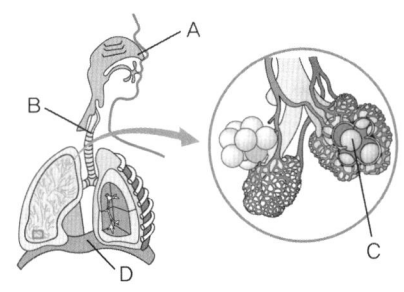

- 모세 혈관으로 둘러싸여 있다.
- 소장의 융털과 같이 표면적을 높여 효율을 높이는 구조이다.

① A
② B
③ C
④ D

18 그림은 양파 뿌리의 체세포 분열 과정을 관찰한 결과이다. 이에 대한 설명으로 옳은 것은?

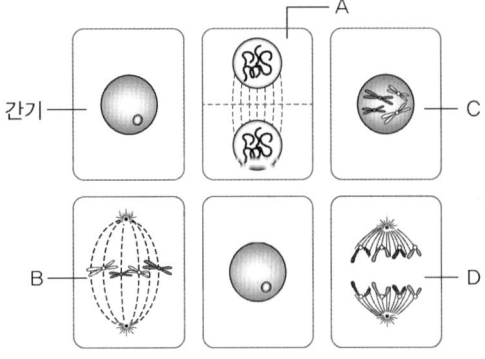

① A 시기에 염색체 수가 절반으로 줄어든다.
② B 시기를 중기라고 한다.
③ C 시기에 2가 염색체가 등장한다.
④ D 시기에 세포판이 형성된다.

19 사람의 유전 연구 방법 중 다음 설명에 해당하는 것은?

> 한 집안에서 특정 형질의 유전을 살펴볼 수 있다.

① 쌍둥이 연구 ② 가계도 조사
③ 통계 조사 ④ DNA 분석

20 다음 설명에 해당하는 것은?

- 암석이 오랫동안 풍화 작용을 거쳐 생성된다.
- 생물이 살아가는 데 필요한 물질 및 서식지를 제공한다.

① 조흔색 ② 광물
③ 토양 ④ 대륙 이동설

21 그래프는 기온에 따른 포화 수증기량을 나타낸 것이다. A~D 중 상대 습도가 100%인 곳은?

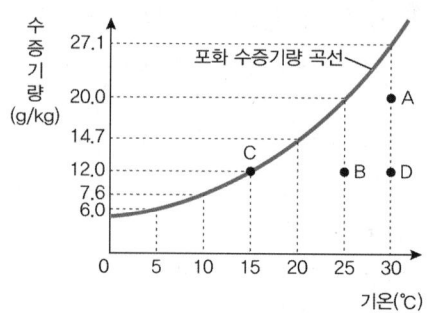

① A ② B
③ C ④ D

22 그림은 달의 공전을 나타낸 것이다. 지구에서 달을 관측할 때에 대한 설명으로 옳은 것은?

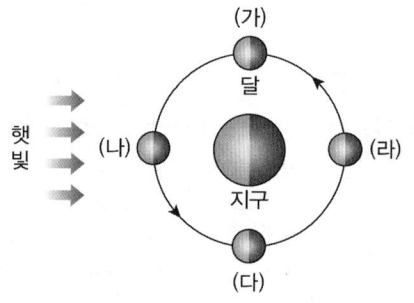

① 보름달의 위치는 (가)이다.
② 지구에서 보는 달의 위상은 변화가 없다.
③ 일식은 (나) 위치에서 일어날 수 있다.
④ (다) → (라)로 달이 공전하면서 달은 반달 모양이 된다.

23 다음 설명에 해당하는 태양계 행성은?

> • 물과 대기가 거의 없다.
> • 운석 충돌 구덩이를 많이 볼 수 있다.
> • 태양에서 가장 가까운 행성이다.

① 수성   ② 금성

③ 목성   ④ 해왕성

25 다음 중 우리은하에 대한 설명으로 옳지 <u>않은</u> 것은?

① 타원 은하에 속한다.
② 태양계를 포함한다.
③ 우리은하의 일부가 띠 형태로 보이는 것이 은하수이다.
④ 성단 및 성운이 존재한다.

24 다음 설명에 해당하는 것은?

> • 지구 공전의 증거이다.
> • 지구에서 별을 6개월 간격으로 관측했을 때 나타나는 시차의 절반을 말한다.

① 표면 온도   ② 스펙트럼

③ 연주 시차   ④ 대폭발 우주론

도덕

제4회 실전모의고사

정답 및 해설 p.261

01 다음에서 설명하는 것은?

- 도덕적 삶으로 인도하는 마음의 명령
- 스스로 옳고 그름을 분별할 수 있는 마음

① 양심
② 욕구
③ 질서
④ 편견

03 다음 학생의 행위에 대한 평가로 가장 적절한 것은?

"나는 도둑질이 잘못인 것을 알면서도 돈을 쉽게 벌려고 남의 물건을 훔쳤다."

① 도덕적 지식과 도덕적 행위가 일치하였다.
② 도덕적 지식은 부족했지만 도덕적 행위를 하였다.
③ 도덕적 지식은 있지만 도덕적 행위로 이어지지 못했다.
④ 도덕적 행위를 먼저하고 나서 도덕적 사고를 했어야 한다.

02 다음에서 설명하는 가족 간 지켜야 할 도리로 옳은 것은?

- 예로부터 모든 행동의 근본으로 중요하게 여김
- 부모님의 마음을 헤아리고 정성을 다해 모시는 것

① 효도(孝道)
② 자애(慈愛)
③ 우애(友愛)
④ 애국(愛國)

04 ㉠에 들어갈 말로 옳지 않은 것은?

- 주제 : 공정한 경쟁이 이루어지려면?
- 내용 : (㉠   )

① 사회적 약자를 배려해야 한다.
② 똑같은 결과를 보장해야 한다.
③ 동등한 규칙이 적용되어야 한다.
④ 공평하게 기회가 보장되어야 한다.

05 도덕적으로 자율석인 사람의 보습과 거리가 먼 것은?

① 도덕적 행위를 반복적으로 실천하여 도덕적 실천 의지와 도덕적 습관을 기른다.

② 자신이 선택하고 행한 일에 대해서 책임을 진다.

③ 많은 사람에게 이익이 되는 일만을 중시한다.

④ 옳고 그름에 대해 합리적으로 생각한다.

06 밑줄 친 부분과 관련된 설명으로 옳지 않은 것은?

> '나는 누구인가?'라는 질문을 하고 그 대답을 찾으려는 노력을 통해 자아 정체성을 형성할 수 있다.

① 우리는 자아 발견을 위해 노력함으로써 자아 정체성을 형성해야 한다.

② 청소년 시기의 매우 중요한 요소이다.

③ 자신에 대한 안정적이고 통합적인 인식을 의미한다.

④ 신체적 성숙과 더불어 자연스럽게 형성된다.

07 다음과 관련하여 사이버 공간에서 지켜야 할 자세로 적절하지 않은 것은?

> • 친구의 사생활을 다른 친구들에게 공개하여 상처를 주는 행위
> • SNS 공간에서 유언비어를 퍼트려 혼란을 야기한 행위

① 역지사지   ② 해악 금지

③ 인간 존중   ④ 책임 회피

08 바람직한 가정을 이루기 위한 가족 구성원의 노력으로 적절하지 않은 것은?

① 대화의 시간을 자주 갖는다.

② 가족 여행을 통해 많은 추억을 만든다.

③ 구성원 간의 성격과 가치관의 차이를 인정하고 존중한다.

④ 갈등이 발생하면 가족 간에 다툼이 발생하므로 회피한다.

09 양성평등을 위한 생활 실천 자세로 옳은 것만을 〈보기〉에서 모두 고른 것은?

> ┤ 보기 ├
> ㄱ. 잘못된 성차별 문화를 개선한다.
> ㄴ. 성 역할이 고정되어 있다는 의식을 버린다.
> ㄷ. 성차별을 극복하기 위해 법과 제도를 마련한다.
> ㄹ. 남성과 여성의 역할을 성에 따라 엄격히 구분한다.

① ㄱ   ② ㄷ

③ ㄴ, ㄷ   ④ ㄱ, ㄴ, ㄷ

10 세대 간 대화와 소통의 방법으로 옳지 <u>않은</u> 것은?

① 서로를 존중하고 배려한다.
② 상대방의 말을 경청하고 공감한다.
③ 솔직한 자세로 꾸준하게 노력한다.
④ 오해가 생기지 않게 감정을 표현하지 않는다.

11 다음 설명에 해당하는 것은?

> 스스로 자신을 가치 있는 사람이라 여기고 아끼는 태도, 인생의 어려움을 이겨 내고 행복해질 수 있다는 자신에 대한 긍정적 견해

① 자기 존중　　② 타인 존중
③ 이기심　　　④ 자아 도취

12 다음과 같은 문화를 바르게 이해하는 태도로 옳은 것은?

> 명예 살인, 순장, 전족 풍습, 식인 풍습

① 타국의 문화이므로 존중한다.
② 문화 상대주의적 입장에서 이해한다.
③ 보편 규범에 근거하여 타 문화를 성찰한다.
④ 자기 문화를 기준으로 비교하여 판단한다.

13 다음에 해당되는 시민 불복종의 조건으로 옳은 것은?

> 불복종의 이유가 공동선에 부합하는 등 그 목적이 정당해야 한다.

① 비폭력성
② 처벌의 감수
③ 최후의 수단
④ 목적의 정당성

14 예절에 대한 설명으로 옳은 것은?

① 도덕과는 별개의 것이다.
② 근본정신은 사회나 문화에 따라 다르다.
③ 원만한 인간관계 유지를 목적으로 한다.
④ 형식은 시대와 장소에 따라 변하지 않는다.

15 과학 기술의 발달에 대한 설명으로 가장 적절한 것은?

① 시간과 공간의 제약이 강화되었다.
② 소수의 집단이 지식과 문화를 공유한다.
③ 자연 현상에 대한 미신과 편견을 극복하였다.
④ 정보 통신 기술의 발달은 인간관계를 축소시켰다.

16 다음에 해당하는 국가의 기원에 관한 이론은?

> • 인간의 사회적 본성에 주목함.
> • 인간은 시민적 유대감과 결속을 누리며 행복한 삶을 살고자 국가를 형성함.

① 국가정복설　　② 자연발생설
③ 사회계약설　　④ 유교적 국가관

17 진정한 우정을 쌓기 위한 태도로 적절하지 <u>않은</u> 것은?

① 서로 경쟁을 통해 바르게 성장하도록 도와야 한다.
② 친구와는 무조건 뜻을 함께한다.
③ 친구의 잘못을 너그럽게 용서하는 마음을 갖는다.
④ 자기 자신이 스스로 좋은 친구가 되도록 노력한다.

18 정의로운 사회를 추구하는 까닭으로 옳은 것을 〈보기〉에서 모두 고른 것은?

> ┤ 보기 ├
> ㄱ. 기본적 권리를 동등하게 보장하기 위해
> ㄴ. 국민의 기본권이 확대되는 것을 막기 위해
> ㄷ. 사회적 약자의 인간다운 삶을 보장하기 위해
> ㄹ. 합의된 기준과 절차에 따라 몫을 평등하게 분배하기 위해

① ㄱ, ㄷ　　　② ㄴ, ㄹ
③ ㄱ, ㄷ, ㄹ　④ ㄴ, ㄷ, ㄹ

19 세계화 시대의 바람직한 시민의 자세로 적절한 것은?

① 국민의 역할과 의무를 소홀히 한다.
② 지구가 처한 어려움에 대해서는 외면한다.
③ 다른 나라 사람들을 괴롭히고 힘들게 한다.
④ 나라의 발전과 인류의 평화를 위해 노력한다.

20 다음과 관련 있는 사상가는?

> • 최고선으로서 인간이 추구하는 궁극적 목적은 행복이다.
> • 물질적인 욕구나 감정을 조절하여 중용의 덕을 쌓는 것이 진정한 행복에 이르는 길이다.

① 플라톤
② 칸트
③ 소크라테스
④ 아리스토텔레스

21 남북한 간의 교류와 협력이 필요한 이유로 옳지 <u>않은</u> 것은?

① 시혜적인 관점에서 북한 사회를 도와주기 위하여
② 남북 간의 이질화 현상을 극복하기 위하여
③ 대립과 긴장을 해소하고 신뢰를 회복하기 위하여
④ 남북한 모두의 경제 발전에 도움이 되므로

22 다음 대화의 밑줄 친 부분을 통해 알 수 있는 도덕 원리의 검토 방법으로 옳은 것은?

> 갑 : 나는 숙제할 때 인터넷에 있는 다른 사람의 글을 그대로 인용하는 것은 괜찮다고 생각해.
> 을 : 그럼, 너는 도둑질을 해도 된다고 생각하는 것이니?

① 포섭 검사

② 반증 사례 검사

③ 역할 교환 검사

④ 보편화 결과 검사

23 다음에서 설명하는 사람의 본성으로 옳은 것은?

> 누군가 어린아이가 우물에 빠지려고 하는 것을 본다면, 그가 어떤 사람이든 간에 곧바로 달려가서 그 아이를 구하려 할 것이다. 이러한 마음은 태어날 때부터 있는 것이지, 노력의 결과로 생긴 것이 아니다.
> — 맹자 —

① 성선설   ② 성악설

③ 성무선악설   ④ 사회계약설

24 다음 중 가치 판단으로 볼 수 <u>없는</u> 것은?

① 민정이의 모습이 아름다웠다.

② 백두산 천지가 좋았다.

③ 세상에서 사랑이 가장 중요하다.

④ 내 혈액형은 A형이다.

25 다음과 같은 생각을 가진 사람에게 필요한 것은?

> 며칠 전 인도 사람과 같이 식사를 하였습니다. 인도 사람이 손으로 식사를 한다는 것을 알고 있었지만, 막상 식사를 해 보니 매우 비위생적으로 느껴졌습니다.

① 문화 상대주의

② 문화 사대주의

③ 문화 절대주의

④ 자문화 중심주의

5회

회

실전모의고사

EBS 교육방송교재

중졸 검정고시 실전모의고사

제5회 실전모의고사

정답 및 해설 p.264

01 다음 친구에게 할 수 있는 조언으로 가장 적절하지 <u>않은</u> 것은?

> 말할 내용을 잊을까 봐 걱정이 돼.

① 눈을 감고 심호흡을 반복해 봐.
② 긍정적인 생각으로 긴장을 풀어 봐.
③ 거울을 보며 밝게 웃는 연습을 해 봐.
④ 최대한 자세하게 내용을 적어서 발표할 때 참고해 봐.

02 다음 중 방언을 사용해야 하는 상황으로 알맞은 것은?

① 텔레비전 뉴스
② 학급 토론에서 발표
③ 여러 사람 앞에서 하는 강연
④ 지역적 특색이 드러나는 드라마

03 다음 중 대등하게 이어진 문장이 <u>아닌</u> 것은?

① 배가 고파서, 밥을 먹었다.
② 철수는 웃었으나, 영희는 울었다.
③ 민우가 피아노를 치고, 수에는 노래를 부른다.
④ 나는 국어를 좋아하고, 동생은 수학을 좋아한다.

04 다음 대화에서 높임 표현이 바르지 <u>않은</u> 것은?

> 손님 : ㉠ 머리띠 좀 사려고 하는데요.
> 점원 : ㉡ 이 제품이 손님한테 잘 어울릴 것 같아요.
> 손님 : ㉢ 하나 주세요, 얼마예요?
> 점원 : ㉣ 오천 원이세요.

① ㉠   ② ㉡
③ ㉢   ④ ㉣

05 다음 중 단어의 발음이 바르시 <u>않은</u> 것은?

(1) 부엌에[부어케]
② 부엌 안[부어간]
③ 밭 아래[바다래]
④ 겉옷을[거토슬]

06 ⊙~㉣에 대한 고쳐쓰기 방안으로 적절하지 <u>않은</u> 것은?

> 우리는 과도하게 탄산음료를 ⊙ <u>취식</u>하고 있다. 과도한 탄산음료 섭취는 여러 문제를 유발할 수 있다. 각종 성인병이나 비만을 유발할 수 있고, 건강한 ⓒ <u>치아</u>에도 해를 입힐 수 있다. ⓒ <u>그러나</u> 탄산음료 섭취를 줄이기 위해 물을 마시는 습관을 들이는 것이 좋다. ㉣ <u>탄산음료 판매로 인해 기업의 이익이 커지는 장점이 있다.</u> 우리는 탄산음료 섭취를 줄여야 한다.

① ⊙은 문맥에 맞지 않으므로 '섭취'로 바꾼다.
② ⓒ은 '치아' 대신 '이빨'로 바꾼다.
③ ⓒ은 앞뒤 문맥의 흐름상 '따라서'로 바꾼다.
④ ㉣은 글의 흐름에서 벗어난 내용이므로 삭제한다.

07 다음에서 설명하는 언어의 특성은?

> '나무'는 예전의 '나모'가 변한 말이고, '개'는 예전의 '가히'가 변한 말이다.

① 언어의 자의성
② 언어의 창조성
③ 언어의 역사성
④ 언어의 사회성

08 다음 개요를 수정한 내용으로 가장 적절한 것은?

처음	첫인사
중간	[중간 1] 한옥이란? • 한옥의 개념과 특징 [중간 2] 한옥의 아름다움 • 한옥 지붕의 아름다움 [중간 3] 한옥의 우수성 • 더운 여름과 시원한 마루 • 추운 겨울과 따뜻한 온돌 • 자연 친화적인 한옥의 특징
끝	글 마무리, 끝인사

① [중간 1]과 [중간 2]의 순서를 변경한다.
② [중간 3]의 항목인 '더운 여름과 시원한 마루'를 [중간 1]의 하위 항목으로 옮긴다.
③ [중간 3]의 항목인 '자연 친화적인 한옥의 특징'을 [중간 2]의 하위 항목으로 옮긴다.
④ 글의 처음 부분에 한옥을 함께 체험하자고 권유하는 내용을 추가한다.

[09~11] 다음 글을 읽고 물음에 답하시오.

> 엄마야 누나야 강변 살자.
> 뜰에는 반짝이는 금모래빛,
> ⊙ <u>뒷문 밖에는 갈잎의 노래.</u>
> 엄마야 누나야 강변 살자.
>
> – 김소월, 「엄마야 누나야」 –

09 위 시에 대한 설명으로 알맞지 <u>않은</u> 것은?

① 같은 구절을 반복하여 운율이 느껴진다.
② 4음보로 끊어 읽을 수 있다.
③ 어린아이의 목소리를 사용하였다.
④ 상징적 시어를 사용하였다.

10 ㉠에 사용된 감각적 심상의 예로 알맞은 것은?

① 나는 찬밥처럼 방에 담겨

② 밥 짓는 냄새

③ 어두운 방 안엔 바알간 숯불이 피고

④ 내 등 뒤에 터지던 네 울음

11 다음 설명에 해당하는 시어는?

> • 밝고 평화로운 이상 세계
> • 말하는 이가 동경하는 이상 세계

① 엄마   ② 누나

③ 강변   ④ 뒷문

[12~14] 다음 글을 읽고 물음에 답하시오.

(가) 바로 이 정거장 마당에 백 명 남짓한 사람들이 모여 웅성거리고 있었다. 그중에는 만도도 섞여 있었다. 기차를 기다리고 있는 것이었으나, 그들은 모두 자기네들이 어디로 가는 것인지 알지를 못했다.

  그저 차를 타라면 탈 사람들이었다. 징용에 끌려 나가는 사람들이었다. 그러니까 지금으로부터 십 삼사 년 옛날의 이야기인 것이다. 북해도 탄광으로 갈 것이라는 사람도 있었고, 틀림없이 남양 군노로 산다는 사람도 있었다.

(나) 그 순간 만도의 두 눈은 무섭도록 크게 떠지고, 입은 딱 벌어졌다. 틀림없는 아들이었으나, 옛날과 같은 진수는 아니었다. 양쪽 겨드랑이에 지팡이를 끼고 서 있는데, 스쳐 가는 바람결에 한쪽 바짓가랑이가 펄럭거리는 것이 아닌가.

만도는 눈앞이 노오래지는 것을 어쩌지 못했다. 한참 동안 그저 멍멍하기만 하다가, 코허리가 찡해지면서 두 눈에 뜨거운 것이 핑 도는 것이었다.

"에라이, 이놈아!"

만도의 입술에서 모지게 튀어나온 첫마디였다. 떨리는 목소리였다. 고등어를 든 손이 불끈 주먹을 쥐고 있었다.

(다) 만도는 아랫배에 힘을 주며 끙! 하고 일어났다. 아랫도리가 약간 후들거렸으나 걸어갈 만은 했다. 외나무다리 위로 조심조심 발을 내디디며 만도는 속으로, '이제 새파랗게 젊은 놈이 벌써 이게 무슨 꼴이고. 세상을 잘못 만나서 진수 니 신세도 참 똥이다. 똥.' 이런 소리를 주워섬겼고, 아버지의 등에 업힌 진수는 곧장 미안스러운 얼굴을 하며, '나꺼정 이렇게 되다니 이부지도 참 복도 더럽게 없지. 차라리 내가 죽어 버렸더라면 나았을 낀데…….' 하고 중얼거렸다.

만도는 아직 술기가 약간 있었으나, 용케 몸을 가누며, 아들을 업고 ㉠외나무다리를 조심조심 건너가는 것이었다. 눈앞에 우뚝 솟은 용머리재가 이 광경을 가만히 내려다보고 있었다.

– 하근찬, 「수난이대」 –

12 윗글에 대한 설명으로 알맞지 <u>않은</u> 것은?

① 한국 전쟁과 태평양 전쟁을 배경으로 하고 있다.

② 사투리를 사용하여 토속적 분위기를 느낄 수 있다.

③ 등장인물이 서술자가 되어 사건을 이끌어 나가고 있다.

④ 한 가족의 수난을 통해 민족사의 비극을 형상화하고 있다.

제5회

13 윗글에 나타난 당시 사회·문화·역사적 상황으로 알맞은 것은?

① 많은 젊은이들이 해외로 나가 돈을 벌었다.
② 많은 사람들이 일제의 강제 징용에 끌려갔다.
③ 전쟁이 끝나 사람들은 안정된 생활을 하였다.
④ 서민들에게 고등어는 흔한 음식이었다.

14 ㉠ '외나무다리'의 상징적 의미로 알맞지 않은 것은?

① 우리 민족이 극복해야 할 시련
② 새로운 삶의 가능성을 보여 주는 소재
③ 부자가 극복해야 할 현실의 고난
④ 인물 간의 갈등을 보여 주는 소재

[15~17] 다음 글을 읽고 물음에 답하시오.

> ㉠ 금 술잔의 좋은 술은 수많은 사람의 피요
> 옥쟁반의 좋은 안주는 만백성의 기름이라
> 촛농이 떨어질 때 백성들 눈물도 떨어지고
> 노랫소리 높은 곳에 원망의 소리도 높구나

이렇게 시를 지어 보이니 술에 취한 변 사또는 무슨 뜻인지도 모르지만, 글을 받아 본 운봉은 속으로

'아뿔싸! 일 났다.'

가슴이 철렁 내려앉았다.

이때 어사또 하직하고 간 연후에 운봉이 공형 불러 분부한다.

"야야, 일 났다!"

공방 불러 자리 단속, 병방 불러 역마 단속, 관청색 불러 다과상 단속, 옥사정 불러 죄인 단속, 집사 불러 형벌 기구 단속, 형방 불러 서류 단속, 사령 불러 숙직 단속, 한참 이렇게 요란할 때 눈치 없는 본관 사또, 운봉을 향해 말을 던진다.

"여보, 운봉, 어딜 그리 바삐 다니시오."

"소피 보고 들어오오."

그때 술이 거나하게 취한 변 사또가 술주정을 하느라고 느닷없이 명을 내렸다.

"춘향이 빨리 불러올려라."

이때 어사또가 서리에게 눈길을 주어 신호를 하니, 서리·중방이 역졸 불러 단속할 때, 이리 가며 수군수군, 저리 가며 수군수군 신호를 전한다. 서리·역졸의 거동을 보자. 한 가닥 올로 지은 망건에 두터운 비단 갓싸개, 새 패랭이 눌러쓰고, 석 자 길이 발감개에 새 짚신 신고, 속적삼, 속바지 산뜻이 입고, 여섯 모 방망이에 사슴 가죽끈을 매달아 손목에 걸어쥐고, 여기서 번뜻 저기서 번뜻, 남원 읍이 웅성거렸다.

이때 청파역 역졸들이 달 같은 마패를 햇빛같이 번쩍 들고 우렁차게 소리를 질렀다.

"암행어사 출두야!"

역졸들이 일시에 외치는 소리에 강산이 무너지고 천지가 뒤집히는 듯하니 산천초목인들 금수인들 아니 떨겠는가. 한번 소리가 나자 남문에서도,

"출두야!"

북문에서도,

"출두야!"

동문에서도 서문에서도,

"출두야!"

소리가 맑은 하늘에 천둥 치듯 진동했다.

"공형 들라."

외치는 소리에 육방이 넋을 잃는다.

"공형이오."

서둘러 나오는데 등나무 채찍으로 딱 치니,

"애고, 죽네."

"공방, 공방!"

공방이 자리를 들고 들어오며,

"안 하려는 공방을 하라더니 저 불속에 어찌 들어가랴?"

등나무 채찍으로 딱 치니,

"애고, 박 터졌네."

좌수·별감은 넋을 잃고, 이방·호장은 혼을 잃고, 삼색 옷 입은 나졸들은 분주하네. 모든 수령이 도망하는데 그 꼴이 가관이다. 도장 궤 잃고 유밀과 들고, 병부 잃고 송편 들고, 탕건 잃고 용수 쓰고, 갓 잃고 밥상 쓰고, 칼집 쥐고 오줌 누기, 부서지니 거문고요, 깨지나니 북·장고라.

본관 사또 똥을 싸고, 멍석 구멍에 생쥐 눈 뜨듯 하면서 관아 깊숙한 안채로 들어가며 급히 내뱉는 말이,

"어, 추워라. 문 들어온다 바람 닫아라. 물 마른다 목 들여라."

– 「춘향전」 –

15 윗글을 통해 알 수 있는 내용이 <u>아닌</u> 것은?

① 변 사또는 자신의 상황을 전혀 눈치채지 못하고 있다.

② 운봉은 눈치가 빨라 몽룡의 정체를 눈치챘다.

③ 변 사또는 상황 판단이 빨라 춘향을 옥에서 풀어 주려 한다.

④ 암행어사가 갑작스럽게 출두하면서 변 사또의 생일잔치는 탐관오리를 징계하는 공간으로 바뀌고 있다.

16 윗글에 대한 설명으로 알맞지 <u>않은</u> 것은?

① 등장인물을 통해 탐관오리의 횡포를 말하고 있다.

② 지금도 이야기가 재구성되고 있다.

③ 산문체와 운문체가 함께 나타난다.

④ 작가와 창작 연대가 분명하다.

17 ㉠의 시가 작품에서 하는 역할로 적절하지 <u>않은</u> 것은?

① 탐관오리의 횡포를 비판하고 있다.

② 새로운 사건이 전개될 것임을 예고한다.

③ 작품의 긴장감을 높인다.

④ 사또가 자신의 잘못을 뉘우칠 것임을 예고한다.

[18~19] 다음 글을 읽고 물음에 답하시오.

(가) 진흙과 물을 반반씩 섞고 여기에 소금과 마가린을 첨가해 햇볕에 다섯 시간 정도 말린 것이 바로 진흙 과자이다. '누가 이런 걸 먹을까?' 하겠지만, 먹을 것이 절대적으로 부족한 가난한 나라의 아이들은 기생충으로 배가 부풀고 탈장과 각종 질병의 위협을 받으면서도 허기를 면하기 위해 이 진흙 과자를 먹을 수밖에 없다. 굶주림과 죽음의 위협을 받는 절망적인 상황을 상징적으로 보여 주는 음식물이 바로 '진흙 과자'이다.

(나) 유엔 세계 식량 계획은 '2011년 세계 기아 지도'를 발표했다. 이 지도를 보면 현재 동남아시아에서는 인구의 18퍼센트, 아프리카에서는 인구의 35퍼센트, 라틴 아메리카와 카리브해

지역에서는 약 14퍼센트가 심각한 기근과 영양 실조 상태에 놓여 있음을 알 수 있다고 한다.

(다) 이제 지구상의 기아와 빈곤을 퇴치하기 위한 답은 분명하다. 이러한 현실에서 벗어나려면 우리도 이와 같은 현실을 외면하지 말아야 한다. 하루 1달러 미만의 돈으로 살아가는 지구상의 수많은 굶주리는 사람들을 위해 우리도 국가적, 개인적으로 나서야 한다. 안타깝게도 개발도상국의 빈곤 퇴치와 경제 발전, 복지 향상 등을 위한 우리나라 정부의 개발 원조는 경제 협력 개발 기구 중 최하위권에 속한다고 한다. 이제 나눔의 실천이 세계 인류가 함께 행복하게 살아가는 길임을 깨닫고 마음을 합할 때이다. 굶주림으로 고통받는 사람들에게 더는 진흙 과자를 먹게 해서는 안 된다.

- 「진흙 과자를 물려주지 말자」 -

18 글쓴이가 이 글을 쓴 궁극적인 목적은?

① 기아와 빈곤의 심각성을 알리기 위해

② 진흙 과자를 소개하기 위해

③ 경제 발전을 위한 정책 수립의 필요성을 강조하기 위해

④ 기아와 빈곤을 퇴치하기 위한 나눔의 실천을 강조하기 위해

19 (나)의 내용 전개 방법으로 알맞은 것은?

① 문제를 제기하고 해결 방안을 제시했다.

② 용어의 개념을 풀어서 설명했다.

③ 권위 있는 기관의 자료를 인용하였다.

④ 문제의 원인을 분석했다.

[20~22] 다음 글을 읽고 물음에 답하시오.

(가) 누구에게나 친숙한 소재를 활용한 작품을 팝 아트라고 해요. 팝 아트의 물결은 1960년대 초반부터 미국 미술계에 강하게 몰아칩니다. 그전에는 추상 표현주의라는 미술 사조가 유행했는데 작품을 보고 이해하기가 아주 어려웠다고 해요. 추상 표현주의 작품에 고개를 갸웃거리던 사람들은 너무나 친숙한 소재를 활용한 팝 아트 작품을 보고 열광했지요.

상품의 포장지로 작품을 만들었던 앤디 워홀은 팝 아트의 교황으로 불렸어요. 워홀은 작품의 소재를 슈퍼마켓이나 대중 잡지에서 찾아 판화로 찍은 다음 반복해서 나열했습니다. 워홀이 사용했던 이미지 가운데에는 당시 가장 유명한 여배우였던 메릴린 먼로의 사진도 있습니다.

(나) 또 다른 팝 아트 작가인 리히텐슈타인은 만화의 한 장면을 광고 게시판 크기로 크게 확대하여 표현했어요. 마냥 어렵게만 여기는 미술에 대한 생각에 도전한 것이지요. 너무나 익숙한 만화지만, 크게 확대해서 보면 오히려 완전히 새롭게 보입니다. 마치 아기 공룡 둘리를 크게 그려서 작품으로 만든 것과 마찬가지예요. 그러면 둘리가 갑자기 낯설어 보이지 않겠어요?

만화뿐이 아닙니다. 여러분이 사용하는 수저나 운동화가 백 배 정도로 커진 모습을 상상해 보세요. 더는 익숙한 물건처럼 보이지 않을 거예요. 팝 아트 작가 가운데 올덴버그라는 미술가는 우리가 즐겨 먹는 햄버거나 아이스크림을 크게 조각 작품으로 만들어서 관객들이 주변의 일상용품을 새롭게 볼 수 있다고 했답니다.

(다)　이처럼 팝 아트 작가들이 작품에 활용한 콜라, 햄버거, 만화, 엘비스 프레슬리, 메릴린 먼로 등과 같은 친숙한 이미지들은 대량 소비 시대의 산물이에요. '대량 소비'는 공장에서 한꺼번에 대량으로 만들어진 제품을 사용한다는 뜻이에요. 이런 제품은 구하기 쉽고 편리하지만 대신 모두 똑같아서 개성이 사라진다는 단점도 있습니다. 그렇기 때문에 팝 아트 작가들의 작품은 현대의 소비문화를 찬미하는 동시에 비판한 것이라고 볼 수 있지요.

어쨌든 이러한 소재들은 무엇보다도 대중에게 익숙한 것이라는 특징이 있습니다. 빛나고 선명한 색채, 분명한 선, 크게 확대되거나 반복되는 이미지, 기계로 찍어 낸 것 같은 질감 등이 나타나 있어서 어디에서나 알아볼 수 있고, 또 누구나 쉽게 이해할 수 있어요. 팝 아트 작가들이 대중에게 인기를 끈 것은 어렵지 않게 미술을 즐길 수 있는 기회를 통해 색다른 재미를 주었기 때문입니다.

팝 아트 작가들에게 미술은 소수의 사람이 즐기는 신성한 예술 활동이 아니었어요. 이들은 미술을 오락으로 취급하고 마치 상품처럼 제공하여 오히려 미술의 새로운 장을 열었습니다.

－ 전성수, 「만화와 포장지도 예술이 되지」 －

20 윗글의 핵심 내용으로 옳은 것만을 〈보기〉에서 모두 고른 것은?

┤ 보기 ├

ㄱ. 팝 아트는 낯선 대상을 소재로 하여 대상을 새롭게 보이도록 함.

ㄴ. 1960년대 초반부터 미국 미술계에 적극적으로 영향을 끼침.

ㄷ. 대표적인 팝 아트 작가 : 앤디 워홀, 리히텐슈타인, 올덴버그 등

ㄹ. 팝 아트의 의의 : 대중에게 쉽게 미술을 즐길 기회를 제공함.

① ㄱ, ㄷ　　　　　② ㄴ, ㄷ
③ ㄱ, ㄹ　　　　　④ ㄴ, ㄷ, ㄹ

21 자료를 참고하여 글을 읽을 때 얻을 수 있는 효과로 적절하지 않은 것은?

① 내용을 잘 이해할 수 있다.
② 글과 관련된 배경지식을 넓힐 수 있다.
③ 다양한 종류의 글을 한 번에 읽을 수 있다.
④ 평소 잘못 알고 있던 내용을 바로잡을 수 있다.

22 윗글을 읽으며 더 알아볼 내용으로 적절하지 않은 것은?

① '팝 아트'의 정확한 뜻은 무엇일까?
② '추상 표현주의' 작품에는 어떤 것들이 있을까?
③ '만화'도 팝 아트의 소재가 될 수 있을까?
④ '올덴버그'의 작품이 실제로 얼마나 큰지 알아볼까?

(가)

기천석 : ⊙ 일진회가 한일 병합을 적극 주장하고 추진했다는 조목으로 일본 정부로부터 받은 위로금에서 내시면 되오.

오세정 : 뭐, 뭐라구?

기천석 : 그리고 지난날 나와 함께 ⓒ 동학군으로서 고생을 함께한 인연과 친분으로 봐서도 그만한 돈은 내실 수 있을 텐데요. 우리는 둘도 없는 동지였지. 전봉준 선생의 죽음을 사흘 동안 울면서 지새우던 순진한 청년이었지. 오직 나라를 위하고 백성을 구하고 ⓒ 농민을 살리기 위해서 죽음을 맹세했던 전우였지. 누가 뭐라 해도 기천석과 오세정은 이승에서 저승까지 함께 있으리라고 부러워하던 동지였지. 그러나 오천 원은 반드시 그런 인연만으로 요구하는 건 아니오. 또 다른 이유가 있소.

(나)

오세정 : 그만 들어가 봐요. 아녀자가 어떻게 함부로 사랑에 나와서……. 어서 들어가라니까! (민 여사는 분함을 못 이겨 무섭게 노려보며 나간다. 세정은 위기를 모면한 데서 일시에 맥이 풀린 듯 의자에 주저앉는다.)

(다)

기천석 : 그 돈이 어디에 쓰일지 두려워서지? 그럼 말하겠다. 작년 12월 25일 일본 놈들은 ② 데라우치 총독 암살 음모 사건이라는 터무니없는 조작극을 만들어 7백여 명의 지식인을 검거하고 마침내 이승훈, 안태국 등 지도자들에게 가혹한 체형을 가했던 사실을 너도 기억하겠지? 그건 조선 사람으로서는 상상조차 못 할 잔꾀였다. 그러나 우리는 왜놈들이 가르쳐 준 그 지혜를 실지로 실천하기 위해서 돈이 필요하

다. 그러나 이번만은 터무니없는 날조극은 아닐 게다. 데라우치 총독이 될지, 일진회장이 될지, 아니면 오세정 네놈이 될지 모르지만 가까운 장래에 누군가가 2천만 조선 동포의 이름으로 이 땅에서 쓰러질 것이다. 그러니 네가 돈을 못 낸다는 것은 바로 조선 민족을 거역한 짓이라는 것만은 알아 두기 바란다.

– 차범석, 「새야 새야 파랑새야」 –

23 (가)~(다)에 반영된 시대적 상황으로 알맞은 것은?

① 독립운동을 한 사람들은 부유하게 살았다.
② 아내의 사회적 지위가 남편과 동등했다.
③ 일제가 조작극을 벌여 지식인들을 탄압했다.
④ 일진회는 독립을 위해 재산을 내놓았다.

24 ⊙~② 중 당시 시대적 배경을 나타내는 것이 아닌 것은?

① ⊙ 일진회
② ⓒ 동학군
③ ⓒ 농민
④ ② 데라우치 총독 암살 음모 사건

25 윗글에서 사회·문화·역사적 상황을 파악하는 방법으로 알맞지 않은 것은?

① 등장인물의 말과 행동을 살펴본다.
② 글의 짜임을 통해 파악한다.
③ 인물들 간의 관계를 통해 파악한다.
④ 작품 속에서 벌어지는 다양한 사건을 통해 파악한다.

수학

제5회 실전모의고사

정답 및 해설 p.267

01 44를 소인수분해한 것은?

① 2×11 ② $2^2 \times 11$

③ 4×11 ④ 2×22

03 일차방정식 $x + 5 = -2x + 11$의 해는?

① $x = 1$ ② $x = 2$

③ $x = 3$ ④ $x = 4$

02 다음 수 중에서 가장 큰 수와 가장 작은 수의 곱은?

$$-3, \quad 0, \quad 2, \quad 1, \quad -2$$

① -9 ② -6

③ 0 ④ 9

04 좌표평면에서 제3사분면 위에 있는 점의 좌표는?

① $(-4, \ -1)$ ② $(-2, \ 5)$

③ $(1, \ 3)$ ④ $(6, \ -7)$

다음 도수분포표는 2022년 9월 서울의 일조 시간을 나타낸 것이다. 일조 시간이 6시간 이상 10시간 미만인 날은 모두 며칠인가?

일조 시간(시간)			도수(일)
0^{이상}	~	2^{미만}	8
2	~	4	4
4	~	6	4
6	~	8	2
8	~	10	2
10	~	12	10
합계			30

① 2 ② 4

③ 6 ④ 8

06 그림과 같이 두 직선 l, m이 평행일 때, $\angle a$, $\angle b$의 크기를 각각 구하면?

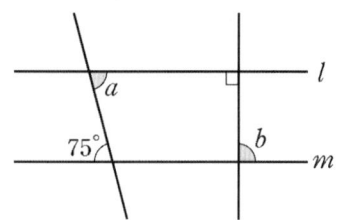

① $\angle a = 75°$, $\angle b = 90°$

② $\angle a = 75°$, $\angle b = 80°$

③ $\angle a = 65°$, $\angle b = 90°$

④ $\angle a = 65°$, $\angle b = 80°$

07 삼각형 ABC는 $\overline{AB} = \overline{AC}$ 인 이등변삼각형이다. $\angle x$의 크기는?

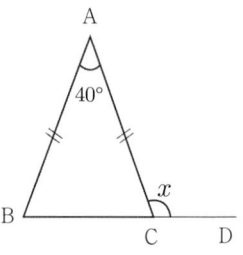

① 100° ② 110°

③ 120° ④ 130°

08 연립방정식 $\begin{cases} 2x + y = 5 \\ x - y = 1 \end{cases}$ 을 풀면?

① $x = 2$, $y = 0$ ② $x = 2$, $y = 1$

③ $x = 3$, $y = 0$ ④ $x = 3$, $y = 1$

09 $2ab^2 \times a^2b$를 간단히 한 것은?

① $2a^2b^2$ ② $2a^2b^3$

③ $2a^3b^3$ ④ $2a^4b^2$

11 그림과 같이 정사각형의 넓이가 27cm^2일 때, 이 정사각형의 한 변의 길이는?

$$27\text{cm}^2$$

① $\sqrt{3}$ ② $2\sqrt{3}$

③ $3\sqrt{3}$ ④ $4\sqrt{3}$

10 그림은 일차함수 $y = ax$의 그래프이다. 상수 a의 값은?

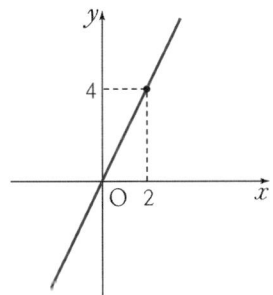

① $a = 1$ ② $a = 2$

③ $a = 3$ ④ $a = 4$

12 $x^2 + 14x + 49 = (x + \boxed{})^2$일 때, $\boxed{}$ 안에 알맞은 수는?

① 7 ② 14

③ 49 ④ 63

13 △ABC는 $\overline{AB} = \overline{AC} = 12\,\mathrm{cm}$인 이등변삼 각형이다. ∠BAD = ∠CAD, $\overline{BD} = 4\,\mathrm{cm}$일 때, $\overline{BC}$의 길이는?

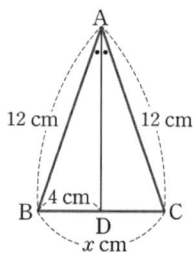

① 4cm   ② 6cm
③ 8cm   ④ 10cm

14 그림에서 두 원 O, O′의 반지름의 길이의 비 가 1 : 2이다. 작은 원 O의 넓이가 $20\mathrm{cm}^2$일 때, 큰 원 O′의 넓이는?

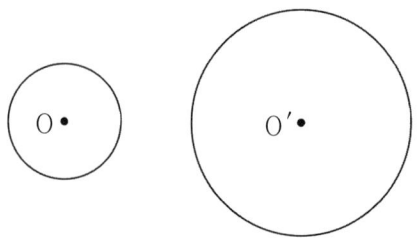

① $40\mathrm{cm}^2$ ② $60\mathrm{cm}^2$
③ $80\mathrm{cm}^2$ ④ $100\mathrm{cm}^2$

15 이차방정식 $x^2 - 7x + 10 = 0$의 한 근이 $x = 2$ 일 때, 다른 한 근은?

① $x = 5$ ② $x = -5$
③ $x = 7$ ④ $x = -7$

16 이차함수 $y = \dfrac{1}{2}(x-2)^2$의 그래프에 대한 설명 으로 옳은 것은?

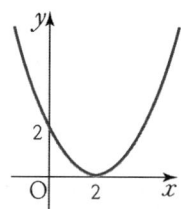

① 위로 볼록한 그래프이다.
② 꼭짓점의 좌표는 $(2, 0)$이다.
③ y절편은 1이다.
④ 점 $(1, 0)$을 지난다.

17 다음은 7명의 숨참기시합 기록을 작은 값부터 순서대로 나열한 자료이다. 이 자료의 중앙값은?

13, 15, 17, 21, 30, 43, 50

① 13   ② 17

③ 21   ④ 43

19 직각삼각형 ABC에서 $\angle C = 90°$일 때, $\sin A$의 값은?

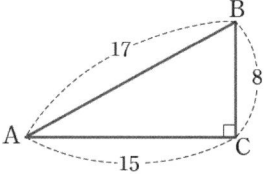

① $\dfrac{17}{8}$ ② $\dfrac{8}{15}$

③ $\dfrac{15}{17}$ ④ $\dfrac{8}{17}$

18 그림과 같이 $\angle B = 90°$이고, $\overline{AB} = 4\,cm$, $\overline{BC} = 3\,cm$인 직각삼각형 ABC에서 $\overline{AC}$를 한 변으로 하는 정사각형 $ACDE$의 넓이는?

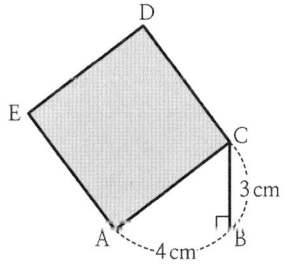

① $12cm^2$ ② $16cm^2$

③ $20cm^2$ ④ $25cm^2$

20 다음 그림에서 x의 값은?

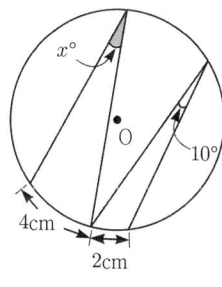

① 10   ② 20

③ 30   ④ 40

영어

제5회 실전모의고사

정답 및 해설 p. 270

01 다음 밑줄 친 단어의 뜻으로 가장 적절한 것은?

He is a very <u>strange</u> man.

① 가난한　　　② 건강한

③ 친절한　　　④ 이상한

02 다음 중 두 단어의 의미 관계가 나머지 셋과 다른 것은?

① dangerous − safe

② slow − fast

③ lazy − diligent

④ clever − smart

03 다음 대화의 빈칸에 들어갈 말로 가장 적절한 것은?

A : Do you like movies?

B : _____, but I like books and music.

① Yes, I am

② Yes, I do

③ No, I'm not

④ No, I don't

04 대화에서 A가 가려고 하는 곳의 위치는?

A : Excuse me. Where is the bank?

B : Go straight and then turn right at the first corner. It's on your right.

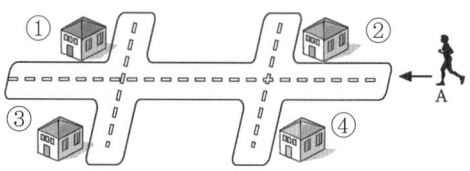

05 다음 대화의 빈칸에 들어갈 말로 가장 적절한 것은?

A : How _____ people are there?

B : There are 16.

① far　　　　② often

③ close　　　④ many

06 다음 빈칸에 공통으로 들어갈 말로 가장 적절한 것은?

- The mountain is covered _____ the snow in winter.
- I am satisfied _____ this result.

① with
② to
③ at
④ on

07 다음은 Tom의 학급 영어 시험 결과이다. 알맞지 <u>않은</u> 것은?

Name	Score
Tom	50
Mina	65
David	75
Jane	90

① Tom's score is the lowest of the class.
② Mina's score is higher than Tom's.
③ David's score is lower than Mina's.
④ Jane's score is the highest of the class.

08 다음 대화에서 B에 대한 A의 질문으로 가장 적절한 것은?

A : _____?
B : I have lived for three years.

① How far is it here
② How long have you lived in Seoul
③ What's your phone number
④ What is your address

09 다음 대화에서 B가 제안을 거절한 이유는?

A : Let's go shopping.
B : Sorry, I can't. I have a lot of homework to do.

① 감기에 걸려서
② 날씨가 더워서
③ 숙제가 많아서
④ 약속이 있어서

[10~11] 다음 대화의 빈칸에 들어갈 말로 가장 적절한 것을 고르시오.

10
A : You look sad. _____ is wrong?
B : I failed the math test.

① why
② what
③ who
④ where

11
A : Let me _____ myself to you. My name is Mike.
B : Nice to meet you, Mike.

① love
② introduce
③ surprise
④ play

12 다음 대화의 빈칸에 들어갈 응답으로 알맞지 <u>않은</u> 것은?

> A : How often do you go shopping?
> B : _____.

① Once a week
② Sometimes
③ With my friend
④ Twice a month

13 다음 게시판을 보고 알 수 <u>없는</u> 것은?

> **Bulletin Board**
>
> Weather   timetable   Cleaning
>
>   1T : Math   Group B
>
>   2T : Science

① 날씨   ② 시간표
③ 청소 담당   ④ 과제

14 다음 대화에서 남자가 가려고 하는 곳은?

> Man : Excuse me. Is there a bookstore nearby?
> Woman : Yes. Go straight two blocks and turn left.

① 서점   ② 우체국
③ 은행   ④ 호텔

15 다음 빈칸에 들어갈 말로 가장 적절한 것은?

> Robert doesn't like bugs, and _____.

① so am I   ② so does I
③ neither will I   ④ neither do I

16 다음 글의 목적으로 가장 적절한 것은?

> Dear students,
> As you know, our school was planning to hold Class Competition Baseball Game. However, because of financial problem, we regret to inform you to cancel the game. I am sorry to cancel the competition again.

① 경기의 성공적인 개최를 기원하기 위해서
② 기부금을 받기 위해서
③ 경기 취소를 알리기 위해서
④ 참가 신청서를 받기 위해서

17 글의 흐름으로 보아 주어진 문장이 들어가기에 가장 적절한 곳은?

> He sliced the potatoes as thin as paper.

> (①) Potato chips are thin pieces of fried potatoes. (②) George Speck made the first potato chips in 1835. (③) Potato chips are very popular now. (④)

18 다음 대화 직후에 B가 A를 위해 할 일로 가장 적절한 것은?

> A : I want to take the cheaper flight.
> B : Then, I book this flight for you.

① 비행기 표 예약해 주기
② 돈 빌려주기
③ 탑승 시간 알려 주기
④ 여권 가져다주기

19 다음 빈칸에 들어갈 말로 가장 적질한 것은?

> Yesterday was Tom's birthday. His parents wanted to _____ him, so they planned a big birthday party. They brought a lot of things for the party. Tom's mom also prepared a variety of dishes. Thanks to his parents, Tom had a wonderful time with his friends.

① surprise
② hate
③ depress
④ discourage

20 다음 밑줄 친 'this'가 의미하는 것으로 가장 적절한 것은?

> People like this very much. Many of them want to listen to this all the time. There are various kinds of this: pop, jazz, rock, hiphop, and so on.

① car
② music
③ phone
④ movie

21 다음 대화에서 B의 심정으로 가장 적절한 것은?

> A : Please show me your passport.
> B : Wait a minute. Oh my God. I left my passport at home.

① 기쁜
② 평화로운
③ 신나는
④ 당황스러운

22 다음 밑줄 친 단어 중 가리키는 대상이 나머지 셋과 <u>다른</u> 것은?

> My grandfather lives in the country. ⓐ <u>Dad</u> and I visited ⓑ <u>him</u> yesterday. We gave ⓒ <u>him</u> a present and ⓓ <u>he</u> was very happy.

① ⓐ   ② ⓑ

③ ⓒ   ④ ⓓ

23 주어진 말에 이어질 두 사람의 대화를 〈보기〉에서 찾아 순서대로 가장 적절하게 배열한 것은?

> Jane, who's that man?

┤ 보기 ├

(A) What does he do?
(B) He is my father.
(C) He is a doctor.

① (A) − (B) − (C)
② (B) − (A) − (C)
③ (B) − (C) − (A)
④ (C) − (B) − (A)

24 다음 글의 Woobi에 대한 내용과 일치하지 <u>않는</u> 것은?

> Woobi is my pet cat. I met him first on a rainy day. He was shaking his body in the pouring rain. I lifted him up with my arms and went to a vet. A few days later, He recovered his health. He is my precious friend now.

① Woobi는 고양이이다.
② Woobi를 처음 만난 날은 비 오는 날이다.
③ Woobi는 다시 비를 맞지 않기를 원해서 글쓴이가 지어 준 이름이다.
④ Woobi는 글쓴이의 가장 소중한 친구가 되었다.

25 다음 글의 주제로 가장 적절한 것은?

> Here are some tips for making a good learning environment. First, find a quiet place. Second, make sure you have enough light. Third, have pens or pencils near at hand.

① 좋은 학습 환경 조성 방법
② 조용한 휴식 장소 찾기
③ 안전한 전구 교체 방법
④ 적절한 필기구 보관 방법

사회

제5회 실전모의고사

정답 및 해설 p. 274

01 지도에 대한 설명으로 옳지 <u>않은</u> 것은?

① 기호를 이용하여 지표면의 여러 가지 현상을 나타낼 수 있다.

② 지도는 지표면의 여러 현상을 실제 모습과 유사하게 표현한 일종의 그림이다.

③ 방위를 나타내는 기호가 없을 경우, 일반적으로 지도의 오른쪽을 북쪽으로 본다.

④ 세계 지도는 둥근 지구를 평면에 표현한 것이기 때문에 실제와는 다른 부분이 있다.

02 다음에서 설명하고 있는 지역의 기후는?

> 이끼류가 분포하고, 눈과 얼음으로 덮여 있어 인간의 거주에 불리하다.

① 고산 기후 ② 지중해성 기후
③ 해양성 기후 ④ 한대 기후

03 다음에 제시된 지형들의 공통적인 형성 원인은?

> • 호른   • U자곡   • 피오르

① 빙하의 침식 작용
② 빙하의 퇴적 작용
③ 파랑의 침식 작용
④ 하천의 침식 작용

04 최근에 나타나는 우리나라의 인구 문제에 대한 대책으로 옳지 <u>않은</u> 것은?

① 도시의 인구와 산업을 분산시킨다.
② 노인 복지 시설을 확대한다.
③ 인구 억제 정책을 실시한다.
④ 노년층의 일자리를 마련한다.

05 다음에서 설명하고 있는 식량 자원은?

> • 성장기에 고온다습한 기후를 필요로 한다.
> • 주요 생산지는 아시아의 계절풍 기후 지역이다.
> • 주요 생산지와 소비지가 대체로 일치하여 국제적 이동이 많지는 않다.

① 쌀 ② 밀
③ 옥수수 ④ 사탕수수

06 역도시화 현상에 대한 설명으로 옳은 것은?

① 농촌의 열악한 주거 환경이 주요 원인이다.

② 선진국보다는 개발 도상국에서 주로 나타난다.

③ 대도시의 쾌적한 주거 환경이 역도시화의 원인이다.

④ 대도시의 인구가 도시 주변 지역이나 촌락으로 이동하는 현상이다.

07 다음 내용과 관련 있는 것은?

> - 열대 지방의 에어컨
> - 시험 기간의 도서관 자리
> - 게임의 고급 아이템
> - 대도시에서의 주차 공간

① 생산자 주권　　② 희소성
③ 기회 비용　　　④ 소비자 권리

08 다음에서 설명하고 있는 것은?

> 　선거에 필요한 비용의 일부나 전부를 국가에서 부담하면서 선거를 관리하여, 모든 입후보자에게 공정한 선거 운동과 기회 균등을 보장하는 데 그 목적이 있다.

① 정당 제도　　　② 선거 관리 위원회
③ 선거 공영제　　④ 선거구 법정주의

09 다음 규정이 공통적으로 지향하는 궁극적 목적은?

> - 법관의 독립성과 신분을 보장한다.
> - 재판은 최고 3번까지 받을 수 있다.

① 삼권 분립의 실현
② 공공질서의 유지
③ 신속한 재판 실현
④ 공정한 재판 실현

10 현대의 정보화 사회가 갖는 특징과 거리가 먼 것은?

① 정보와 지식을 창출·활용하는 능력이 가장 요구되고 있다.
② 집에서 재택 근무하는 일이 늘어날 것이다.
③ 시간과 공간을 초월하여 새로운 인간관계를 형성하게 된다.
④ 3차 산업의 비중이 감소한다.

11 다음 설명에 해당하는 기본권을 바르게 연결한 것은?

> (가) 국가에 대하여 인간다운 생활의 보장을 요구할 수 있는 권리이다.
> (나) 성별, 종교, 사회적 신분 등에 의해 불합리한 차별을 받지 않을 권리이다.
> (다) 권리나 이익이 침해되거나 침해될 우려가 있을 때에 국가에 대하여 적극적으로 일정한 행위를 청구할 수 있는 권리이며 다른 기본권을 보장하기 위한 수단적 권리이다.

	(가)	(나)	(다)
①	자유권	평등권	청구권
②	사회권	참정권	자유권
③	사회권	평등권	자유권
④	사회권	평등권	청구권

12 다음 중 사회화에 대한 설명으로 옳지 <u>않은</u> 것은?

① 사회화의 내용은 사회마다 같다.

② 사회화는 학습을 통해 이루어진다.

③ 사회화를 통해 사회적인 존재가 된다.

④ 사회적 상호 작용을 통해 사회화가 이루어진다.

13 다음에서 설명하는 법원은?

> 3심 재판을 담당하며 이 법원의 판결은 최종적인 효력을 가진다.

① 대법원   ② 고등 법원

③ 지방 법원   ④ 행정 법원

14 기본권을 제한할 수 있는 경우만을 〈보기〉에서 모두 고른 것은?

> ┤ 보기 ├
>
> ㄱ. 사회 구성원 전체에게 공통되는 이익을 실현하기 위해
>
> ㄴ. 국가의 존립이나 헌법의 기본 질서 등을 보호하기 위해
>
> ㄷ. 사회의 공공질서, 도덕적 질서, 타인의 권리 등을 유지하기 위해
>
> ㄹ. 공무원의 업무에 사용되는 비용을 줄여 행정의 효율성을 높이기 위해

① ㄱ, ㄴ   ② ㄴ, ㄷ

③ ㄱ, ㄴ, ㄷ   ④ ㄱ, ㄴ, ㄹ

15 다음 그래프에 대한 설명으로 옳은 것은?

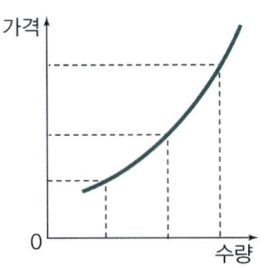

① 수요 곡선을 표현한 그래프이다.

② 공급 곡선을 표현한 그래프이다.

③ 가격이 오르면 수량이 감소한다.

④ 가격이 내리면 수량이 증가한다.

16 다음 중 비무장 지대(DMZ)에 대한 설명으로 옳지 <u>않은</u> 것은?

① 한반도 남북 분단의 상징이다.

② 군대 주둔이 허용되어 있다.

③ 군사적인 충돌을 방지하는 지역이다.

④ 희귀 동물들의 주요 서식지로서 생태적 가치가 매우 높다.

17 다음 유물이 만들어진 시대의 특징으로 거리가 먼 것은?

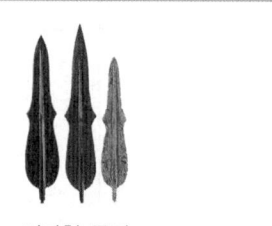

비파형 동검

① 벼농사를 짓기 시작하였다.
② 동굴이나 바위 그늘에서 살거나 강가에 막집을 짓고 살았다.
③ 우리나라 최초의 국가인 고조선이 출현하였다.
④ 사유 재산이 생겨나고 계층 사회가 성립하였다.

18 다음 설명에 해당하는 나라는?

- 12월에 영고라는 제천 행사가 있다.
- 엄격한 법률인 1책 12법을 시행했다.

① 부여   ② 고구려
③ 옥저   ④ 동예

19 고려 광종이 실시한 다음과 같은 정책은?

원래 노비가 아니었는데 전쟁에서 포로로 잡혔거나 빚을 갚지 못하여 강제로 노비가 된 사람을 파악하여 이전의 상태로 돌아가게 만든 법이다.

① 노비안검법   ② 과거 제도
③ 기인 제도   ④ 사심관 제도

20 다음 설명에 해당하는 역사서는?

한 국왕이 죽으면 다음 국왕 때 춘추관이 중심이 되어 실록청을 설치하고 사관들이 국왕 앞에서 기록한 사초, 각 관청의 문서들을 모아 만든 시정기 등을 종합하여 편찬하였다. 이 역사서는 1997년 유네스코 세계 기록 유산으로 지정되었다.

① 고려사절요   ② 동국통감
③ 발해고   ④ 조선왕조실록

21 다음에서 설명하는 조선 전기의 왕은?

- 6조 직계제를 실시하여 왕권을 강화하였다.
- 16세 이상의 남자라면 인적 사항이 적힌 호패를 지니고 다니도록 법을 만들었다.

① 태종   ② 세종
③ 세조   ④ 태조

22 다음에서 (가)와 (나)에 들어갈 알맞은 말이 바르게 연결된 것은?

> ___(가)___은/는 명이 쇠퇴하고 후금이 성장하던 시기에, 명과 후금 사이에서 신중한 ___(나)___ 정책을 펼쳐 전쟁은 피하고 실리를 추구하고자 하였다.

	(가)	(나)
①	영조	사대 외교
②	정조	중립 외교
③	효종	친명 배금
④	광해군	중립 외교

23 다음 설명에 해당하는 단체는?

> 국민을 계몽하여 정치 활동에 참여시킴으로써 나라의 자주 독립을 지키고, 국민들의 권리를 확립하며, 개혁을 통해 나라를 부강하게 하려는 것이었다. 종로에서 근대적 민중 집회인 만민 공동회를 열었다.

① 신간회   ② 헌정 연구회
③ 보안회   ④ 독립 협회

24 다음에서 설명하는 사건은?

> • 소극적인 개화 정책에 대한 급진 개화파 세력의 불만으로 우정국 개국 축하연을 이용하여 발생하였다.
> • 한성 조약, 톈진 조약을 체결하는 결과를 가져왔다.

① 갑신정변
② 임오군란
③ 갑오개혁
④ 광무개혁

25 다음과 같은 내용을 결정한 국제 회의는?

> • 한국에 임시 민주 정부를 수립하기 위해 미·소 공동 위원회를 설치한다.
> • 한국에 대해 최고 5년간 미국, 영국, 중국, 소련의 4개국이 신탁 통치를 실시할 것을 임시 정부와 협의한다.

① 포츠담 선언
② 카이로 회담
③ 모스크바 3국 외상 회의
④ 얄타 회담

제5회 실전모의고사

정답 및 해설 p. 277

01 그림과 같이 빗면 위에 있는 나무 도막이 정지해 있을 때 이 나무 도막에 작용하는 마찰력의 방향과 중력의 방향이 바르게 연결된 것은?

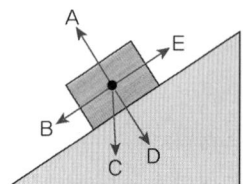

마찰력	중력
① B	A
② B	D
③ E	C
④ E	D

02 다음 중 진동수에 관한 설명으로 옳지 <u>않은</u> 것은?

① 진동수의 단위는 Hz(헤르츠)다.

② 진동수가 클수록 높은 소리가 난다.

③ 진동수와 파장은 역수 관계이다.

④ 매질의 한 점이 1초 동안 진동하는 횟수를 말한다.

03 그래프는 어떤 물체의 시간에 따른 이동 거리를 나타낸 것이다.

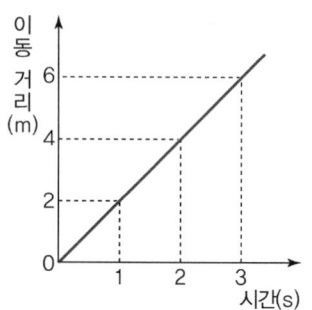

이 물체의 운동을 시간에 따른 속력 그래프로 바르게 나타낸 것은?

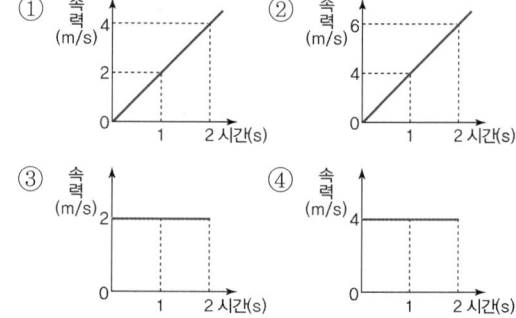

04 그림은 온풍기 뒤에 표시된 정격 전압과 소비 전력을 나타낸 것이다. 이 온풍기를 220V에서 3시간 동안 사용할 때 전력량(Wh)은?

제품명	정격 전압(V)	소비 전력(W)
온풍기	220	100

① 220Wh   ② 300Wh

③ 660Wh   ④ 22000Wh

05 다음은 지면에서 1m 높이의 탁자 위에 놓인 물체의 질량을 나타낸 것이다. 지면을 기준면으로 할 때 중력에 의한 위치 에너지가 가장 큰 것은?

물체	A	B	C	D
질량	1kg	2kg	300g	400g

① A   ② B

③ C   ④ D

06 그림은 온도가 다른 두 물체 (가)와 (나)를 이루는 입자 운동을 나타낸 것이다. (가)와 (나)를 접촉시켰을 때에 대한 설명으로 옳은 것은? (단, 외부와의 열 출입은 없다.)

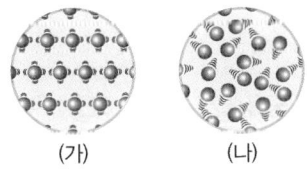

(가)   (나)

① (가)는 열을 얻는다.

② (가)의 입자 운동은 느려진다.

③ (나)의 입자 운동은 활발해진다.

④ (가) → (나)로 열이 이동한다.

07 그림은 물을 냉각할 때 온도 변화를 나타낸 것이다. 이에 대한 설명으로 옳지 않은 것은?

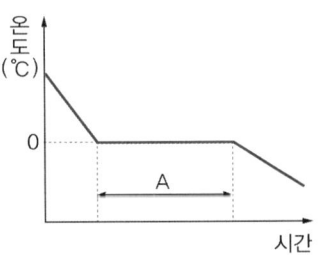

① 물의 어는점은 0℃이다.

② A구간에는 얼음과 물이 모두 있다.

③ A구간의 일정한 온도를 끓는점이라고 한다.

④ A구간에서 응고가 일어난다.

08 다음과 같은 상태 변화가 일어날 때 증가하는 것은?

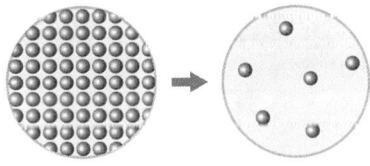

① 입자의 개수

② 입자 사이의 거리

③ 입자의 크기

④ 입자의 질량

09 그래프는 어떤 고체 물질의 물에 대한 용해도 곡선이다. A~C 중 고체 물질의 용해도가 가장 큰 것은?

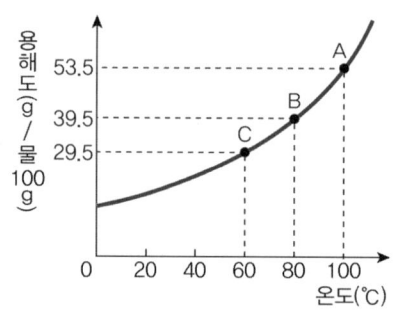

① A
② B
③ C
④ 모두 같다.

10 다음 중 혼합물을 분리할 때 이용되는 물질의 특성이 <u>다른</u> 하나는?

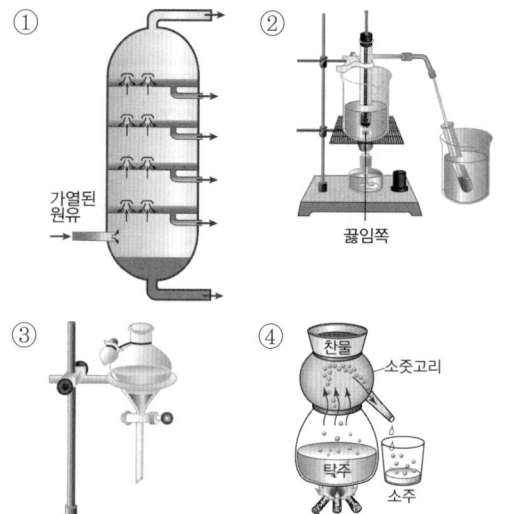

11 그림은 물질의 변화를 모형으로 나타낸 것이다. (가)와 (나)에 대한 설명으로 옳은 것은?

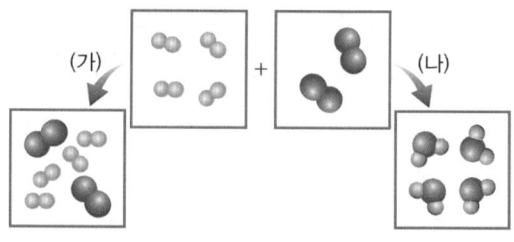

① (가)는 화학 변화이다.
② (나)는 성질의 변화가 없다.
③ 소금을 물에 녹여 소금물이 만들어지는 것은 (가)이다.
④ 물에 잉크를 떨어뜨리자 물색이 잉크색으로 변하는 것은 (나)이다.

12 다음 중 생물 다양성 보전을 위한 노력으로 옳은 것은?

① 외래종 유입
② 생물 다양성 협약
③ 남획
④ 서식지 단편화

13 다음은 광합성 과정을 나타낸 것이다. ㉠에 대한 설명으로 옳지 <u>않은</u> 것은?

> (㉠) + 이산화 탄소 → 포도당 + 산소

① ㉠은 물이다.
② 증산 작용은 ㉠ 상승의 원동력이다.
③ ㉠은 석회수를 뿌옇게 흐려지게 한다.
④ ㉠은 물관을 통해 이동한다.

14 그림은 사람의 심장을 나타낸 것이다. 이에 대한 설명으로 옳지 <u>않은</u> 것은?

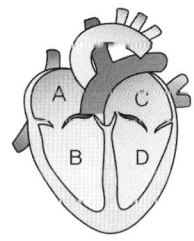

① 순환계에 속한다.
② A는 좌심방이다.
③ B는 혈액을 심장 밖으로 내보낸다.
④ C → D로 혈액이 이동한다.

15 그림은 폐포와 모세 혈관, 조직 세포에서 일어나는 기체 교환을 나타낸 것이다. A~D 중 산소의 이동이 바르게 묶인 것은?

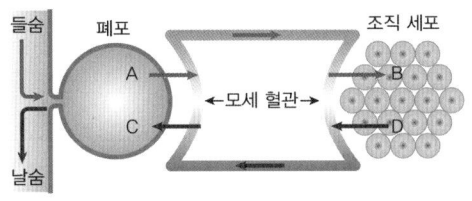

① A, B   ② A, C
③ A, D   ④ B, D

16 다음 중 신경계의 기본 단위 세포는?

① 종   ② 뉴런
③ 대뇌   ④ 기관지

17 다음 중 호르몬이 <u>아닌</u> 것은?

① 아밀레이스
② 인슐린
③ 티록신
④ 갑상샘 자극 호르몬

18 그림과 같이 순종의 둥근 완두(RR)와 주름진 완두(rr)를 교배하여 잡종 1대의 둥근 완두를 얻고, 이를 자가 수분하여 잡종 2대를 얻었다. 잡종 2대 중 ㉠의 표현형이 주름진 완두일 때 ㉠의 유전자형으로 옳은 것은?

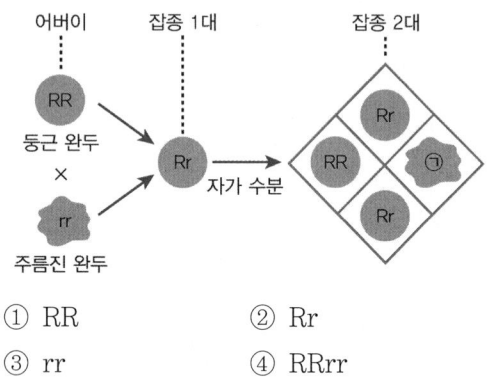

① RR   ② Rr
③ rr   ④ RRrr

20 그림은 해저에서 퇴적물이 쌓이는 모습이다. A, B, C에서 생성되는 퇴적암으로 옳게 짝지어진 것은?

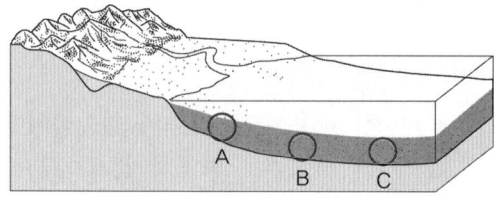

① A – 현무암
② B – 사암
③ B – 편마암
④ C – 화강암

19 그림은 세포 분열 과정 중 2가 염색체가 중앙에 배열한 단계를 나타낸 것이다. 이 세포 분열 과정의 이름과 단계가 바르게 나타난 것은?

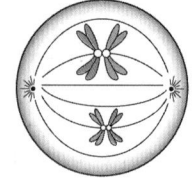

① 체세포 분열 – 전기
② 체세포 분열 – 후기
③ 감수 1분열 – 중기
④ 감수 2분열 – 말기

21 기권의 층상 구조 중 열권에 대한 설명으로 옳은 것은?

① 높이 올라갈수록 기온이 낮아진다.
② 오존층이 분포한다.
③ 비나 눈이 내린다.
④ 오로라가 나타난다.

22 그림은 수권을 이루는 물의 분포를 나타낸 것이다. A~D 중 다음 설명에 해당하는 것은?

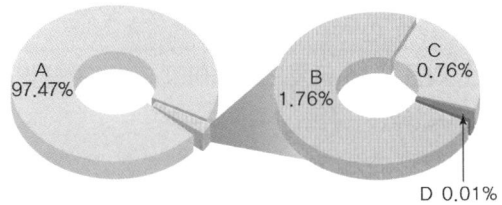

- 땅속을 흐르며 주로 비나 눈이 스며들어 생긴다.
- 하천수나 호수가 부족할 때 이용할 수 있다.
- 담수 중 두 번째로 많은 양을 차지한다.

① A ② B
③ C ④ D

23 다음은 태양계를 이루는 행성과 특징을 설명한 것이다. 행성의 이름과 특징이 바르게 연결된 것은?

① 화성 – 대기와 물이 존재하고, 생명체가 존재한다.
② 목성 – 태양계 행성 중 가장 크며, 대적점이 있다.
③ 달 – 물과 대기가 거의 없어 표면에 운석 구덩이가 많고, 밤낮의 온도 차가 크다.
④ 금성 – 붉은 토양이 있고, 극지방에 흰색의 극관이 존재한다.

24 다음은 연주 시차에 대한 설명이다. 연주 시차가 0.1"인 별까지의 거리(pc)는 얼마인가?

- 연주 시차는 6개월 간격으로 지구에서 측정한 별의 시차의 절반을 말한다.
- 별까지의 거리는 연주 시차에 반비례한다.

① 0.1pc ② 1pc
③ 10pc ④ 20pc

25 그림은 오리온 자리의 베텔게우스와 리겔의 모습이다. 베텔게우스는 적색, 리겔은 청백색으로 관찰되는 별의 색이 다른 이유는?

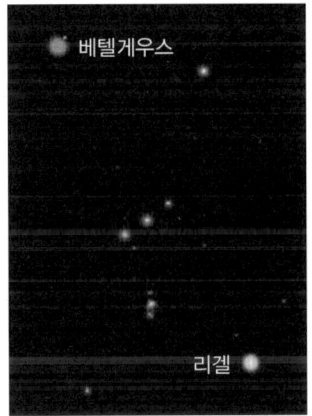

① 별이 표면 온도 차이
② 별의 높이 차이
③ 별의 질량 차이
④ 별의 밝기 차이

도덕

제5회 실전모의고사

정답 및 해설 p.279

01 다음에서 설명하는 인간의 특성은?

> 인간은 자신의 행동에 대해 옳고 그름을 판단하며, 인간다운 삶을 추구하는 존재이다.

① 유희적 존재
② 이성적 존재
③ 사회적 존재
④ 윤리적 존재

03 다음 ㉠에 공통으로 들어갈 가족 구성원의 도리로 옳은 것은?

> 부모가 자녀에게 베푸는 본능적이고 헌신적이며 무조건적인 사랑을 (㉠)라고 한다. (㉠)는 자녀가 잘못을 저지르면 엄하게 꾸짖어 바른길로 이끄는 모습으로 나타나기도 한다.

① 자애
② 우애
③ 경로
④ 효도

02 다음 ㉠에 들어갈 말로 옳은 것은?

> 아메리카 인디언들은 (㉠)을/를 마음속의 삼각형으로 비유하며, 나쁜 일을 많이 하면 그 삼각형이 닳아 없어져 마음이 아프지 않게 된다고 하였다.

① 양심
② 성찰
③ 당위
④ 도덕

04 참된 봉사 활동의 자세로 가장 적절한 것은?

① 물질적 보상이나 대가를 기대한다.
② 괴롭고 짜증스러운 표정으로 봉사한다.
③ 눈에 띄는 칭찬받는 활동만을 골라 한다.
④ 봉사를 받는 사람의 마음을 먼저 배려한다.

05 바람직한 이성 교제의 자세로 적절하지 <u>않은</u> 것은?

① 상대방의 판단을 존중한다.
② 상대방을 인격적으로 대우한다.
③ 이성에게 과도한 집착을 보인다.
④ 이성에게 기본적인 예의를 지킨다.

07 다음 ㉠에 들어갈 사상가는?

> 자연 발생설
> * 사상가 : (㉠)
> * 내용 : 인간은 본래 사회적 본성을 타고나기 때문에 가정과 사회가 구성되고 이를 바탕으로 국가가 이루어진다고 봄.

① 공자
② 맹자
③ 홉스
④ 아리스토텔레스

06 다음 내용에 해당하는 사이버 공간의 특성으로 옳은 것은?

> * 사이버 공간에서 상대방과 얼굴을 맞대지 않고 의사소통할 수 있는 사이버 공간의 특성
> * 상대방의 반응을 직접 느끼지 못하기 때문에 비도덕적 행동에 대해 무감각해질 수 있음

① 배타성
② 개방성
③ 공유성
④ 비대면성

08 다음 내용들이 강조하고 있는 것은?

> * "너 자신을 위해 소망하는 것을 다른 사람을 위해 소망하라."
> – 이슬람교 –
> * "무엇이든 남에게 대접을 받고자 하는 대로 너희도 남을 대접하라."
> – 그리스도교 –

① 자신을 존중하듯 타인을 존중하라.
② 자신을 존중하지 말고 타인을 존중하라.
③ 자신을 돋보이게 하려면 타인을 존중해야 한다.
④ 자기 존중과 타인 존중은 함께할 수 없다.

09 다음에서 설명하는 상부상조(相扶相助)의 전통은?

> 일손이 부족할 때 이웃에게 도움을 요청하고 일로써 갚아 주는 것

① 계
② 두레
③ 향약
④ 품앗이

10 다음 ㉠에 들어갈 말로 옳은 것은?

> 이성을 통해 물질적인 욕구나 감정을 조절하여 중용의 덕을 쌓을 때 진정한 (㉠)을/를 얻을 수 있음.
>
> ─ 아리스토텔레스 ─

① 도덕
② 의무
③ 행복
④ 고통

11 다음 밑줄 친 '이것'에 해당하는 용어는?

> 이것은 인종, 피부색, 언어, 종교 등 그 어떤 이유와도 관계없이 모든 사람이 태어나면서부터 누려야 할 권리이다.

① 인권
② 생존권
③ 청원권
④ 청구권

12 다음에서 설명하는 도덕 원리 검사의 방법은?

> 도덕 원리를 모든 사람이 채택한다고 했을 때 일어날 수 있는 결과를 내가 받아들일 수 있는지 생각해 보는 검사

① 포섭 검사
② 반증 사례 검사
③ 역할 교환 검사
④ 보편화 결과 검사

13 다음 중 다른 학생들에게 폭력을 행사하는 친구를 대하는 태도가 나머지와 <u>다른</u> 하나는?

① 그 친구의 행동이 나쁘다는 것을 일깨워 주기 위해 노력해야 해.
② 그 친구를 고발해서 법적인 처벌을 받도록 해야만 해.
③ 그런 친구는 다른 학교로 전학을 보내야 해.
④ 생활 지도 담당 선생님께 말씀드려 학교에서 징계를 받도록 해야만 해.

14 다음 중 비판적 사고에 관한 설명으로 옳지 <u>않은</u> 것은?

① 비판적 사고를 위해서는 타인의 주장을 무조건 따르지 않고 스스로 판단해 보려는 태도가 필요하다.

② 비판적 사고는 도덕 판단을 내리는 과정에서 발생하는 오류를 감추기 위해 필요하다.

③ 비판적 사고는 오류와 편견을 최소화하기 위해 필요하다.

④ 비판적 사고가 필요한 이유는 보다 올바른 판단을 통해 가치 갈등을 해결하기 위해서이다.

15 다음 내용이 의미하는 바로 가장 적절한 것은?

> "한 마리의 제비가 왔다고 봄이 온 것은 아니다."
> – 아리스토텔레스 –

① 다른 사람을 아끼고 배려해야 한다.

② 옳은 일을 하는 것은 마땅한 의무이다.

③ 도덕적 행동보다 도덕적 사고가 중요하다.

④ 한 번의 도덕적 행동으로 도덕적인 사람이 되는 것은 아니다.

16 다음 중 통일 한국의 미래상으로 바람직하지 <u>않은</u> 것은?

① 다양한 문화 자원을 육성, 발굴하는 수준 높은 문화 국가

② 국제 사회에서 패권을 행사하는 군사 강국

③ 사회적 약자들이 인간다운 삶을 살 수 있는 정의로운 복지 국가

④ 여러 사람의 갈등을 합리적으로 해결하는 자유로운 민주 국가

17 다음과 같은 문제점을 예방하기 위한 제도로 옳은 것은?

> • 뇌물 : 공적인 일을 자신에게 더 유리하게 진행하게 하려고 제공하는 이익
> • 횡령 : 공적인 재산을 사사롭게 사용하는 것
> • 배임 : 자신의 책임을 다하지 않음으로써 누군가가 이익을 취하게 하는 것

① 여성 할당제

② 공익 신고자 보호법

③ 지역 균형 선발 제도

④ 국민 기초 생활 보장법

18 노인 공경의 자세와 방법으로 옳지 <u>않은</u> 것은?

① 경로 효친의 자세를 지닌다.

② 노인을 배려하는 사회 제도 마련에 힘쓴다.

③ 노인을 부양의 대상으로만 본다.

④ 노인이 소외감을 느끼지 않도록 따뜻한 관심과 사랑을 보인다.

19 다음과 관련된 통일을 위한 사회적 차원의 노력으로 옳은 것은?

> **겨레말큰사전**
> 통일 이후 남북한의 언어 차이로 인한 혼란에 대비하기 위해 남한과 북한의 국어학자들이 함께 만들고 있는 우리말 사전

① 통일 비용 마련
② 법과 제도의 정비
③ 민족 동질성 회복
④ 국가 안보 의식 교육

20 양성평등 실현을 위한 노력으로 적절하지 <u>않은</u> 것은?

① 소질과 적성에 맞는 진로 지도를 한다.
② 집안일이나 육아는 어머니에게 맡긴다.
③ 직장 여성을 위한 탁아 시설을 늘리고 육아 휴직 제도를 마련한다.
④ 성차별적 관행과 사회 구조를 개선한다.

21 다음에서 설명하는 자연관은?

> 자연과 인간을 분리해 인간이 더 중요하다고 생각하는 자연관으로 자연을 정복하고 이용하는 것이 당연하다고 생각한다.

① 공생주의
② 인간 중심주의
③ 환경친화주의
④ 생태 중심주의

22 환경친화적인 삶의 모습으로 적절하지 <u>않은</u> 것은?

① 일회용품 사용을 줄인다.
② 가전제품 교체 주기를 단축한다.
③ 식사 후 음식물을 남기지 않는다.
④ 가까운 거리는 대중교통을 이용한다.

23 다음 내용이 의미하는 개념은?

> • 자신의 잘못을 반성하고 살핀다.
> • 자신의 삶을 객관적으로 바라본다.

① 모방   ② 쾌락

③ 습관   ④ 성찰

24 존경하는 도덕적 인물 선정 시 고려 사항으로 옳지 <u>않은</u> 것은?

① 그가 추구하는 가치가 도덕적인 가치인가?

② 그의 삶의 모습이 나의 삶의 방향을 제시하는가?

③ 그는 많은 학문을 연구하여 사회적 인정을 받았는가?

④ 그의 삶의 태도가 다른 사람의 존경을 받을 만한가?

25 세대 간의 대화와 소통을 하기 위한 자세로 바르지 <u>못한</u> 것은?

① 세대 간의 관심과 이해가 필요하다.

② 다른 세대를 존중하는 마음을 가져야 한다.

③ 특정 세대에 대한 오해와 편견을 극복하도록 노력한다.

④ 상대방에게 내가 속한 세대의 입장만을 강력하게 주장해야 한다.

EBS 교육방송교재

검스타트
검정고시
중졸 실전모의고사

2026 최신판

정답 및 해설

EBS 교육방송교재

중졸 검정고시 실전모의고사

제1회 정답 및 해설

1교시 국어

01	③	02	④	03	①	04	④	05	③
06	②	07	③	08	①	09	②	10	③
11	②	12	②	13	③	14	②	15	②
16	④	17	②	18	②	19	④	20	④
21	②	22	②	23	②	24	④	25	④

01 정답 ③

대화를 할 때는 대화의 상황, 즉 상황 맥락을 고려해야 한다. 아인이 "집에 쓰레기통이 없나 봐?"라고 한 것은 집이 지저분하다는 의미이므로 집을 치우겠다고 한 예솔이의 대답은 자연스러운 발화이다.

오답피하기

① 엄마가 "잘했다."라고 한 것은 영호를 꾸짖고자 한 의도이므로 영호는 "죄송합니다."라고 대답하는 것이 자연스럽다.

② 아빠가 "내일 학교 안 가니?"라고 한 것은 텔레비전을 그만 보고 자라는 의미이므로 "금방 잘게요." 정도로 대답하는 것이 자연스럽다.

④ 명서이 "지금이 도대체 몇 시야?"라고 한 것은 약속 시간에 늦은 은희에게 화가 났음을 드러내는 표현이므로 "미안하다."라고 사과를 하는 것이 자연스럽다.

02 정답 ④

'오다'의 주체는 '너'이기 때문에 높이지 않는다. 따라서 '선생님께서 너 오라고 하셨어.'가 바른 표현이다.

03 정답 ①

서술어 '되다, 아니다'가 주어 이외에 꼭 필요로 하는 문장 성분으로 '보어'이다.

오답피하기

②·③·④ '무엇이(누가)'에 해당하는 말로, 동작이나 상태, 성질의 주체가 되는 문장 성분인 '주어'이다.

04 정답 ④

언어는 그 언어를 사용하는 사람들끼리 약속한 것이다. 따라서 언어는 개인이 마음대로 바꿀 수 없는 것으로 '사회성'의 특성을 지닌다.

오답피하기

① 규칙성 : 언어를 사용할 때에는 정해진 규칙에 따라야 한다.

② 창조성 : 새 단어와 새로운 문장을 만든다.

③ 역사성 : 언어는 시간의 흐름에 따라 변화한다.

05 정답 ③

신라[실라] : 유음 'ㄹ' 앞에 오는 'ㄴ'이 같은 소리 'ㄹ'로 바뀌어 발음된다.

오답피하기

① 국화[구콰] : 음운 축약

② 해돋이[해도지] : 구개음화

④ 솔나무 → 소나무 : 음운 탈락

06 정답 ②

'가는 ↔ 오는, 낮말 ↔ 밤말은 그 뜻이 정반대되는 관계에 있으므로 반의 관계이다.

오답피하기

① 유의 관계 : 말소리는 다르지만 뜻이 서로 비슷한 단어들의 의미 관계

③ 다의 관계 : 단어의 의미들이 서로 관련이 있는 관계

④ 상하 관계 : 둘 이상의 단어들 중, 한쪽이 의미상 다른 쪽을 포함하거나 다른 쪽에 포함되는 관계

07 정답 ③

'ⓒ・ⓓ'은 팬클럽 문화의 긍정적인 모습에 대한 내용을 정리해야 한다. ⓒ은 팬클럽 문화의 부정적인 모습에 대한 내용이므로 삭제하거나 다른 문단으로 옮겨야 한다.

08 정답 ①

다른 사람의 글을 자기가 쓴 것처럼 꾸며 쓰는 것은 '표절'로서 쓰기 윤리를 지키지 않은 것이다. 또한 타인의 저작권을 침해한 것이라고 할 수 있다.

09 정답 ②

실물이나 상황을 전달할 때 시각 자료나 통계 수치를 나타낸 그래프나 도표를 활용하여 발표를 하면 발표 내용을 쉽고 간결하게 제시할 수 있다.

[10~12] 윤동주, 「서시」

| 갈래 | 자유시, 서정시
| 성격 | 고백적, 성찰적, 의지적
| 주제 | 부끄럽지 않은 삶에 대한 소망
| 특징 |
• 상징적 시어를 통해 시적 화자의 정서를 표현
• 중심 소재의 대조적 설정을 통해 의미 강조

10 정답 ③

'별'은 희망, 이상적인 삶, 순수한 소망과 양심을 상징한다. '바람'은 시련과 고난을 상징하므로 '별'과 대조적이라 할 수 있다.

11 정답 ②

과거(1행~4행)–미래(5행~8행)–현재(9행)의 순서로 전개된다.

12 정답 ②

일제 강점기라는 시대 상황에서 부끄럽지 않은 삶을 살고자 했던 작가의 삶과 연관지어 생각해 볼 때 '현실로부터 도피하는 삶'이라 보기 어렵다. '주어진 길을 걸어가야겠다'는 독립에 대한 의지의 표현이라 할 수 있다.

[13~14] 서동준, 「우리는 왜 간지럼을 느낄까」

| 갈래 | 설명문
| 성격 | 객관적, 설명적
| 제재 | 간지럼
| 주제 | 사람을 웃게 하는 간지럼의 특성과 연구 의의

13 정답 ③

견디기 어렵게 간지러운 느낌은 두 가지로 나뉠 수 있다. 하나는 '외부 자극에 의한 가려움[Knismesis]'이고, 또 다른 하나는 이 글에서 주의 깊게 살펴볼 '웃음이 나는 간지럼[Gargalesis]'으로 둘의 다른 점들을 바탕으로 설명하고 있다.

14 정답 ②

가려움과 간지럼의 다른 점을 바탕으로 설명하는 설명 방식은 '대조'이다.

⊗ 오답피하기
① 정의, ③ 분석, ④ 인과

15 정답 ②

수필은 일정한 형식의 제약 없이 비교적 자유롭게 쓰는 글이다.

16 정답 ④

하나만 보태면 완전에 이르게 되기 때문에 아쉬움을 느끼게 하는 수는 '아홉'이다.

⊗ 오답피하기
㉠・㉡・㉢ 모두 '열'을 의미한다.

17 정답 ②

묻고 답하는 형식의 '문답법'이 쓰였다.

⊗ 오답피하기

① 과장법은 실제보다 훨씬 크거나 작게 표현하는 방법이다.

③ 도치법은 문장의 배열 순서를 바꾸어 문장에 변화를 주는 표현 방법이다.

④ 의인법은 사람이 아닌 동물이나 자연을 사람인 것처럼 표현하는 방법이다.

[18~20] 박지원, 「양반전」

|갈래| 한문 소설, 풍자 소설

|성격| 풍자적, 비판적

|주제| 양반의 허례허식과 경제적 무능 비판

|특징|

• 조선 후기의 사회 모습을 보여 줌.

• 실학 사상이 반영됨.

18 정답 ②

'부자'가 양반이 되기를 포기하는 모습을 통해 양반에 대한 비판을 드러내기는 하지만, '부자'는 양반이 되어 이익을 누리고 싶어서 매매 증서를 다시 작성하도록 요청한 인물이라는 점을 고려하면, '부자'의 모습을 통해 평민 계층의 양심적인 모습을 보여 준다고 보기는 어렵다.

19 정답 ④

양반은 환곡을 갚지 못해 평민이 되고, 부자는 자신의 부를 이용하여 신분을 사려는 모습을 통해 신분제가 동요하고 있음을 알 수 있다.

20 정답 ④

'도둑놈'은 부당한 특권을 누리며 힘표를 부리는 양반에 대해 비판적인 작가의 시각을 드러낸다.

[21~23] 이오덕, 「꿩」

|갈래| 현대 소설, 단편 소설, 성장 소설

|성격| 교훈적, 황토적

|시점| 전지적 작가 시점

|주제| 부당한 차별에 당당하게 맞서서 얻은 자유, 부당한 일에 당당하게 맞서는 용기

|특징|

• 사투리, 비속어를 사용하여 글의 생동감을 줌.

• 향토적인 표현을 사용하여 사실감과 현장감을 줌.

21 정답 ②

이 글에서 꿩을 본 용이는 다음과 같은 감정을 느끼게 된다.

• 당당함 : 꿩이 날아오르는 모습을 보고 '어떤 힘'이 솟구친 용이는 아이들의 책 보퉁이를 던져 버리고 아이들에게 당당하게 맞서게 된다.

• 자유 : 꿩이 날아오르는 모습을 본 용이가 '하늘에라도 날아오를 듯'하다고 느꼈으며, 자신을 속박하던 부당한 일에서 벗어날 수 있게 되었다.

• 자신감 : 꿩을 본 이후 아이들에게 당당하게 맞선 용이는 자신은 더 이상 못난 아이가 아니라고 자신감을 갖게 된다.

22 정답 ②

이 글의 주된 갈등은 용이가 머슴의 아들이니 머슴처럼 남의 짐을 날라 주어야 한다고 생각하는 아이들과 이를 괴로워하고 답답해하는 용이 사이의 외적 갈등이다.

23 정답 ②

(나) 아이들이 용이 아버지가 같은 동네에서 머슴살이를 한다는 이유로 부당하게 남의 짐을 대신 날라 주어야 한다고 생각하여 책 보퉁이를 나르게 된 용이는 화가 나고, 속상했을 것이다.

(마) 날아오르는 꿩을 보고 자신감이 생긴 용이는 아이들의 말에 따르던 과거와 달리 부당한 요구를 거부하고 당당하게 맞서게 된다.

24 정답 ④

자신의 주장을 논리적으로 전개하여 읽는 이를 설득할 목적으로 쓴 '논설문'이므로 주장과 근거의 타당성을 파악하며 읽는다.

오답피하기

① 소설, ② 시, ③ 설명문을 읽는 방법이다.

25 정답 ④

글쓴이는 외모 비하 표현이 텔레비전 프로그램에 자주 등장하는 것을 근거로 텔레비전이 사람들에게 외모에 대한 그릇된 가치관을 형성하도록 '부정적' 영향을 준다고 말하고 있다.

2교시	수학

01	④	02	③	03	①	04	④	05	①
06	②	07	①	08	④	09	②	10	③
11	①	12	①	13	②	14	③	15	④
16	④	17	③	18	③	19	②	20	②

01 정답 ④

| 풀이 |

어떤 자연수를 소인수들만의 곱으로 나타내는 것을 소인수분해라 한다. 소인수분해한 결과는 크기가 작은 소인수부터 나타내고, 같은 소인수의 곱은 거듭제곱으로 나타낸다.

108을 소인수분해하면

$$108 = 2 \times 2 \times 3 \times 3 \times 3 = 2^2 \times 3^3$$이므로

$a = 2$, $b = 3$이다.

$\therefore a + b = 2 + 3 = 5$

```
2 | 108
2 |  54
3 |  27
3 |   9
       3
```

| 참고 |

소인수분해할 때는 몫이 소수가 나올 때까지 소수로 계속 나누고, 소인수분해한 결과는 보통 크기가 작은 소인수부터 차례로 쓰고 같은 소인수의 곱은 거듭제곱을 써서 나타낸다.

02 정답 ③

| 풀이 |

수직선 위에서 원점으로부터 어떤 수에 대응하는 점까지의 거리를 그 수의 절댓값이라 하고, 기호 $|\ \ |$를 사용하여 나타낸다. 이때 0을 제외한 수의 절댓값은 항상 양수이다.

① -7 ➡ $|-7| = 7$

② -3 ➡ $|-3| = 3$

③ 1 ➡ $|1| = 1$

④ 5 ➡ $|5| = 5$

그러므로 절댓값이 가장 작은 수는 1이다.

03 정답 ①

| 풀이 |

2점 슛 a개를 넣으면 $(2 \times a)$점을 얻고, 3점 슛 b개를 넣으면 $(3 \times b)$점을 얻는다.

따라서 구하는 득점은 $2 \times a + 3 \times b = 2a + 3b$(점)

+ 더 알고가기

곱셈 기호의 생략

① 수와 문자의 곱에서는 곱셈 기호 ×를 생략, 수를 문자 앞에 쓴다.

② 문자와 문자의 곱에서는 곱셈 기호 ×를 생략, 알파벳 순서로 쓴다.

③ 같은 문자의 곱은 거듭제곱으로 나타낸다.

④ 괄호가 있는 곱에서는 곱셈 기호 ×를 생략, 곱해지는 수, 문자를 괄호 앞에 쓴다.

04 정답 ④
| 풀이 |
$a = -2$이므로 $5a + 1$에 a 대신 -2를 대입한다.
$5a + 1 = 5 \times a + 1$과 같고, a 대신 -2를 대입하면,
$5a + 1 = 5 \times a + 1 = 5 \times (-2) + 1 = -10 + 1 = -9$
이다.

05 정답 ①
| 풀이 |
x와 -4를 각각 이항하면 ➡ $3x - x = 6 + 4$
양변을 정리하면 ➡ $2x = 10$
양변을 2로 나누면 ➡ $x = 5$

06 정답 ②
| 풀이 |
주어진 점 P에서 x축, y축에 각각 수선을 내려 x축, y축과 만나는 점을 나타내는 수를 각각 a, b라고 하자. 이때 순서쌍 (a, b)를 점 P의 좌표라 하고, 기호로 $P(a, b)$로 나타낸다.
여기서 a를 점 P의 x좌표, b를 점 P의 y좌표라고 한다.
점 B의 x좌표는 -2, y좌표는 2이다.
➡ $a = -2$, $b = 2$ ➡ $(-2, 2)$
| 참고 |
원점 O의 좌표는 $(0, 0)$이다.

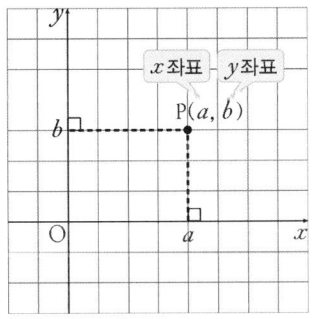

07 정답 ①
| 풀이 |
줄기와 잎 그림은 세로선의 왼쪽에 있는 십의 자리 숫자를 줄기, 오른쪽에 있는 일의 자리 숫자를 잎이라 하므로 그림에서 봉사 활동 시간이 25시간 이상인 학생은 26, 27, 28, 31, 32, 35, 36이므로 모두 7명이다.

08 정답 ④
| 풀이 |
빵을 고르는 경우의 수는 5가지, 음료수를 고르는 경우의 수는 3가지이다.
이때, 두 가지 사건은 동시에 일어날 수 있으므로 곱의 법칙에 의해 계산하면 $5 \times 3 = 15$
∴ 15가지이다.

09 정답 ②
| 풀이 |
이등변삼각형의 두 밑각의 크기는 서로 같으므로
$\angle CBA = \angle CAB = 30°$이다.
삼각형에서 한 외각의 크기는 그와 이웃하지 않는 두 내각의 크기의 합과 같으므로
$\angle CBA + \angle CAB = \angle x$ ➡ $30° + 30° = \angle x$
➡ $\angle x = 60°$
∴ $\angle x = 60°$

10 정답 ③
| 풀이 |
$\triangle ABC$와 $\triangle DEF$의 닮음비가 $1 : 2$이므로
$\overline{AB} : \overline{DE} = 1 : 2$ ➡ $3cm : \overline{DE} = 1 : 2$
➡ $1 \times \overline{DE} = 3cm \times 2$ ➡ $\overline{DE} = 6cm$
∴ $\overline{DE} = 6cm$

11 정답 ①
| 풀이 |

일차함수 $y = \dfrac{2}{3}x + b$ 에서 b 는 y절편을 뜻한다.

y절편은 그래프가 y축과 만나는 점의 y좌표이므로 -2이다.

$\therefore b = -2$

12 정답 ①
| 풀이 |

분모의 소인수가 2나 5뿐이면 그 분수는 유한소수로 나타낼 수 있다.

① $\dfrac{1}{3}$ ➜ 분모의 소인수가 3

② $\dfrac{1}{5}$ ➜ 분모의 소인수가 5

③ $\dfrac{1}{8}$ ➜ $8 = 2 \times 2 \times 2 = 2^3$이므로 분모의 소인수가 2

④ $\dfrac{1}{10}$ ➜ $10 = 2 \times 5$이므로 분모의 소인수가 2, 5

분모의 소인수가 3인 $\dfrac{1}{3}$ 은 유한소수로 나타낼 수 없다.

13 정답 ②
| 풀이 |

(정사각형의 넓이) = (한 변의 길이) × (한 변의 길이)
$\qquad\qquad\qquad$ = (한 변의 길이)^2

정사각형의 한 변의 길이가 x이므로 $x^2 = 20$

➜ $x = \pm\sqrt{20}$

변의 길이는 양수이므로 한 변의 길이는

$\sqrt{20} = \sqrt{2 \times 2 \times 5} = \sqrt{2^2 \times 5} = 2\sqrt{5}$ 이다.

$\therefore 2\sqrt{5}\,\mathrm{cm}$

14 정답 ③
| 풀이 |

지수법칙 $a^m \times a^n = a^{m+n}$ $(a \neq 0)$이고,

단항식의 곱셈에서는 계수는 계수끼리, 문자는 문자끼리 곱하여 계산한다.

$(-2x^4) \times x^2 = -2 \times x^4 \times x^2$
$\qquad\qquad\quad = (-2) \times x^{4+2} = -2x^6$

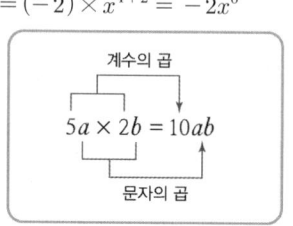

15 정답 ④
| 풀이 |

$\overline{BC}$와 $\overline{B'C'}$은 대응하는 모서리이므로 두 사면체의 닮음비는 $\overline{BC} : \overline{B'C'} = 2 : 6 = 1 : 3$이다.

닮음비가 $1 : 3$이므로 부피의 비는 $1^3 : 3^3 = 1 : 27$이다.

즉, (사면체 ABCD의 부피) : (사면체 A′B′C′D′의 부피)
$= 1^3 : 3^3 = 1 : 27$이므로,

$10 :$ (사면체 A′B′C′D′의 부피) $= 1 : 27$

$\therefore$ (사면체 A′B′C′D′의 부피) $= 270(\mathrm{cm}^3)$

16 정답 ④
| 풀이 |

하나의 다항식을 두 개 이상의 인수의 곱으로 나타내는 것을 인수분해라 한다.

인수분해 공식 $a^2 - b^2 = (a+b)(a-b)$에서

$a = x$, $b = 7$이라 하면

$x^2 - 49 = x^2 - 7^2 = (x+7)(x-7)$

17 정답 ③

| 풀이 |

이차함수 $y = ax^2$의 그래프는 점 $(4, 8)$을 지나므로

$y = ax^2$에 $x = 4$, $y = 8$을 대입하면

$8 = a \times 4^2 \rightarrow 8 = 16a \rightarrow a = \dfrac{8}{16} = \dfrac{1}{2}$

$\therefore a = \dfrac{1}{2}$

| 참고 |

이차함수 $y = ax^2$의 그래프와 같은 모양의 곡선을 포물선이라 한다.

그 대칭축을 포물선의 축이라 하고, 포물선과 축의 교점을 포물선의 꼭짓점이라 한다.

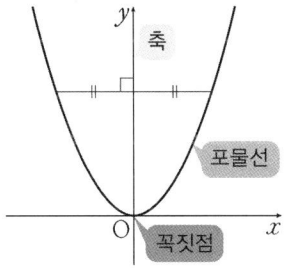

18 정답 ③

| 풀이 |

두 직선 l, m과 평행하며, $\angle x$를 나누는 보조선을 그리면 다음 그림과 같다.

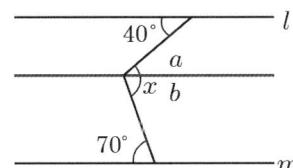

보조선으로 나눠진 $\angle x$의 윗부분을 $\angle a$라 하면 $\angle a$는 $40°$와 엇각이고, 아랫부분을 $\angle b$라 하면 $\angle b$는 $70°$와 엇각임을 알 수 있다.

그러므로 $\angle x = \angle a + \angle b = 40° + 70° = 110°$

$\therefore \angle x = 110°$

19 정답 ②

| 풀이 |

$\overline{AC} = 3$, $\overline{BC} = \sqrt{5}$이고 $\sin A = \dfrac{\overline{BC}}{\overline{AC}}$이므로

$\sin A = \dfrac{\sqrt{5}}{3}$이다.

20 정답 ②

부채꼴에서 중심각의 크기는 호의 길이에 정비례한다.

$\overparen{AB} = 6\,\text{cm}$, $\overparen{CD} = 24\,\text{cm}$이고,

$\overparen{AB} : \overparen{CD} = 6 : 24 = 1 : 4$이므로,

두 부채꼴의 중심각의 크기의 비 역시 $1 : 4$이다.

즉, $\angle AOB : \angle COD = 1 : 4$이므로,

$30° : \angle COD = 1 : 4$

따라서 $\angle COD = 4 \times 30° = 120°$임을 알 수 있다.

3교시	**영어**				
01	④	02	④	03	②	04	④	05	②
06	①	07	①	08	③	09	③	10	②
11	①	12	④	13	④	14	④	15	①
16	④	17	③	18	①	19	③	20	③
21	②	22	④	23	②	24	③	25	②

01 정답 ④

해석 조심해. 트럭이 와!

어휘 careful 조심하는, 주의 깊은

02 정답 ④

해석 ① 활동적인 – 수동적인
② 가능한 – 불가능한
③ 맛있는 – 맛이 없는
④ 외부의 – 외부의

해설 ①·②·③ 반의어 관계, ④ 유의어 관계이다.

03 정답 ②
해석 A : Luna가 학교에 늦었나요?
B : 네, 그녀는 늦었어요. 그녀는 아침에 늦게 일어났어요.
어휘 be late 늦다
해설 was 동사로 질문을 했기 때문에 was 동사로 대답해야 한다. 주어를 보아 Luna는 she이고, 질문에 대한 대답으로 Yes라고 답했기 때문에 긍정으로 대답하여야 한다.

04 정답 ④
해석 민수는 수업 중에 휴대폰을 사용하고 있다.
① 이곳에서 담배 피우지 마라.
② 창문을 닫지 마라.
③ 학교에 지각하지 마라.
④ 휴대폰을 사용하지 마라.
해설 휴대폰을 사용하지 말라는 표현이 적절하다.

05 정답 ②
해석 A : 나이가 어떻게 되세요?
B : 저는 14살입니다.
해설 답변으로 14살이라고 제시되어 있으므로 질문은 나이와 관련된 표현이 나와야 한다.

06 정답 ①
해석 • 나는 영어 공부하느라 바빠.
• 이 컵은 물로 채워져 있어.
해설 be busy with는 '~로 바쁘다', be filled with는 '~로 가득 차다'이므로 빈칸에 공통으로 들어갈 단어는 with이다.

07 정답 ①
해석 A : 실례합니다. 킹 빌딩에 어떻게 가나요?
B : 두 블록 직진하시고 좌회전하세요. 당신 오른쪽에 있을 겁니다.
A : 고맙습니다.
어휘 excuse me 실례합니다
get to 가다
go straight 직진하다
block 블록
turn left 좌회전하다
right 오른쪽
해설 두 블록 직진 후 좌회전해서 오른쪽은 ①의 위치이다.

08 정답 ③
해석 A : 당신이 가장 좋아하는 책은 무엇인가요?
B : 내가 가장 좋아하는 책은 톰소여의 모험이에요.
① 뭐 하고 있어요
② 어떻게 도와드릴까요
③ 당신이 가장 좋아하는 책은 무엇인가요
④ 그는 어디에 있나요
어휘 favorite 가장 좋아하는
해설 B의 답변으로 보아 A는 가장 좋아하는 책이 무엇인지에 관한 질문이 제시되어야 한다.

09 정답 ③
해석 A : 나 영화 보러 갈 계획이야.
B : 표를 먼저 사는 것은 어떠니?
어휘 be planning to ~할 계획이다
go to the movies 영화 보러 가다
ticket 티켓, 표
해설 why don't you ~?는 '~하는 것은 어때?'라는 의미로 제안이나 조언(충고)의 의미로 사용한다.

10 정답 ②

해석 A : 이번 주말에 <u>무엇을</u> 할 계획이야?
B : 나는 집에 있을 예정이야.

어휘 stay 머무르다

해설 B의 답변으로 보아 A의 질문은 주말에 무엇을 할것인지가 제시되어야 하므로 '무엇을'에 해당하는 what이 적절하다.

11 정답 ①

해석 A : 안녕, 나는 Ann이야. 만나서 반가워.
B : <u>나도</u> 만나서 반가워.

해설 주어진 대화에서 A는 첫 만남에 반가움을 표시하고 있다. 이에 B도 긍정적으로 동의하고 있다. 영어에서는 긍정적인 '나도'라는 표현을 too로 표현한다.

12 정답 ④

해석 A : 여가 시간에 넌 무엇을 하니?
B : 난 컴퓨터 게임 하는 것을 좋아해.
넌 어때?
A : 난 보통 독서를 해.

어휘 free time 여가 시간, 자유 시간
play computer games 컴퓨터 게임을 하다
usually 보통
read books 책을 읽다

해설 여가 활동에 관해 묻고 답하는 대화이다.

13 정답 ④

해석 수학 시험 일정
• 일정 : 4월 14일 월요일
• 시험장 : 본관 505호

어휘 math 수학
schedule 일정, 스케줄

14 정답 ④

해석 A : 그 소녀는 무엇을 하는 중인가?
B : 그녀는 <u>전화를</u> 하는 중이다.
① 독서를 하는 중이다.
② 소파에서 자는 중이다.
③ 산책을 하는 중이다.
④ 전화를 하는 중이다.

해설 She is talking on the phone.
전화를 하는 내용이 적절하다.

15 정답 ①

해석 요즘 도로에 많은 차들이 있다. 많은 사람들이 자신의 차량을 가지고 있다. 그러나 교통 체증 때문에 차로 움직이는 것은 너무 느리다. 또한 이것은 공기 오염도 야기시킨다. 그러므로 우리는 차량의 사용을 줄여야만 한다.

어휘 traffic 교통
cause 야기시키다
air pollution 공기 오염
reduce 줄이다

해설 차량이 많아져서 발생되는 문제점을 제시한 글이다.

16 정답 ④

해석 안녕하세요, 신입생 여러분! 한국 중학교에 오신 것을 환영합니다. 저는 우리 학교 최고의 합창단에 대해 말씀드리고 싶습니다. 우리는 많은 대회, 학교 행사 그리고 졸업식을 준비합니다. 여러분은 잊지 못할 경험을 만들 수 있습니다. 우리와 함께 하세요.

어휘 talk 말하다
competition 대회, 경쟁
graduation ceremony 졸업식
create 만들다
unforgettable 잊지 못하는

해설 이 글은 학교 합창단을 홍보하는 글이다. 마지막 문장을 통해 글쓴이는 합창단의 가입을 권유하고 있는 것을 볼 수 있다.

17 정답 ③

해석 가족과 함께 할 재미있는 무언가를 찾고 싶으신 가요? 다음의 목록을 읽어 보세요. 이것이 당신에게 가족과 함께 할 많은 활동들을 보여 줄 거예요.

어휘 find 찾다
show 보여 주다
activity 활동

해설 다음의 목록을 읽어 보라는 문장을 통해서 글쓴이는 무언가 제시하고 있다는 것을 알 수 있고 공통된 키워드는 family이므로 ③이 적절하다.

18 정답 ①

해석 A : 오, 이런! 나 무엇을 해야 하지? 나 돈을 전부 잃어버렸어.
B : 내 생각에 너는 경찰에 연락해야만 해.

어휘 lost lose(잃어버리다)의 과거

해설 대화에서 A는 돈을 잃어버렸고 그에 대한 해결책으로 B가 경찰에 연락하라고 제시하고 있으므로 대화 직후에 A가 할 일은 ①이다.

19 정답 ③

해석 그것은 한국 문자이다. 그것은 세종대왕이 만들었다. 그것은 24개의 글자를 가지고 있다. 그것은 과학적이고 아름다운 글자 체계라고 알려져 있다.

어휘 alphabet 문자, 알파벳
King Sejong 세종대왕
letter 글자, 편지
be known as ~로 알려져 있다
scientific 과학적인
beautiful 아름다운
writing system 글자 체계

해설 한글에 대한 설명이다.

20 정답 ③

해석 A : 야구 경기하는 거 어때요?
B : 좋아요.

어휘 baseball 야구
sound ~처럼 들리다

해설 sound라는 단어 뒤에 오는 형용사에 따라 문장의 성격이 달라진다. 부정적인 단어가 오면 부정이 되고, 주어진 good처럼 긍정적인 단어가 오면 질문에 대한 긍정적인 대답이 된다.

21 정답 ②

해석 박 선생님께,
안녕하세요. 저는 중학생입니다. 요리를 좋아해요. 나는 요리사가 되고 싶은데, 부모님은 제가 과학자가 되길 원하세요. 어떻게 해야 할까요?
민수가

해설 장래 희망으로 자신이 원하는 것과 부모님이 원하는 것이 달라 고민에 대한 조언을 얻기 위해 쓴 글이다.

22 정답 ④

해석 • 습기 없이 책을 보관하세요.
• 페이지를 접지 마세요.
• 불 근처에 책을 두지 마세요.

어휘 without ~ 없이
moisture 습기
fold 접다

해설 어린이 손에 닿지 않게 하라는 내용은 제시되어 있지 않다.

23 정답 ②

해석 엄마 나 오늘 몸이 좀 안 좋아요.
(A) 제 생각에 복통이 있는 것 같아요.
(B) 무슨 일이니?
(C) 너는 집에서 쉬어야겠다.

어휘 stomachache 복통
rest 쉬다

해설 자신의 몸 상태가 좋지 않음을 알리는 문장이므로 그에 이어지는 문장은 어떻게 몸이 안 좋은지 묻는 (B)가 와야 한다. (A)는 (B)에 대한 답변이며 마지막 (C)는 (A)의 문제에 대한 해결책을 제시하고 있으므로 (B) − (A) − (C) 순서가 적절하다.

24 정답 ③

해석 John의 직업은 높은 건물을 짓는 것이다. 매일 그는 기차를 타고 도시로 간다. John은 단단한 모자를 써야 한다. John과 다른 건축가들은 높은 곳에 있는 것이 두렵지 않다. 그는 그곳에서 점심을 먹는다. 그는 그의 직업에 만족한다.

어휘 build 짓다
put on 쓰다
be satisfied with ~에 만족하다

해설 John과 다른 건축가들은 높은 곳에 있는 것이 두렵지 않다고 되어 있으므로 ③은 사실과 다르다.

25 정답 ②

해석 나의 반에 예쁜 여학생이 있어요. 그녀는 똑똑해요. 나는 정말 그녀가 좋아요. 하지만 지난주 일요일, 나는 길에서 내 친구 톰과 함께 있는 그 애를 봤어요. 그 둘은 매우 가까워 보였어요. 제가 무엇을 해야 하죠?

어휘 pretty 예쁜
smart 똑똑한
really 정말로
however 그러나, 하지만
street 거리
close 가까운, 닫다

해설 이성 문제 고민 상담을 위한 글이다.

01	③	02	④	03	④	04	②	05	①
06	④	07	④	08	①	09	③	10	③
11	①	12	②	13	①	14	①	15	④
16	③	17	④	18	②	19	④	20	①
21	②	22	①	23	④	24	②	25	④

01 정답 ③
제시된 내용은 툰드라 기후에 대한 설명이다. 툰드라 기후는 한대 기후로 온몸을 감싸는 두꺼운 옷, 동물의 털가죽으로 만든 옷을 입는다. 채소와 과일을 구하기 어려워 육류 위주 섭취를 하며, 식량이 부족할 때를 대비하여 건조·훈제하여 저장한다.

02 정답 ④
제주도와 울릉도는 우리나라의 대표적인 화산 지형이다. 제주도는 묽은 성질의 현무암질 용암이 분출하여 형성되었으며, 울릉도는 끈끈한 성질의 조면암질 용암이 분출하여 형성되었다. 제주도에는 오름, 주상 절리, 용암 동굴 등이 나타나며, 울릉도에는 분화구가 내려앉아 형성된 칼데라 분지가 나타난다. 제주도는 경사가 완만한 방패 모양의 화산체이며, 울릉도는 경사가 급한 종 모양의 화산체이다.

03 정답 ④
열대 우림 지역에서 한낮에 내리는 소나기를 스콜이라고 한다.

04 정답 ②
부도심은 도심 주변의 교통이 편리한 곳에 형성되어 도심의 기능을 분담한다. 상점과 편의 시설 등이 입지하여 도심과 비슷한 경관이 나타난다.

오답피하기
① 외곽 지역 : 도심보다 땅값이 저렴하고 환경이 쾌적한 주변 지역으로 학교, 공장, 주택, 농경지 등이 분포한다.

③ 위성 도시 : 대도시 주변에서 대도시와 밀접한 관련을 맺으며 대도시의 기능을 분담한다.

④ 중심 업무 지구 : 대도시의 중심에 위치하고 업무·상업 기능이 집중된 지역이다.

05 정답 ①
자원 민족주의는 자원 보유국들이 자국에서 생산되는 자원에 대해 독점적 권리를 주장하며 자원을 정치적 무기로 사용하는 현상이다. 이러한 문제는 자원의 편재성이 가장 큰 원인에 해당한다.

06 정답 ④
출산 문제를 해결하기 위해서는 부모들이 사회 활동과 육아를 함께 할 수 있도록 보육 시설을 확충하고, 공공 교육 서비스를 제공하는 등 출산과 양육에 대한 지원 대책을 늘려야 한다. 그리고 고령화 사회에 대비하기 위해서 연금 제도 및 사회 보장 제도를 정비하고, 정년 연장 및 노인의 재취업 기회 확대 등의 노력이 필요하다.

07 정답 ④
지도는 중국에서 황사가 발생하여 이동하는 경로를 나타낸 것이다. 기후 변화와 무분별한 개간으로 중국 내륙 지역의 사막화 현상이 확대되면서 황사 발생 일수가 늘어나고, 강도도 심해지고 있다.

08 정답 ①
힌두교(인도)와 이슬람교(파키스탄) 사이의 갈등이다. 카슈미르 분쟁 지역은 1947년 영국으로부터 인도와 파키스탄이 독립하면서 인도령으로 귀속되었다. 이슬람교도가 상대적으로 많음에도 불구하고 인도령으로 귀속되면서 인도와 파키스탄 간의 갈등이 지속되고 있다.

09 정답 ③
권력 분립은 궁극적으로 국민의 자유와 권리를 보호하기 위하여 국가 권력을 서로 다른 국가 기관이 나누어서 맡도록 한 것이다.

⊗ 오답피하기
① 법치주의는 국민의 자유와 권리를 보장하기 위해 국회에서 제정한 법에 의해 국민을 지배해야 한다는 것이다.

② 우리나라는 헌법 제1조 제2항에서 '대한민국의 주권은 국민에게 있고, 모든 권력은 국민으로부터 나온다.'라고 명시하여 국민 주권의 원리를 실현하고 있다.

④ 국민 복지는 정부가 국민의 복지 향상을 위해 노력한다는 것이다.

10 정답 ③
지역에 따라 자연환경이 다르기 때문에 이에 적응한 다양한 주거 문화가 나타난다. 사람들은 각 지역에서 쉽게 구할 수 있는 재료를 이용하여 기후 조건을 극복할 수 있는 가옥을 짓는다. 대표적인 예가 열대 기후 지역의 고상 가옥과 사막 지역의 흙집 등이다. 한편 가축을 데리고 물과 풀을 찾아 이동하는 유목이 발달한 지역에서는 이동식 가옥이 발달하였다. 각 사회의 문화는 고유한 특징을 가지고 있으며 각기 다른 모습으로 나타나는데, 이것을 문화의 고유성 또는 다양성이라고 한다.

11 정답 ①
㉠ 막내아들이라는 지위는 개인이 태어나면서부터 자연적으로 차지하게 되는 귀속 지위이다.

⊗ 오답피하기
㉡·㉢·㉣ 개인의 재능이나 노력에 따라 후천적으로 차지하게 되는 성취 지위이다.

12 정답 ②
제시문에서는 유권자에게 투표의 가치를 각각 다르게 부여하고 있으므로 평등 선거의 원칙을 위배하고 있다. 평등 선거는 유권자가 행사하는 투표권의 개수와 가치가 같아야 한다는 원칙이다.

⊗ 오답피하기
① 보통 선거 : 일정한 나이 이상의 모든 국민에게 선거권을 부여해야 한다는 원칙이다.

③ 직접 선거 : 유권자가 대리인을 거치지 않고 직접 투표해야 한다는 원칙이다.

④ 비밀 선거 : 유권자의 투표 내용을 다른 사람이 알지 못하도록 해야 한다는 원칙이다.

13 정답 ①

민법은 사법의 영역으로 개인과 개인 사이의 사적인 생활을 다루는 법이다.

14 정답 ①

우리나라의 대통령은 행정부의 수반이자 국가 원수로서의 지위를 가지며, 국민이 선거를 통해 직접 선출한다.

15 정답 ④

인간의 욕구는 무한한 데 비해 그 욕구를 충족시켜 줄 수 있는 자원의 양은 상대적으로 한정되어 있는 현상을 자원의 희소성이라고 한다. 자원의 희소성은 인간의 필요와 욕구, 시대나 장소에 따라서도 달라질 수 있는 상대성을 가지며, 해당 자원을 원하는 사람이 없다면 그 자원은 희소하다고 볼 수 없다.

16 정답 ③

더 나은 직업을 얻고자 일시적으로 현재의 직장을 그만두는 경우는 마찰적 실업에 해당한다. 마찰적 실업의 경우 자신에게 맞는 직업을 효율적으로 찾는 것이 중요하므로 정부는 취업 정보를 효율적으로 제공함으로써 마찰적 실업을 줄일 수 있다

⊗ 오답피하기

① 계절적 실업 : 농업이나 건설업 등에서 볼 수 있듯이 계절 변화에 따른 고용 기회의 감소로 발생하는 실업이다.

② 구조적 실업 : 산업 구조의 변화로 일부 산업이 쇠퇴하거나 소멸하는 경우 나타나는 실업이다.

④ 경기적 실업 : 경제가 침체되면 기업이 생산을 감소시키고 고용을 줄이려 하기 때문에 발생하는 실업이다.

17 정답 ④

고조선에는 백성들을 다스리기 위한 8개의 법(8조법)이 있었으며, 그중에서 3개가 현재까지 전해 내려온다. 사람을 죽인 자는 사형에 처했던 것으로 보아 사회 질서가 매우 엄격하였다는 것을 알 수 있으며, 남에게 상처를 입힌 자는 곡물로 갚게 한 것으로 보아 농사를 짓는 사회였고, 사유 재산이 있었다는 것을 알 수 있다. 또한 도둑질을 한 자는 노비로 삼는 것에서 신분의 차이가 있었음을 알 수 있다.

18 정답 ②

통일 신라 신문왕은 김흠돌의 난을 진압하고 왕권 강화를 위해 녹읍을 폐지하고 관료전을 지급하였다.

19 정답 ④

신라 말기의 도선과 같은 선종 승려들은 중국에서 유행한 풍수지리설을 들여왔다. 풍수지리설은 산세와 수세를 살펴 도읍, 주택, 묘지 등을 선정하는 인문지리적 학설로서 국토의 효율적인 이용과 관련되어 있다. 이에 따라 경주 중심의 지리 개념에서 벗어나 다른 지방의 중요성을 자각하는 계기를 마련하였다. 이후 풍수지리설은 도참 신앙과 결부되어 산수의 생김새로 미래를 예측하는 경향이 나타났다. 이것은 지방 중심으로 국토를 재편성하려는 주장으로까지 발전하였다.

20 정답 ①

무신 집권기에는 하층민의 봉기가 끊이지 않았다. 또한 무신 집권이 수립된 후 노비 출신에서 최고 권력자가 나오기도 하자 신분 질서가 흔들리면서 신분 상승에 대한 기대감으로 봉기가 일어나기도 하였다. 만적의 봉기는 개경에서 사노비 만적이 중심이 되어 일어난 신분 해방 운동이다.

② 김헌창의 난(822)은 신라 헌덕왕 때 일어난 진골 귀족들의 왕위 다툼 과정을 보여 주는 사건이다.

③ 홍경래의 난(1811)은 세도 정치에 시달리던 농민들과 부당한 차별 대우에 불만을 품어 오던 평안도 지방 사람들을 중심으로 하여 일어난 농민 봉기이다.

④ 무신 집권기에는 공주 명학소에서 발생한 망이·망소이의 난 등 하층민의 봉기가 잇따랐다.

21 정답 ②

세종은 집현전을 설치하여 젊은 학자들의 학문 연구를 장려하였으며, 훈민정음을 창제·반포하였다. 그리고 측우기, 혼천의, 역법 등 과학 기술 발달에 많은 관심을 쏟았다. 『칠정산』은 한양을 기준으로 한 역법서이며, 측우기는 1441년 세종 때 세계 최초로 발명되었다. 또 세종 때 최윤덕과 김종서는 여진족을 몰아내고 4군 6진을 개척하였다.

22 정답 ①

서원은 선현에 대한 제사, 학문 연구, 제자 양성의 기능을 수행하였으며, 최초의 서원은 중종 때 주세붕이 영주에 세운 백운동 서원이다.

23 정답 ④

자료의 내용은 물산 장려 운동에 대한 것이다. 물산 장려 운동은 1920년 회사령이 폐지되고 관세가 철폐된다는 소식에 위기 의식을 느낀 민족주의 계열에서 추진한 민족 실력 양성 운동이었다. '조선 사람 조선 것', '내 살림 내 것으로'라는 구호를 내세웠던 물산 장려 운동은 1920년대 초 조만식 등의 주도로 평양에서 시작되어 전국으로 확산되었는데 구체적 내용에서도 토산품 장려 및 금연 실천 운동으로 시작되어 금주·금연 운동, 토산품 애용 운동으로 확대되어 갔다. 이 운동은 국산품 애용과 자급자족을 통해 민족의 산업을 발전시키고 민족 자본을 길러 일제로부터의 경제적 자립을 이루고자 하였다.

① 브나로드 운동은 1931년 동아일보가 주도한 농촌 계몽 운동이다.

② 개항기 조선의 보수적인 유학자들은 외침이 있을 때마다 성리학을 내세워 서양 여러 나라와 일본의 침략을 물리쳐야 한다는 위정척사 운동을 전개하였다.

③ 동학 농민 운동은 동학을 바탕으로 녹두장군이라고 불린 전봉준의 주도 아래 일어난 반봉건·반외세 운동이었다.

24 정답 ②

일본이 운요호를 보내 무력으로 위협하며 조선에 통상 수교를 강요하자 결국 조선은 일본과 강화도 조약을 맺고 문호를 개방하였다(1876). 강화도 조약은 조선이 외국과 맺은 최초의 근대적 조약이었으며, 불평등한 조약이었다. 이 조약에서는 조선을 자주국이라고 밝혔지만, 이는 조선과 청의 전통적 관계를 부인함으로써 청의 간섭을 차단하려는 일본의 의도였다. 또한 부산 외 2개 항구의 개항, 치외 법권, 해안 측량권 허용 등의 내용이 조약에 포함되었다.

25 정답 ④

대한민국 임시 정부는 국내외 업무를 연락하기 위한 비밀 행정 조직인 연통제와, 정보 수집·분석과 통신을 담당하는 교통국을 조직하였다.

5교시	**과학**								
01	③	02	②	03	③	04	①	05	③
06	④	07	①	08	②	09	④	10	④
11	①	12	①	13	③	14	③	15	③
16	②	17	④	18	③	19	④	20	②
21	④	22	②	23	②	24	②	25	③

01 정답 ③

탄성력은 모양이 변한 물체가 원래 모양으로 되돌아가
려는 힘으로 가한 힘의 방향과 반대 방향으로 작용한
다. 장대높이뛰기는 장대의 탄성력을 이용하여 장애물
을 넘는 경기이다.

⊗ 오답피하기

① **구명조끼** : 부력을 이용하여 가라앉지 않게 한다.
② **수력 발전** : 중력에 의해 높은 곳의 물이 아래로 떨
어지는 것을 이용하여 전기를 생산한다.
④ **윤활유** : 마찰력을 줄여 사물의 움직임을 쉽게 한다.

02 정답 ②

평면거울은 대칭인 상이 생긴다. 짧은 바늘은 시간을
가리키고 긴 바늘은 분을 가리키므로 2시 30분임을
알 수 있다.

03 정답 ③

중력에 대해 한 일은 물체를 들어 올리는 일로 무게와
들어 올린 높이의 곱으로 계산할 수 있다.
중력에 대해 한 일 = 무게 × 들어 올린 높이
$$= 10N \times 2m$$
$$= 20J$$

04 정답 ①

저항이 병렬로 연결된 경우 각 저항에 걸리는 전압의
세기는 같다. 따라서 2Ω에 걸리는 전압과 6Ω에 걸리
는 전압은 12V로 같다.

05 정답 ③

운동 에너지가 위치 에너지로 전환될 때는 높이가 증
가하고 속력이 느려지는 운동이 일어날 때로 C에서 B
로 올라갈 때 운동 에너지가 위치 에너지로 전환된다.

06 정답 ④

열평형 온도가 30℃이므로 물체 A의 온도 변화는
40℃, 물체 B의 온도 변화는 10℃로 A의 온도 변화
가 더 크다.

⊗ 오답피하기

열은 온도가 높은 A에서 온도가 낮은 B로 이동하여
열평형에 도달한다. 물체 A는 열을 잃어 온도가 낮아
지고 입자 운동은 느려진다. 물체 B는 열을 얻어 온도
가 높아지고 입자 운동은 빨라진다.

07 정답 ①

드라이아이스는 승화성 물질로 실온에 둔 고체 드라이
아이스는 기체로 승화하며 크기가 작아진다.

08 정답 ②

중성인 원자가 전자를 잃어버리면 양이온, 전자를 얻
으면 음이온이 된다. 원자가 전자를 2개 잃어버리면
+2의 양이온이 형성된다.

09 정답 ④

온도가 일정할 때 기체의 압력과 부피는 반비례 관계
로 (압력 × 부피)의 값은 일정하다.
기체의 압력과 부피를 곱한 값이 40으로 일정하므로
압력 × 5 = 40으로 기체의 부피가 5mL일 때의 압력
은 8기압이다.

10 정답 ④

그림은 증류 장치로 끓는점이 다른 서로 잘 섞이는 액
체 혼합물을 분리할 때 이용한다.

① 물과 식용유의 분리 : 분별 깔때기를 이용하여 분리한다.
② 잉크의 색소 분리 : 크로마토그래피를 이용하여 분리한다.
③ 신선한 달걀과 오래된 달걀 분리 : 신선한 달걀과 오래된 달걀의 중간 정도의 밀도인 액체를 사용하여 분리한다.

11 정답 ①
물리 변화는 물질의 성질의 변화 없이 모양이나 상태가 변하는 것을 말한다. 설탕의 용해는 물리 변화로 성질의 변화가 없이 물과 설탕이 혼합되는 과정이다.
철이 녹스는 현상, 사과의 갈변, 물의 분해는 모두 화학 변화이다.

12 정답 ①
생물 분류의 기본 단위는 종으로 가장 작은 범위이고, 종 이후 속 – 과 – 목 – 강 – 문 – 계 순서로 분류 범위가 커진다.

13 정답 ③
주어진 과정은 식물이 빛에너지를 이용하여 양분을 합성하는 광합성 과정으로 식물의 엽록체에서 일어난다.

14 정답 ③
A : 백혈구, B : 적혈구, C : 혈소판, D : 혈장
혈소판은 핵이 없고, 혈액 응고에 관여한다.
① 백혈구는 핵이 있고 식균 작용을 한다.
② 적혈구는 핵이 없고 원반 모양이며, 산소를 온몸으로 운반한다.
④ 혈장은 전체 혈액의 약 55%를 차지하고, 영양소와 노폐물을 운반한다.

15 정답 ③
C는 귀인두관으로 외부 압력과 귀 안쪽의 압력을 같게 조절한다.
① A – 귓바퀴 : 소리를 모은다.
② B – 반고리관 : 회전을 감지한다.
④ D – 달팽이관 : 청각 세포가 있어 소리 자극을 받아들인다.

16 정답 ②
A : 간뇌, B : 중간뇌, C : 연수, D : 소뇌
① 간뇌 : 체온과 체액의 농도 등을 조절한다.
③ 연수 : 호흡 운동, 심장 박동을 조절한다.
④ 소뇌 : 몸의 균형과 근육 운동을 조절한다.

17 정답 ④
2번 연속 분열이 일어나 4개의 딸세포가 형성되는 생식세포 분열 결과 정자, 난자와 같은 생식세포가 형성된다.
생장, 재생, 단세포 생물의 생식은 모두 체세포 분열 결과이다.

18 정답 ③
잡종 1대는 어버이로부터 유전자를 하나씩 받으므로 노란색 어버이로부터 Y, 초록색 어버이로부터 y를 받아 Yy가 된다.

19 정답 ④
여자의 성염색체는 XX, 남자의 성염색체는 XY이다. (가)는 색맹인 아들이므로 색맹 대립 유전자 X′과 Y 염색체를 가지고 있다.

20 정답 ②

A : 대륙 지각, B : 대륙판, C : 맨틀, D : 해양 지각
판은 지각과 맨틀 상부를 포함하는 단단한 암석층으로
대륙 지각을 포함한 B는 대륙판이다.

🚫 오답피하기

① A는 대륙 지각이다.
③ 맨틀(C)은 대류가 가능하지만 고체 상태이다.
④ 가장 큰 부피를 차지하는 것은 맨틀(C)이다.

21 정답 ④

A : 상현, B : 망, C : 하현, D : 삭
일식은 태양 - 달 - 지구 순으로 일직선상에 천체가
놓일 때 일어난다. 이때 달의 위상은 삭이다.

22 정답 ②

코로나는 채층 위로 멀리까지 뻗어 있는 청백색(진주
색)의 내기층으로 태양 활동이 활발해지면 코로나의
크기가 커진다.

🚫 오답피하기

① 쌀알 무늬 : 쌀알을 뿌려 놓은 듯한 무늬로, 광구
아래에서 일어나는 대류 때문에 생긴다.
③ 플레어 : 흑점 부근의 강한 폭발로 엄청난 양의 물
질과 에너지가 방출되는 현상이다.
④ 흑점 : 광구에 나타나는 검은 점으로, 주변보다 온
도가 낮아 어둡게 보인다.

23 정답 ②

A : 혼합층, B : 수온 약층, C : 심해층
수온 약층은 수심이 깊어질수록 수온이 급격히 낮아진
다. 무겁고 차가운 해수가 아래에, 가볍고 따뜻한 해
수가 위에 있으므로 해수가 잘 섞이지 않아 매우 안정
한 층이다.

🚫 오답피하기

ㄱ. 혼합층(A)은 바람의 영향으로 해수가 잘 섞여 수
온이 일정하다.
ㄷ. 심해층(C)은 태양 에너지가 도달하지 못해 수온
이 낮고 계절이나 위도에 따른 수온 차이가 거의
없다.

24 정답 ②

한랭 전선은 전선 뒤 좁은 지역에 강한 비(소나기)가
내린다.

🚫 오답피하기

① 주어진 그림은 한랭 전선이다. 정체 전선은 세력이
비슷한 두 기단이 반대 방향에서 만나면서 오랜 시
간 한곳에 머물러 있을 때 생기는 전선을 말한다.
③ 한랭 전선 통과 후 기온은 낮아진다.
④ 한랭 전선은 차가운 공기가 따뜻한 공기 아래로 파
고들며 형성된다.

25 정답 ③

절대 등급은 별이 10pc의 거리에 있다고 가정한 밝기
로 실제 밝기를 비교할 수 있다. 별 B의 절대 등급이
더 작으므로 B가 A보다 실제로 더 밝은 별이다.

🚫 오답피하기

ㄱ. 겉보기 등급이 작을수록 지구에서 밝게 보인다.
A의 겉보기 등급이 B보다 작으므로 A가 더 밝게
보인다.

01	③	02	②	03	④	04	②	05	③
06	④	07	④	08	①	09	①	10	④
11	④	12	④	13	②	14	①	15	①
16	④	17	③	18	①	19	①	20	②
21	①	22	④	23	②	24	③	25	④

01 정답 ③

제시된 내용은 잊힐 권리에 대한 설명이다.

⊗ 오답피하기

① **자율성** : 누구나 자신의 흥미와 관심사에 따라 스스로 참여할 수 있음

② **저작권** : 저작권은 저작자가 자신이 창작한 산물에 관해 지니는 권리

④ **사이버 스토킹** : 사이버 공간에서 상대방이 원하지 않는데도 계속 접근을 시도하는 행동

02 정답 ②

도덕적 실천 동기에는 다른 사람을 아끼고 배려하는 사랑, 다른 사람의 감정을 함께 느끼는 공감, 옳은 일은 하는 것이 마땅한 의무이므로 이를 실천하고자 하는 선한 의지 등이 필요하다.

03 정답 ④

북한의 주민들은 개인의 권리보다 집단의 이익이 우선이라는 집단주의 원칙에 따라 개인의 자유와 권리를 보장받지 못하고, 개인의 희생을 강요당하고 있다.

04 정답 ②

제시문은 도덕적인 삶에 대한 설명으로 자신을 반성하고 도덕을 따르기 위해 노력해야 한다.

05 정답 ③

통일 한국은 '정의로운 복지 국가(welfare state)'가 되어야 한다. 통일 한국을 달성하려고 하는 이유 중의 하나는, 그것이 바로 민족 성원들의 삶의 질을 풍요롭게 만들 수 있는 길이라고 여겨지기 때문이다. 만약, 이러한 복지 국가의 모습이 보장되지 않는다면, 다시 분단의 길로 들어서게 될 수도 있다.

06 정답 ④

마음의 평화를 얻기 위해서 긍정적 마음가짐과 적극적 태도가 필요하다.

07 정답 ④

현대 사회에서는 남녀의 성 역할이 고정되어 있지 않다. 성별에 따른 차별과 고정 관념이 과거에 비해 약화되어 전통적으로 바깥일을 하던 남자들이 최근에 전업주부 역할을 하는 경우도 있다.

④ 개인이 성별에 따른 신체의 구분과 무관하게 남녀의 심리적 특성을 모두 가질 수 있다는 개념으로 변화하고 있다.

08 정답 ①

사람다운 사람이 되려면 마땅히 해야 하는 것과 해서는 안 되는 것이 있다. 이처럼 마땅히 해야 할 것과 하지 말아야 할 것을 '당위'라고 하고, 이 당위에 관한 규범을 '도덕(道德)'이라고 부른다. 또 도덕은 우리가 올바르게 살 수 있도록 옳고 그름의 판단 기준을 제공해 준다.

09 정답 ①

타인에 대한 사랑과 배려를 구체적으로 표현한 봉사 활동은 대가를 바라지 않고 이루어질 때 참된 의미를 갖는다. 우리가 봉사를 하는 가장 중요한 목적은 어려운 이웃을 배려하고 그들에게 진정한 도움을 주는 것이다.

10 정답 ④

타인 존중을 실천하기 위해선 상대방의 말에 관심을 기울이며 경청하고, 상대방을 배려하고 존중하는 태도로 말해야 한다.

11 정답 ④

○○은 도덕적 사고를 하였으나 친구들의 영향으로 도덕적 실천을 하지 못하였다.

12 정답 ④

쓰레기를 줄이고 자원을 절약하기 위해 재활용을 적극적으로 실천해야 한다.

13 정답 ②

보편적 가치란 인간 존엄성, 자유, 평등, 인권 등 시대와 장소를 불문하고 모든 인간에게 보장되어야 하는 기본적 가치이다. 보편적인 가치란 언제 어디에서나 또 누구에게나 소중하다고 인정되는 가치이다. 따라서 보편적 가치는 상황의 변화에 따라 변화하는 것이 아니다.

14 정답 ①

인간은 신체적으로 나약한 존재이다. 인간은 불리한 신체적 조건을 극복하기 위해 도구를 만들어 사용해 왔다. 간단한 도구에서부터 자동차, 비행기 등과 같은 복잡한 도구를 만들었고, 더 나아가 수준 높은 문화를 창조하였다.

15 정답 ①

도덕적 자율은 타인에게 지배나 구속을 당하지 않고, 자신의 욕구와 충동에 지배되지도 않으며, 오직 이성적 판단과 선의지에 따라 행동할 수 있는 능력이다.

16 정답 ④

이웃과 평화롭게 더불어 살고자 노력하는 배려가 필요하다. 공동체 구성원 간의 약속을 지키는 것은 이웃에 대한 상호 존중의 실천이다.

17 정답 ③

도덕적 상상력의 구성 요소로는 어떤 상황을 도덕적 문제로 민감하게 받아들일 수 있는 마음의 상태인 도덕적 민감성, 상대방의 감정을 함께 느끼고 이해할 수 있는 능력인 공감, 나의 행동이 어떤 결과를 가져올 수 있는지 다양하게 생각해 보는 행위의 결과 예측이 있다.

18 정답 ①

타인 존중을 위해서는 열린 마음으로 상대방의 입장을 고려하여 의사소통하고, 경청하고 공감하는 태도를 가지는 것이 바람직하다.

① 경청이란 상대방의 이야기를 들어주는 자세, 상대방을 이해하고 인정하려는 마음이다.

19 정답 ①

도덕적 추론의 과정에는 타당한 도덕 원리와 사실 판단을 근거로 활용하여 합리적으로 사고할 때 올바른 도덕 판단을 내릴 수 있다.

20 정답 ②

우리 사회에는 경쟁에 참여할 기회가 똑같이 주어졌을 때도 장애, 성별, 가난 등의 이유로 다른 사람보다 경쟁에 불리한 사람이 있다. 따라서 공정한 경쟁을 보장하기 위해서는 구성원의 차이를 고려해야 한다.

21 정답 ①

사회계약설에서는 인간이 자신의 자연권(생명, 자유, 재산)을 지키기 위해 계약을 맺어 국가가 만들어졌다고 본다. 로크는 자연 상태에서 모든 인간은 평등하다고 보았다. 다만, 사람들이 자신의 권리만 주장하면 분쟁이나 싸움이 생길 수 있는데, 이러한 문제를 해결하기 위해 국가가 생겼다고 보았다.

22 정답 ④

정당한 시민 불복종이 되기 위해서는 목적의 정당성, 비폭력, 최후의 수단, 처벌 감수의 조건을 충족시켜야 한다. 또 시민 불복종은 법에 저항하는 목적이 개인의 이익이 아닌 사회 전체의 이익과 공공선을 실현하는 데 있어야 한다.

23 정답 ②

이성 친구를 사귈 때에는 지금 당장 누릴 수 있는 즐거움에만 빠져서는 안 되며, 미래를 위하여 준비하고 노력하면서 절제하는 자세를 가져야 한다.

24 정답 ③

제시문은 슈바이처 박사의 생명 외경 사상에 대한 설명이다.

25 정답 ④

보편화 결과 검사란, 어떤 도덕 원리를 모든 사람이 받아들였을 때 나타날 수 있는 결과를 예상하여 도덕 원리의 적절성을 검토하는 방법이다.

제2회 정답 및 해설

실전모의고사 2회 문제 p.39

1교시 국어

01	③	02	①	03	②	04	③	05	③
06	②	07	③	08	④	09	④	10	③
11	④	12	③	13	②	14	④	15	①
16	③	17	③	18	①	19	①	20	①
21	②	22	③	23	④	24	②	25	①

01 정답 ③

'ㅗ, ㅏ, ㅜ, ㅓ'는 기본자인 'ㅡ'나 'ㅣ'에 'ㆍ'를 한 번만 합쳐서 만든 모음인 초출자이며, 'ㅛ, ㅑ, ㅠ, ㅕ'는 초출자에 'ㆍ'를 다시 결합하여 만든 재출자이다. 이들 모음은 모두 기본자들을 결합하는 합성의 원리에 의해 만들어진 음운이다.

02 정답 ①

대화 주제가 '날씨'와 '건강'으로 서로 다르지만, 원만한 인간관계를 형성하고 친교를 다지는 '친교적 기능'의 대화라 할 수 있다.

오답피하기

② **정서적 기능** : 감정이나 느낌을 드러내는 기능이다.
③ **명령적 기능** : 상대방이 어떤 행위를 하도록 하는 기능이다.
④ **지시적 기능** : 우리 주변의 사물이나 개념을 가리키는 기능이다.

03 정답 ②

'영수야'는 부름을 나타내지만 감탄사가 아니라 '영수(명사) + 야(조사)'가 결합된 말이다.

오답피하기

①·③·④ 놀림, 느낌, 부름, 응답 등을 나타내는 '감탄사'이다.

04 정답 ③

우리말에서는 'ㄱ, ㄴ, ㄷ, ㄹ, ㅁ, ㅂ, ㅇ'의 7개 자음만이 음절의 끝소리로 발음된다. 따라서 '꽃'은 [꼳] 'ㄷ'으로 발음된다.

➕ 더 알고가기

받침	발음	받침	발음
ㄱ, ㄲ, ㅋ	[ㄱ]	ㄹ	[ㄹ]
ㄴ	[ㄴ]	ㅁ	[ㅁ]
ㄷ, ㅌ, ㅅ, ㅆ, ㅈ, ㅊ, ㅎ	[ㄷ]	ㅂ, ㅍ	[ㅂ]
		ㅇ	[ㅇ]

05 정답 ③

③ 외래어

오답피하기

① 고유어, ② 한자어, ④ 은어

06 정답 ②

한결이는 다큐멘터리에 대해 말하고 있고, 주연이는 춤 연습에 대해 말하고 있으므로, 관심사가 다르다고 할 수 있다.

07 정답 ③

상업 광고는 상품이나 서비스에 대한 정보를 여러 매체를 통해 소비자에게 널리 알리는 의도적인 활동이다.
③ 소비자에게 절약의 가치를 일깨우는 것은 상업 광고의 취지와는 거리가 멀다.

08 정답 ④

보고서의 구성 요소 중 '조사 결과'는 관찰, 조사, 실험을 한 후에 그 내용을 분석하여 결과를 정리한다.

① 조사 대상 : 각종 자료 및 ○○동 주민 100명
② 조사 기간 : ○월 ○일부터 ○일까지
③ 조사 방법 : 자료 조사, 설문 조사

09 정답 ④

'보고서'는 어떤 목적을 가지고 실시한 조사, 관찰, 실험, 연구 등의 과정과 결과를 정리하여 보고하는 목적으로 쓴 글이다.

① 수필, ② 논설문, ③ 설명문에 해당한다.

[10~12] 작자 미상, 「두꺼비 파리를 물고 ~」

| ┃갈래┃ 사설시조 |
| ┃성격┃ 해학적, 우의적, 풍자적 |
| ┃주제┃ 탐관오리의 횡포와 허장성세 풍자 |

10 정답 ③

사설시조는 작자층이 평민과 아녀자에게까지 확대되면서 유교적 이념보다는 '남녀 간의 사랑이나 현실 사회에 대한 비판' 등을 주로 표현하게 된다.

11 정답 ④

동물을 통해 당대의 정치 사회의 모순과 비리, 지배 계층의 허장성세를 풍자하고 있다.

12 정답 ③

두꺼비는 양반 또는 탐관오리를, 파리는 힘없는 백성, 송골매는 고급 관리를 상징한다.

[13~15] 김유정, 「동백꽃」

| ┃갈래┃ 단편 소설, 순수 소설, 농촌 소설 |
| ┃성격┃ 해학적, 토속적 |
| ┃배경┃ 1930년대 강원도 산골 마을 |
| ┃주제┃ 사춘기 시골 남녀의 순박한 사랑 |
| ┃특징┃ |
| • 짧고 간결한 문장으로 표현함. |
| • 사투리와 비속어를 사용한 해학적 문체 |
| • 1인칭 주인공 시점 |

13 정답 ②

남녀 간 가치관의 대립으로 인해 갈등하는 것이 아니라, 점순이의 마음을 알지 못하는 '나'의 어수룩함 때문에 점순이가 나의 닭을 괴롭힘으로써 '나'에 대한 애정을 반어적으로 표현하는 것이다.

14 정답 ④

'열벙거지'는 '울화가 치밀어 답답한 기운'이라는 뜻이다.

15 정답 ①

나의 닭을 괴롭히는 점순이와 이를 막으려는 나 사이의 '외적 갈등'이 나타나 있다.

[16~17] 나희덕, 「실수」

| ┃갈래┃ 수필 |
| ┃성격┃ 체험적, 회고적, 교훈적 |
| ┃주제┃ 실수의 긍정적인 효과 |

16 정답 ③

이 글은 수필로 글쓴이가 직접 경험한 글이다.
③ 소설에 대한 설명이다.

17 정답 ③

글쓴이는 악의 없는 실수가 각박한 세상에서 삶의 여유를 느낄 수 있게 하고 사람을 키우는 힘이 될 수 있다고 생각한다.

18 정답 ①

단순히 책의 내용을 확인하는 것이 아니라, 읽은 내용을 자기 나름대로 상상하고 비판하면서 새로운 의미를 만들어 내는 것이다.

19 정답 ①

우리의 기억 속에 저장된 모든 지식과 경험의 총체(總體)는 '배경지식'의 개념이며, 글을 제대로 이해하려면 배경지식을 적극적으로 활용해야 한다고 말하고 있다.

[20~22] 박경화, 「도시의 밤은 너무 눈부시다」

▎갈래▎논설문
▎성격▎설득적, 예시적, 시사적
▎제재▎빛의 과잉 사용으로 인한 문제점
▎주제▎밤에 불필요한 빛의 사용을 줄이자.

20 정답 ①

(가) 도시의 불빛이 곤충에 미치는 영향을 구체적으로 설명하고 있다. 전문가의 의견은 드러나지 않는다.
(나) 인공 불빛을 받고 자라는 식물이 어떠할지에 대해 묻고 답하는 방식으로 설명하고 있다.
(다) 식물이 잘 자라지 못하는 밝기를 구체적인 수치를 통해 설명하고 있다.
(라) 과학 잡지 "네이처"의 조사 결과를 인용하여 빛 공해가 인간에게도 영향을 미치고 있음을 설명하고 있다.

21 정답 ②

㉠ '바람'은 앞의 내용이 뒤의 내용의 원인임을 나타내는 말이다. '어제는 눈이 오는 <u>바람</u>에 길이 미끄러웠다.'의 '바람' 역시 '눈이 온 것'이 '길이 미끄러운 것'의 원인이 된다는 것을 나타내는 의미로 쓰인 것이다.

22 정답 ③

'빛 공해의 피해'는 불필요한 빛으로 인해 겪는 곤충, 식물, 인간의 피해를 나타내는 것이다. 그러므로 이러한 피해를 줄이기 위해서는 불필요한 전등을 끄는 등의 빛 공해를 줄이려는 노력을 해야 한다.

[23~25] 양귀자, 「원미동 사람들」

▎갈래▎현대 소설, 단편 소설, 세태 소설
▎성격▎사실적, 일상적, 비판적
▎시점▎전지적 작가 시점
▎주제▎가난한 동네의 이웃 간에 벌어지는 갈등과 이해, 공존의 원리
▎특징▎
• 총 11편의 단편으로 구성된 연작 소설
• 1980년대 소시민들의 일상을 섬세하게 관찰, 묘사

23 정답 ④

김 반장은 겉으로는 태연한 척 당당하게 말하지만 '김포 슈퍼'의 개업에 전전긍긍하며 노심초사하고 있다.

(✕) 오답피하기

① 원미동 사람들은 '김포 슈퍼'로 발길을 옮겼다.
② 김 반장은 '싱싱 청과물'의 장사를 노골적으로 방해했다.
③ 김 반장은 빚을 지고 있는 어려운 형편이다.

24 정답 ②

(마)의 ㉠이 가리키는 것은 동맹을 한 김 반장과 경호 아버지가 싱싱 청과물을 '폐업'하게 만드는 것이다.

25 정답 ①

김포 슈퍼와 형제 슈퍼의 갈등의 원인은 취급 품목이 같다는 점이다. 원래는 '김포 슈퍼'에서 쌀과 연탄을, '형제 슈퍼'에서 과일, 야채, 생선, 생활필수품을 취급했으나 '김포 슈퍼'에서 추가로 생활필수품, 채소, 과일을, '형제 슈퍼'에서 쌀과 연탄을 취급하게 되면서 서로 경쟁하게 된 것이다.

01	②	02	②	03	②	04	④	05	③
06	③	07	②	08	③	09	①	10	②
11	④	12	①	13	②	14	①	15	④
16	③	17	②	18	④	19	①	20	③

01 정답 ②

| 풀이 |

소인수분해를 이용하여 최대공약수를 구할 때에는 소인수의 지수가 같으면 그대로, 다르면 작은 것을 택하여 곱한다.

2^3과 2^2 중 지수가 작은 것은 2^2이므로 ㉠에 알맞은 수는 2^2이다.

> **＋ 더 알고가기**
>
> **소인수분해를 이용하여 최대공약수 구하기**
> ① 주어진 수를 각각 소인수분해한다.
> ② 공통인 소인수를 모두 곱한다.
> 소인수의 지수가 같으면 그대로, 다르면 작은 것을 택하여 곱한다.

02 정답 ②

| 풀이 |

수의 대소 관계는 양수는 0보다 크고, 음수는 0보다 작고, 양수는 음수보다 크다.

양수끼리는 절댓값이 큰 수가 크고, 음수끼리는 절댓값이 큰 수가 작다.

주어진 수들을 작은 수부터 차례대로 나열하면
-6, -3, 0, 1, 2, 5이다.

그러므로 네 번째 수는 1이다.

| 참고 |

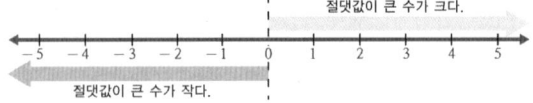

03 정답 ②

| 풀이 |

$x = 1$, $y = -2$를 주어진 식 $3x + y$에 각각 대입하면
$3 \times (1) + (-2) = 3 - 2 = 1$

$3x + y$의 값은 1이다.

04 정답 ④

| 풀이 |

일차방정식을 풀 때는 일차항을 좌변으로, 상수항을 우변으로 각각 이항한 다음 등식의 성질을 이용하여 푼다.

일차방정식 $3x - 2 = -2x + 8$에서 $-2x$를 좌변으로, -2를 우변으로 각각 이항하여 정리하면

$3x - 2 = -2x + 8$ ➡ $3x + 2x = 8 + 2$ ➡ $5x = 10$

➡ $x = \dfrac{10}{5}$ ➡ $x = 2$

∴ $x = 2$

05 정답 ③

| 풀이 |

순서쌍 $(-2, 1)$의 x좌표는 -2, y좌표는 1이므로 좌표평면 위에 나타내면 점 C이다.

| 참고 |

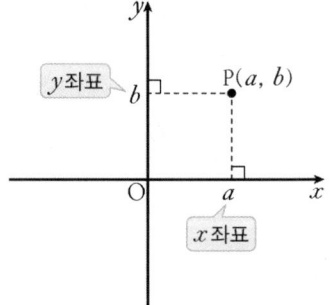

06 정답 ③

| 풀이 |

한 평면 위에서 서로 만나지 않은 두 직선을 평행이라고 하므로

모서리 BE와 평행한 모서리는 모서리 AD,

모서리 CF 모두 2개 ➜ $a=2$

모서리 AB와 평행한 모서리는 모서리 DE 1개 ➜ $b=1$

∴ $a+b=2+1=3$

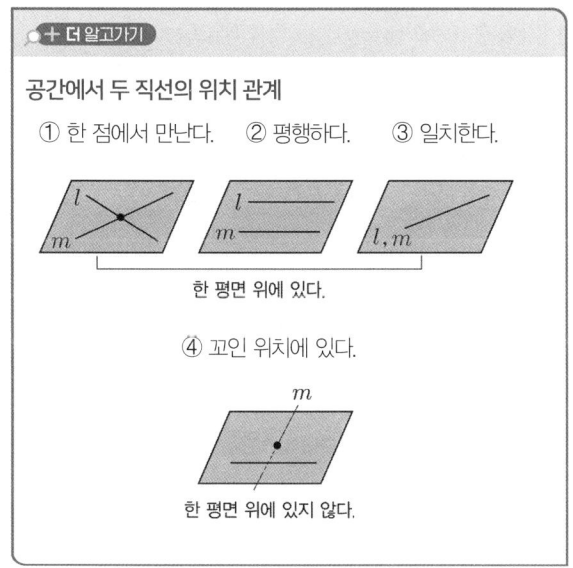

●+ 더 알고가기

공간에서 두 직선의 위치 관계

① 한 점에서 만난다. ② 평행하다. ③ 일치한다.

한 평면 위에 있다.

④ 꼬인 위치에 있다.

m

한 평면 위에 있지 않다.

07 정답 ②

| 풀이 |

일차함수 $y=ax+b$에서 기울기는 a, y절편은 b이다.

점 $(2, 0)$, $(0, -2)$를 이용하여 기울기를 구하면

(기울기)$=\dfrac{(y값의 증가량)}{(x값의 증가량)}=a$

➜ (기울기)$=\dfrac{-2-0}{0-2}=\dfrac{-2}{-2}=1$

또, 점 $(0, -2)$를 지나므로 y절편은 -2이다.

$a=1$, $b=-2$를 대입하여 정리하면 일차함수 식은

$y=x-2$

$$y = \underset{\text{기울기}}{a}\,x + \underset{y\text{절편}}{b}$$

08 정답 ③

| 풀이 |

곱셈 공식 $(a-b)(a+b)=a^2-b^2$에 의하여

$(x+5)(x-5)$에서 $a=x$, $b=5$라 하면

$(x+5)(x-5)=(x)^2-(5)^2=x^2-25$

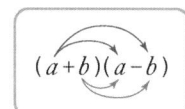

$$(a+b)(a-b)$$

09 정답 ①

| 풀이 |

밑이 같은 문자끼리 지수법칙을 이용하여 간단히 할 수 있다.

그러므로 밑이 같은 문자끼리 순서를 바꾸어 계산하면,

$$a^2 \times b \times a \times b^3 = a^2 \times a \times b \times b^3$$
$$= a^{2+1} \times b^{1+3}$$
$$= a^3 \times b^4 = a^3 b^4$$

| 참고 |

지수법칙 $a^m \times a^n = a^{m+n}$ $(a>0)$을 이용하여 계산한다.

10 정답 ②

| 풀이 |

1부터 9까지의 자연수가 적힌 아홉 개의 구슬 중에 4의 배수는 2가지이다.

∴ (확률)$=\dfrac{(사건\ A가\ 일어날\ 경우의\ 수)}{(일어날\ 수\ 있는\ 모든\ 경우의\ 수)}=\dfrac{2}{9}$

11 정답 ④

| 풀이 |

일차함수 $y=ax+3$에서 a는 기울기를 뜻한다.

그래프가 지나는 점은 $(-1, 0)$, $(0, 3)$이므로, 기울기를 구하면

(기울기)$=\dfrac{(y값의 증가량)}{(x값의 증가량)}=a$

➜ (기울기)$=\dfrac{3-0}{0-(-1)}=\dfrac{3}{1}=3$

그러므로 $a=3$이다.

| 다른 풀이 |

일차함수 $y = ax + 3$의 그래프가 점 $(-1, 0)$을 지나므로, $x = -1$, $y = 0$을 대입하여 정리하면,

$0 = a \times (-1) + 3$ ➜ $0 = -a + 3$ ➜ $a = 3$

12 정답 ①

| 풀이 |

부채꼴의 호의 길이와 넓이는 각각 중심각의 크기에 정비례한다.

$30° : 60° = 1 : 2$이므로 부채꼴의 넓이의 비도 $1 : 2$이다.

부채꼴 COD의 넓이를 x라 하면

$1 : 2 = 20\text{cm}^2 : x$ ➜ $1 \times x = 2 \times 20\text{cm}^2$ ➜ $x = 40\text{cm}^2$

그러므로 부채꼴 COD의 넓이는 40cm^2이다.

13 정답 ②

| 풀이 |

일차부등식 $2x + 1 \geq 5$에서 $+1$을 우변으로 이항하여 정리하면

$2x + 1 \geq 5$ ➜ $2x \geq 5 - 1$ ➜ $2x \geq 4$ ➜ $x \geq \dfrac{4}{2}$

➜ $x \geq 2$

그러므로 x는 2보다 크거나 같은 수이다.

2가 포함 안 되면 ➜ 'O', 2가 포함되면 ➜ '●'으로 나타낸다.

따라서 해를 수직선 위에 나타내면 다음과 같다.

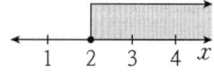

14 정답 ①

| 풀이 |

곱이 -8인 두 정수		두 정수의 합
1	-8	-7
-1	8	7
2	-4	-2
-2	4	2

➜ 곱해서 -8, 더해서 2가 되는 수는 -2와 4이므로

$x^2 + 2x - 8$을 인수분해하면

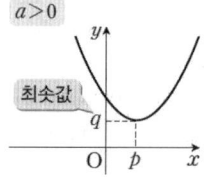

$\therefore x^2 + 2x - 8 = (x - 2)(x + 4)$

15 정답 ④

| 풀이 |

이차함수 $y = a(x - p)^2 + q$의 그래프는

직선 $x = p$를 축으로 하고, 점 (p, q)를 꼭짓점으로 하는 포물선이다.

$a < 0$이면 위로 볼록하고 최댓값 q를 가진다.

① 이차함수 $y = -(x + 2)^2 + 3$의 그래프는 $a < 0$ $(a = -1)$이므로 위로 볼록하다.

② $a < 0$ $(a = -1)$이므로 최댓값 3을 가진다.

③ $x = 0$, $y = -1$를 각각 대입하여 정리하면

좌변 ➜ -1,

우변 ➜ $-(0 + 2)^2 + 3 = -(2)^2 + 3 = (-4) + 3 = -1$

(좌변)=(우변)이므로 이차함수 $y = -(x + 2)^2 + 3$의 그래프는 점 $(0, -1)$을 지난다.

④ 이차함수 $y = -(x + 2)^2 + 3$의 그래프의 꼭짓점의 좌표는 $(-2, 3)$이다.

그러므로 설명으로 옳지 않은 것은 ④이다.

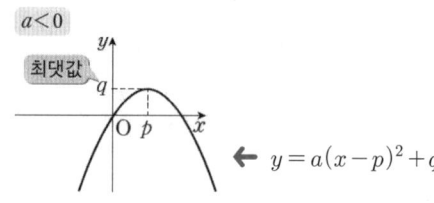

16 정답 ③

| 풀이 |

자료의 값 중에서 가장 많이 나타난 값이 그 자료의 최빈값이므로 줄기와 잎 그림에서 평균 점수는

62점, 63점, 65점, 67점, 67점, 68점

71점, 72점, 72점, 72점, 72점, 72점, 75점

81점, 85점, 86점, 88점, 89점

92점, 96점이다.

가장 많이 나타난 값은 72점 → 최빈값은 72점

17 정답 ②

| 풀이 |

그림에서 위쪽의 삼각형은 세 각이 모두 $60°$이므로 정삼각형이고, 정삼각형의 세 변의 길이는 같으므로 세 변 모두 5이다.

아래쪽의 삼각형의 두 밑각의 크기는 $30°$로 같으므로 이등변삼각형이고, 이등변삼각형의 두 변의 길이는 같으므로 $x=5$이다.

18 정답 ④

| 풀이 |

붙어 있는 두 삼각형 모두 직각삼각형이므로 피타고라스 정리에 의하여

$16^2+x^2=20^2$ → $256+x^2=400$ → $x^2=400-256$

→ $x^2=144$ → $x=\pm12$

삼각형의 변의 길이는 양수이므로 $x=12$이고

$12^2+y^2=13^2$ → $144+y^2=169$ → $y^2=169-144$

→ $y^2=25$ → $y=\pm5$

삼각형의 변의 길이는 양수이므로 y의 값은 5이다.

$\therefore x+y=12+5=17$

19 정답 ①

| 풀이 |

피타고라스 정리에 의하여

$\overline{BC}^2+\overline{AC}^2=\overline{AB}^2$이므로

$4^2+\overline{AC}^2=5^2$ → $16+\overline{AC}^2=25$ → $\overline{AC}^2=25-16$

→ $\overline{AC}^2=9$ → $\overline{AC}=\pm3$

삼각형의 변의 길이는 양수이므로 $\overline{AC}=3$이다.

$\overline{AB}=5$, $\overline{AC}=3$이고 $\sin B=\dfrac{\overline{AC}}{\overline{AB}}$이므로

$\sin B=\dfrac{3}{5}$이다.

20 정답 ③

| 풀이 |

한 호의 원주각의 크기는 모두 같다.

$\therefore x=40°$

	3교시		영어		
01 ③	02 ③	03 ④	04 ③	05 ④	
06 ③	07 ②	08 ③	09 ④	10 ①	
11 ②	12 ②	13 ①	14 ②	15 ①	
16 ①	17 ③	18 ②	19 ③	20 ②	
21 ③	22 ②	23 ②	24 ④	25 ③	

01 정답 ③

해석 부주의하게 운전하는 것은 매우 위험할 것이다.

어휘 dangerous 위험한

drive 운전하다

carelessly 부주의하게

02 정답 ③

해석 ① 무거운 – 가벼운　② 당기다 – 밀다
③ 높은 – 키 큰　④ 강한 – 약한

해설 ①·②·④ 반의어 관계, ③ 동의어 관계이다.

03 정답 ④

해석 A : 아버지 직업이 무엇인가요?
B : 그는 교사예요. 그는 중학생을 가르쳐요.
① 소방관　　　　② 경찰관
③ 요리사　　　　④ 선생님

해설 직업을 묻는 질문의 답이 '중학생을 가르치고 있다.'이므로 빈칸에 들어갈 아버지 직업은 교사이다.

04 정답 ③

해석 A : 그 소녀는 무엇을 하고 있는 중이니?
B : 그녀는 그림을 그리는 중이야.
① 먹고 있는, ② 날고 있는, ④ 쓰고 있는

어휘 picture 그림

05 정답 ④

해석 A : 무슨 색깔을 좋아하세요?
B : 저는 파란색과 흰색을 좋아해요.
① 자주　　　　② 음악
③ 학교　　　　④ 색

해설 질문의 답변으로 색깔이 제시되어 있으므로 질문은 색깔과 관련된 표현이 나와야 한다.

06 정답 ③

해석 • 나는 동물들을 좋아해요.
• 공기는 질소, 산소 그리고 수소로 구성되어 있다.

어휘 nitrogen 질소
oxygen 산소
hydrogen 수소

해설 be fond of는 '~을 좋아하다', be composed of 는 '~으로 구성되어 있다'라는 숙어이므로 빈칸에 공통으로 들어갈 단어는 'of'가 알맞다.

07 정답 ②

해석 A : 실례합니다. 타임빌딩에 어떻게 가나요?
B : 두 블록 직진하시고 우회전하세요. 당신 왼쪽에 있을 겁니다.
A : 고맙습니다.

어휘 excuse me 실례합니다
get to 가다
go straight 직진하다
block 블록
turn right 우회전하다

해설 두 블록 직진 후 우회전해서 왼쪽은 ② 위치이다.

08 정답 ③

해석 A : 네 책을 잃어버렸어. 내 잘못이야.
B : _____.
① 걱정하지 마　　② 신경 쓰지 마
③ 고마워　　　　④ 괜찮아

어휘 lose – lost 잃어버리다
fault 잘못

해설 잘못했다는 A에게 고맙다는 대답은 적절하지 못하다.

09 정답 ④

해석 A : 안녕하세요, 스피드 배달 서비스입니다. 저희는 오후에 당신의 사무실에 방문할 예정이에요.
B : 몇 시에 오실 예정인가요?
A : 아마도, 3시쯤 도착할 것 같아요.

어휘 delivery 배달
visit 방문하다
arrive 도착하다
around 약, ~쯤

해설 주어진 대화는 고객과 배달 서비스업체와의 배달시간을 정하는 글이다.

10 정답 ①

해석 A : 언제가 좋아요?
B : 오후 3시가 좋아요.
① 언제　　　　　② 어떻게
③ 누가　　　　　④ 무엇을

해설 B의 답변으로 보아 A는 시간에 관련된 질문이 제시되어야 한다.

11 정답 ②

해석 A : 이 신발은 얼마인가요?
B : 60달러입니다.

어휘 shoes 신발

해설 가격을 물을 때 how much를 사용한다.

12 정답 ②

해석 A : 여가 시간에 무엇을 하나요?
B : 저는 주로 딸과 함께 많은 시간을 보내요.
① 마지막으로　　② 보통, 주로
③ 최근에　　　　④ 거의 ~ 않는

어휘 free time 여가 시간
spend (시간을) 보내다

해설 A의 질문은 여가 시간에 무엇을 하는지를 묻는 질문이므로 답변에 들어갈 부사는 평소의 습관을 알려 줄 수 있는 부사인 usually가 적절하다.

13 정답 ①

해석 샘은 셋 중에서 키가 가장 작다.

해설 the + 최상급으로 샘은 키가 제일 작은 the shortest가 적절하다.

14 정답 ②

해석 A : 나 너무 배가 고파. 샌드위치 먹으러 가자.
B : 좋은 생각이야! 샌드위치가 얼마지?
A : 50센트야. 두 개를 사자.

어휘 hungry 배고픈

해설 50센트짜리 2개를 사면 총 금액은 1달러가 된다.

15 정답 ①

해석 나는 동물이에요. 당신은 나를 동물원에서 볼 수 있어요. 나는 손과 발을 가지고 있어요. 나는 나무를 매우 잘 타요. 나는 붉은 얼굴을 가지고 있어요. 나는 누구일까요?
① 원숭이　　　　② 토끼
③ 코끼리　　　　④ 개

어휘 animal 동물
zoo 동물원
climb 오르다

해설 주어진 보기 중 나무를 잘 타는 동물은 원숭이이다.

16 정답 ①

해석 1년에 4계절이 있어요. 봄, 여름, 가을, 겨울이에요. 봄에 우리는 새로운 잎들을 볼 수 있어요. 여름의 색은 녹색이에요. 매우 덥죠. 그러나 나는 여름을 좋아해요. 수영장에서 수영할 수 있어요. 가을에는 모든 산이 빨갛고 노랗게 변해요. 겨울에는 눈이 많이 내려요. 모든 것이 하얗게 변해요.

어휘 season 계절
turn 바꾸다

해설 첫 번째 문장이 이 글의 주제문이고 나머지는 4계절에 대한 설명이다.

17 정답 ③

해석 TV 프로그램
오전 7시 뉴스 투데이
오전 8시 드라마
오후 1시 음악 세계
오후 3시 농구

해설 프로그램이 일치하는 것은 ③이다.

18 정답 ②

해석 A : 나에게 자전거 타는 법을 가르쳐 줄래요?
B : 물론이죠, 우리 집으로 오실래요?

어휘 teach 가르치다

해설 A는 B가 자신에게 자전거 타는 법을 가르쳐 주길 원하고 있다.

19 정답 ③

해석 Joe는 야구 경기를 보러 갔다. 그가 좌석을 찾고 있을 때, 그는 한 남자가 좌석에 앉아서 다른 좌석에 그의 가방과 코트를 올려 둔 것을 보았다. Joe는 호기심이 생겼다. 그는 남자에게 왜 그가 2장의 티켓을 구매했는지를 물어봤다.
① 어려운　　　　　② 무관심한
③ 호기심이 있는　　④ 외로운

어휘 seat 좌석

해설 마지막 문장에 Joe가 궁금해서 질문을 건넸으므로, 그와 관련된 ③이 빈칸에 들어가기에 적절하다.

20 정답 ②

해석 A : 이 화병을 어디에 둘까요?
B : 테이블 위에요. 조심하세요, 그렇지 않으면 당신은 그걸 깰 거예요.

어휘 vase 화병
be careful 조심해
break 깨다

해설 B는 A가 화병을 깨지 않도록 주의를 주고 있다.

21 정답 ③

해석 Brown 선생님께,
저는 제 가장 친한 친구와 문제가 생겼어요. 저는 어렸을 때부터 그녀를 알아 왔어요. 나는 그녀를 잃고 싶지 않아요. 그러나 미안하다고도 말하고 싶지 않아요. 제가 어떻게 그녀와 화해할 수 있을까요?

어휘 trouble 문제
lose 잃다
make up with 화해하다

해설 이 글은 친한 친구와의 문제로 상담하기 위해 쓴 글이다.

22 정답 ②

해석 • 차가운 것을 먹지 마세요.
• 내일까지 샤워하지 마세요.
• 하루에 한 번 약을 드세요.

어휘 take a shower 샤워하다
take a medicine 약을 먹다

23 정답 ②

해석 관광 사업은 나라에 돈을 가져온다. 그리고 그것은 많은 사람들에게 일자리를 제공한다. 하지만, 관광 사업이 항상 좋은 것만은 아니다. 그것은 자연 지역과 지역 문화에 피해를 줄 수 있다.
① 예를 들어　　　　② 그러나, 하지만
③ 요약하면　　　　④ 그러므로

어휘 bring 가져오다
money 돈
country 나라
provide 제공하다
job 일, 일자리
damage 피해를 주다
natural area 자연 지역
local 그 지역의
culture 문화

해설 앞의 내용과 반대되는 내용이 뒤에 이어지므로 However가 빈칸에 알맞다.

24 정답 ④

해석 Galileo는 이탈리아에서 똑똑한 천문학자였다. 그는 1564년에서 1642년까지 살았다. 그 당시에 대부분의 사람들은 과학에 대해 알지 못했으나, Galileo는 과학을 좋아했다. 그는 1609년에 작은 망원경을 만들었다. 그는 망원경을 통해서 하늘을 보았다.

어휘 astronomer 천문학자
science 과학
telescope 망원경

해설 세 번째 문장에서 그 당시 대부분의 사람들은 과학을 알지 못했다고 제시되어 있으므로 ④ 과학을 잘 안다라는 표현은 내용과 다르다.

25 정답 ③

해석 지구는 요즘 아프다. 자연을 더 좋게 만들기 위해 뭔가를 해 본 적이 있나? 여기에 몇 가지 아이디어가 있다.

어휘 earth 지구
sick 아픈
nowadays 요즘
try 시도하다
nature 자연
idea 아이디어

해설 지구의 환경을 좋게 만드는 방법이 이어지는 내용으로 알맞다.

4교시 사회

01	③	02	④	03	②	04	④	05	①
06	④	07	④	08	④	09	③	10	③
11	③	12	①	13	③	14	④	15	④
16	②	17	②	18	①	19	②	20	①
21	④	22	③	23	④	24	①	25	①

01 정답 ③

지도는 지표면의 여러 가지 지리적 현상을 공간에 일정한 비율로 줄여서 표현한다.

③ 축척은 실제 거리를 지도상에 줄여서 나타낸 비율을 말한다.

⊗ **오답피하기**

① 방위는 지도에서 방향을 나타내는 것, 방위 표시가 없을 때는 지도의 위쪽을 북쪽으로 본다.

② 기호는 지표면의 여러 가지 현상을 지도에 간단히 표현하는 일종의 약속이다.

④ 지형은 땅의 형태를 말한다.

02 정답 ④

사막은 강수량이 적어 농사짓기에 불리하지만, 비교적 물을 쉽게 얻을 수 있는 외래 하천이나 오아시스를 중심으로 밀, 목화, 대추야자 등을 재배한다. 일부 지역에서는 지하 관개 수로를 이용하여 관개 농업이 이루어진다. 사막 지역 사람들은 주변에서 쉽게 구할 수 있는 흙을 이용하여 흙집이나 흙벽돌집을 짓는다. 또한 골목길이 그늘지도록 건물을 다닥다닥 붙여서 지으며, 비가 거의 오지 않아 가옥의 지붕을 평평하게 한다.

④ 비가 많이 내리는 지역에서는 전통적으로 침수를 방지하기 위해 바닥에서 높게 터를 돋우어 집을 짓는다.

03 정답 ②

제시된 내용은 피오르 해안에 대한 설명이다. 빙하의 침식으로 형성된 U자곡이 바닷물에 침수되어 생긴 해안이다.

04 정답 ④

지진이 자주 발생하는 지역에서는 건물에 내진 설계를 하고, 지진 피해를 최소화하기 위해 평상시에 지진 대피 훈련을 한다. 돌이나 흙보다 지진의 충격에 잘 견디는 나무를 건축 재료로 많이 사용하며, 해안 지역에서는 지진의 영향으로 지진 해일이 발생하여 엄청난 인명과 재산 피해를 입기도 한다.

④ 주민들은 주로 평지에 거주한다.

05 정답 ①

위성 도시란 대도시 주변에 위치하여 대도시와 밀접한 관련을 맺고 주거, 행정, 공업, 군사 기능 등을 분담하고 있는 도시를 말한다.

오답피하기

② 도심은 도시의 중심부에 위치하여 교통이 편리하고 고층 건물이 밀집되어 있다. 또한 접근성이 높아 행정·금융 기관, 백화점, 대기업의 본사 등이 집적된 중심 업무 지구를 형성한다.

③ 중간 지역에는 도심에서 밀려난 상업 시설과 빈민촌이 분포한다.

④ 개발 제한 구역은 도시의 무질서한 팽창을 막기 위해 설정된 구역이다.

06 정답 ④

㉠에 해당하는 것은 문화 접촉, ㉡에 해당하는 것은 문화 전파이다. 문화 접촉이나 문화 전파를 통해 둘 이상의 서로 다른 문화가 만나면 지역의 고유한 문화 형태에 변화가 나타나게 되는데, 이러한 현상이나 과정을 문화 변용이라고 한다.

07 정답 ④

배타적 경제 수역(EEZ)에서는 에너지 탐사 및 생산, 자원 탐사 및 개발, 해양 환경 보호에 관한 관할 등에 대해 연안국의 독점적 권리를 인정하고 있다.

오답피하기

① 우리나라의 영토는 한반도와 주변의 부속 도서로 구성된다.

② 공해는 어느 나라의 주권에도 속하지 않으며, 모든 나라가 공통으로 사용할 수 있는 바다이다.

③ 영공은 영토와 영해의 상공으로 항공 교통의 발달에 따라 중요성이 점차 커지고 있다.

08 정답 ④

화산, 지진 활동 등 지각 변동이 심한 조산대에 위치한 국가들에서는 지하수나 지하의 열을 이용하여 전력을 생산하는 지열 발전이 활발히 이루어진다.

오답피하기

① 조력 발전은 만조 때와 간조 때의 수위 차를 이용해 전력을 생산해 내므로 조석 간만의 차가 큰 해안에서 개발하기 유리하다.

② 풍력 발전은 바람을 이용하여 발전기의 날개를 회전시켜 전기를 생산하는 것이다. 따라서 바람의 운동 에너지를 전기 에너지로 전환한 것이다. 우리나라의 제주도, 대관령 등과 같은 해안·산지 지역에는 바람이 강하게 불어 풍력 발전소가 건설되어 있다.

③ 수력 발전소는 낙차가 크고 유량이 풍부한 곳에 건설해야 전력을 많이 생산할 수 있다.

09 정답 ③

한 개인이 사회 내에 소속한 집단이나 조직 속에서 차지하는 위치를 사회적 지위라고 하는데, 사회적 지위는 귀속 지위와 성취 지위로 나눌 수 있다. 여자, 남자, 인종처럼 태어나면서부터 자연적으로 주어지는 지위를 귀속 지위라고 한다.

③ 학생, 의사처럼 개인의 재능이나 노력으로 차지하는 지위를 성취 지위라고 한다.

10 정답 ③

(가) 정부, (나) 법원의 역할에 대한 설명이다.

11 정답 ③

헌법은 국가의 기본 질서를 정하고 국민의 기본권을 보장하는 최상위법으로 국민의 기본권 보장을 근본 이념으로 한다.

① **민법** : 재산, 신분 등과 관련된 개인의 일상적인 생활 관계를 규율하는 법이다.

② **형법** : 범죄의 종류와 형벌의 정도를 규정한 법으로 공법에 해당한다.

④ **사회법** : 국가가 사적 영역에 개입하여 사회적 약자를 보호하기 위해 만든 법이다.

12 정답 ①

지역 주민은 지방 선거에 참여하여 지역의 대표를 선출하거나 직접 선거에 출마할 수 있다. 또한 공청회에 참여하여 자신의 의견을 제시할 수 있으며, 지방 행정 기관에 주민 청원이나 주민 발의를 함으로써 지역 정치에 참여하기도 한다. 이외에도 지역 사회의 중요한 현안을 주민의 투표로 결정하는 주민 투표, 선거로 선출된 대표를 임기 중에 소환하여 주민 투표로 해임을 결정하는 주민 소환, 지방 자치 단체의 예산 편성 과정에 주민이 직접 참여하는 주민 참여 예산제 등을 통해 지역 주민의 정치 참여가 이루어진다.

13 정답 ③

인간의 필요와 욕구는 무한한 데 비하여 이를 충족시킬 수 있는 자원은 상대적으로 부족하다. 이러한 자원의 희소성으로 인해 사람들은 '무엇을 얼마나 생산할 것인가', '어떠한 방법으로 생산할 것인가', '누구를 위하여 생산할 것인가'와 같은 경제 문제를 해결해야 한다.

14 정답 ③

자산에는 현금, 예금, 주식, 채권 등의 금융 자산과 자동차, 부동산 등의 실물 자산이 있다.

15 정답 ④

행정 재판은 행정 기관의 잘못으로 개인이 권리를 침해당했을 때 국가를 상대로 이를 고쳐 줄 것을 요구하는 재판이다.

① **민사 재판** : 개인과 개인 간의 다툼을 다루는 재판이다.

② **형사 재판** : 범죄의 유무와 처벌 정도를 결정하는 재판이다. 형사 재판에서는 범죄를 저지른 것으로 생각되는 사람이 피고가 되고 검사는 원고가 된다.

③ **가사 재판** : 가족 및 친족 간의 분쟁, 가정에 관한 일반적 사건에 대한 재판이다.

16 정답 ②

위헌 법률 심판은 재판을 할 때 관련되는 법률이 헌법에 위배되는지의 여부를 판단하여 이를 바로잡는 제도이다. 이때 해당 법률이 헌법에 위배된다는 결정이 내려지면 그 법률은 효력이 없어진다.

① **탄핵 심판** : 대통령을 비롯한 특정 고위 공무원이 위법 행위를 했을 때 그에 따른 처벌이나 파면 여부를 판단하는 재판을 말한다.

③ **헌법 소원** : 공권력의 행사 또는 불행사로 국민의 기본권이 침해된 경우에 국민이 헌법 재판소에 자신의 침해된 기본권의 구제를 청구할 수 있는 제도이다.

④ **위헌 정당 해산 제도** : 정당의 목적이나 활동이 민주적 기본 질서에 위배될 경우 헌법 재판소의 심판에 의하여 해산될 수 있게 한 제도이다.

17 정답 ②

고려 광종은 관직을 독차지하려는 중앙 관리들의 힘을 견제하기 위해서 과거제를 시행하여 국왕에게 충성하는 새로운 관리를 뽑을 수 있었다. 또, 왕권 강화 수단으로 원래 노비가 아니었는데 전쟁에서 포로로 잡혔거나, 빚을 갚지 못하여 강제로 노비가 된 자를 파악하여 이전의 상태로 되돌려 놓는 노비안검법을 실시하여 호족의 세력을 약화시키고 국가의 수입을 확대하였다.

18 정답 ①

제시된 내용은 무령왕릉에 대한 설명이다. 벽돌무덤인 무령왕릉은 6세기 전반 백제가 중국 남조의 양과 밀접한 관계를 맺었다는 것을 보여 주는 유적이다. 무령왕릉은 도굴의 피해가 없었던 유일한 백제 왕릉으로, 백제 왕과 왕비의 금관과 금동관, 금동 신발, 중국돈(오수전) 등이 출토되었다.

19 정답 ②

발해는 고구려 장군 출신 대조영이 건국하였다. 지배 계층은 고구려인으로 일본에 보낸 외교 문서에서 발해를 고려, 발해 왕을 고려 국왕으로 칭하였다.

20 정답 ①

소손녕이 이끄는 거란군이 쳐들어오자 당시 고려에서는 서경 이북 지방을 내주고 화의를 맺자는 주장이 나왔다. 이때 서희가 외교 협상에 나서 고려가 고구려를 계승하였음을 주장하고, 여진이 차지한 압록강 동쪽의 땅을 돌려준다면 송과의 관계를 끊기로 약속하였다. 그 결과 거란이 물러났고, 고려는 여진족을 몰아내고 압록강 동쪽의 강동 6주를 차지하였다.

⊗ 오답피하기

② 윤관은 여진족의 침입에 대항하여 별무반을 편성한 다음 동북 9성을 개척하였다.

③ 거란의 3차 침입 때는 강감찬이 귀주에서 거란군을 격파하였다.

④ 김윤후는 몽골 침입 때 처인성에서 몽골 장수 살리타를 사살한 승려이다.

21 정답 ④

조선 후기 영조는 당파에 관계없이 인재를 고루 등용하는 탕평책을 실시하였고 이를 널리 알리기 위해 탕평비를 세웠다. 또한 민생 안정을 위해 군대에 가지 않는 대신 내는 베를 1년에 1필로 줄여 주는 균역법을 실시하였으며, 형벌 제도를 완화하고 신문고를 부활시켰다.

⊗ 오답피하기

① 납속은 곡물 등을 낸 사람에게 관직을 주거나 신분을 올려 주는 것이다.

② 조선 후기 정부는 실제의 물건으로 걷던 세금을 땅의 많고 적음에 따라 쌀, 삼베나 무명, 동전 등으로 내게 하는 대동법을 실시하였다.

③ 조선 후기에는 영정법을 시행하여 전세를 풍년이건 흉년이건 관계없이 토지 1결당 미곡 4~6두로 고정시켰다.

22 정답 ③

조선 시대의 서원은 훌륭한 유학자를 제사 지내고 성리학을 연구하는 사립 교육 기관이다. 중종 때 풍기 군수 주세붕이 성리학을 도입한 안향을 기리기 위해 세운 백운동 서원이 시초이며, 이후 사림이 중앙 정계에 진출하면서 서원이 크게 늘어났다. 국가에서는 사액 서원을 지정하여 토지와 노비, 서적 등을 지급하고 학문 연구를 장려하였다.

⊗ 오답피하기

① 서당 : 사립 초등 교육 기관으로 한문과 초보적인 유학을 가르쳤다.

② 향교 : 조선 시대 각 지방에 설치한 국립 교육 기관이다.

④ 성균관 : 최고 국립 교육 기관으로 수준 높은 유학 교육을 실시하였다.

23 정답 ④

흥선 대원군은 왕권 강화를 위해 안동 김씨 세력을 축출하고 비변사를 축소 폐지한다. 법전으로 『대전회통』, 『육전조례』를 편찬하였다.

24 정답 ①

위정척사 운동은 서양・일본과의 수교와 정부의 개화 정책 추진에 반대하면서, 우리나라 고유의 전통과 유교 문화를 지키자는 운동이다. 위정척사란 '바른 것을 지키고, 그릇된 것을 배척한다'는 뜻이다. 여기서 바른 것은 우리나라의 전통적인 유교 문화를 뜻하고, 그릇된 것은 서양의 문화와 질서를 뜻한다. 최익현은 대표적인 위정 척사 운동가이다.

⊗ 오답피하기
② 어윤중은 온건 개화파의 대표적 인물이다.
③ 전봉준은 동학 농민 운동의 지도자이다.
④ 임오군란 이후 심화된 청의 내정 간섭과 민씨 정권의 소극적인 개화 정책에 불만을 품은 김옥균 등 급진 개화파들은 우정총국 개국 축하연을 계기로 갑신정변을 일으켰다.

25 정답 ①

3・15 부정 선거에 반발하여 전국적으로 4・19 혁명이 일어났다. 그 결과 이승만이 대통령직에서 물러났다.

5교시 과학

01	②	02	③	03	②	04	②	05	③
06	①	07	①	08	③	09	③	10	①
11	④	12	④	13	③	14	①	15	④
16	④	17	③	18	③	19	③	20	④
21	①	22	③	23	①	24	③	25	②

01 정답 ②

부력은 액체나 기체 속에 있는 물체가 그 액체나 기체로부터 받는 위쪽으로 밀어 올리는 힘으로 중력 방향과 반대 방향인 위쪽으로 작용한다.

02 정답 ③

소리의 3요소는 소리의 높낮이, 소리의 세기, 음색이 있고 이 중 파형의 차이로 인해 음색의 차이가 발생해 같은 세기, 같은 높낮이로 소리가 발생해도 다르게 들린다.

03 정답 ②

역학적 에너지 = 위치 에너지 + 운동 에너지이고, 물체는 정지해 있으므로 운동 에너지는 0이다. 따라서 역학적 에너지의 크기는 위치 에너지와 같다.
위치 에너지 = 9.8 × 질량 × 높이
= 9.8 × 5kg × 2m = 98J이다.

04 정답 ②

전구 (가)와 (나)는 병렬 연결되었으므로 A지점은 흐르는 전류는 B와 C 지점으로 나뉘어 흐르게 된다. A지점의 6A가 B지점으로 2A만큼 흘렀으므로 C지점은 4A의 전류가 흐른다.

05 정답 ③

흰색 옷은 비추는 모든 빛을 반사하다 빨간색, 초록색, 파란색의 빛 중 파란색 조명이 꺼지면 빨간색, 초록색 빛만 반사하므로 옷은 노란색으로 보인다.

06 정답 ①

'전력량 = 소비 전력 × 사용 시간'이다. 따라서 세탁기 80Wh, 전기 오븐 70Wh, 전구 50Wh, 선풍기 50Wh로 세탁기의 전력량이 가장 크다.

07 정답 ①

A : 고체, B : 고체+액체, C : 액체, D : 액체+기체 상태로 존재한다.

⊗ 오답피하기

② B구간은 고체가 융해되고 있고, 이때 일정하게 유지되는 온도를 녹는점이라고 한다.

③ C구간은 액체 상태로 열에너지를 흡수하여 온도가 높아진다.

④ D구간의 액체가 기화되고 있고, 이때 일정하게 유지되는 온도를 끓는점이라고 한다.

08 정답 ③

수영을 하고 나오면 몸에 묻은 물이 기화하면서 열에너지를 흡수하여 몸의 온도가 낮아져 추위를 느끼게 된다. 더운 여름날 마당에 물을 뿌리면 마당의 물이 기화하면서 주변의 온도가 낮아져 시원하다.

⊗ 오답피하기

① 액체 파라핀이 응고하면서 열에너지를 방출하여 손이 따뜻해진다.

② 얼음집 내부에 뿌린 물이 응고하면서 열에너지를 방출하여 내부의 온도가 높아진다.

④ 수증기가 얼음 알갱이로 승화하면서 열에너지를 방출하여 포근하다.

09 정답 ③

불꽃 반응은 물질에 포함된 금속 원소의 종류에 따라 색이 달라진다. 염화 나트륨, 탄산 나트륨, 질산 나트륨은 모두 나트륨을 포함하므로 노란색 불꽃색이 나타나고, 염화 칼슘은 칼슘 원소에 의해 주황색 불꽃색이 나타난다.

10 정답 ①

용해도는 어떤 온도에서 용매 100g에 최대로 녹을 수 있는 용질의 질량을 g으로 나타낸 값으로, 고체 물질은 대부분 온도가 높아질수록 증가하고 압력의 영향은 거의 받지 않는다. 기체의 용해도는 온도와 압력의 영향을 크게 받아 온도와 압력을 함께 표시해야 한다.

11 정답 ④

화합물이 형성될 때 화합물을 구성하는 원소 사이에는 일정한 질량비가 성립한다. 구리 : 산화 구리(Ⅱ)의 질량비는 4 : 5 이므로 산화 구리(Ⅱ) 15g을 얻기 위해 필요한 구리의 질량은 12g이다.

12 정답 ④

일정한 온도와 압력에서 기체의 반응이 일어날 때 반응하는 기체와 생성되는 기체의 부피 사이에는 일정한 정수비가 성립한다. 수소 : 산소 : 수증기는 2 : 1 : 2의 부피비가 형성되므로 40mL의 수소가 완전히 반응하여 생성되는 수증기는 40mL이다.

13 정답 ③

생물 다양성은 일정 생태계 내 생물이 다양한 정도를 뜻한다. 생물 다양성은 유전자 다양성, 종다양성, 생태계 다양성을 모두 포함한다.

⊗ 오답피하기

① 변이 : 같은 생물 종 내에서 나타나는 서로 다른 특징을 말한다.

    예 같은 종류 무당벌레의 껍데기 무늬와 색이 다르다.

② 생물 분류 : 생물을 일정한 기준에 따라 나누는 것이다.

④ 원핵생물계 : 세포 내에 막으로 둘러싸인 핵이 없는 생물 무리를 말한다.

14 정답 ①

짚신벌레, 유글레나, 미역, 다시마는 모두 원생생물계에 속한다. 원생생물계는 핵이 있는 생물 중 식물계, 균계, 동물계에 속하지 않는 생물을 말한다. 원생생물계에 속하는 생물은 기관이 발달하지 않았다.

15 정답 ④

광합성량에 영향을 주는 요인은 빛의 세기, 이산화 탄소 농도, 온도이다.

16 정답 ④

판막(D)은 혈액이 거꾸로 흐르는 것을 막아 주는 부분으로 정맥에 존재한다.

⊗ 오답피하기

① A(동맥) : 심장에서 나오는 혈액이 흐르는 혈관으로 혈관 벽이 두껍고, 탄력성이 강하다.
② B(모세 혈관) : 온몸에 그물처럼 퍼져 있는 가느다란 혈관으로 한 층의 세포로 되어 있어 매우 얇다.
③ C(정맥) : 심장으로 들어가는 혈액이 흐르는 혈관으로 혈압이 낮고, 혈액이 거꾸로 흐르는 것을 막는 판막이 있다.

17 정답 ③

간은 소화계에 속하는 기관으로 포도당을 저장할 수 있다. 또한 소화액인 쓸개즙을 생성하고, 독성이 강한 암모니아를 요소로 전환한다.

⊗ 오답피하기

① 심장 : 순환계
② 오줌관 : 배설계
④ 폐 : 호흡계

18 정답 ③

분리의 법칙에 의해 쌍으로 존재하는 유전자는 2개 중 1개만 생식세포로 들어가 자손에게 전달된다. 따라서 유전자형이 Rr인 잡종 1대는 R이나 r이 들어 있는 생식세포를 만들 수 있다.

⊗ 오답피하기

ㄱ. 둥근 완두로부터 R, 주름진 완두로부터 r을 받아 Rr이 된다.
ㄴ. 우열의 원리에 의해 Rr의 표현형은 우성 형질인 둥근 모양만 나타난다.

19 정답 ③

식물 세포는 세포 분열 말기에 세포판이 형성되어 세포질 분열이 일어난다.

⊗ 오답피하기

① · ② 체세포 분열은 1번 분열하여 모세포와 염색체 수가 변화 없는 딸세포 2개가 형성된다. 전기에 염색체 수가 4개이므로 딸세포의 염색체 수도 4개로 동일하다.
④ 상동 염색체가 접합한 2가 염색체는 감수 1분열 전기에 나타난다.

20 정답 ④

A : 지각, B : 맨틀, C : 외핵, D : 내핵
내핵(D)은 고체 상태로 철과 니켈로 이루어져 있다. 지권의 가장 안쪽에 있는 층으로 온도와 압력, 밀도가 가장 크다.

21 정답 ①

과거 생물의 유해나 흔적을 화석이라고 한다. 층리와 화석이 나타나는 암석은 퇴적암이다.

⊗ 오답피하기

화강암, 현무암은 마그마가 식어 형성된 화성암, 편마암은 암석이 열과 압력을 받아 성질이 변한 변성암이다.

22 정답 ③

중간권(C)은 수증기가 거의 존재하지 않아 기상 현상이 나타나지 않는다.

23 정답 ①

염분은 해수 1kg에 녹아 있는 염류의 g수이다. 해수 2kg에 녹아 있는 염류가 60g이므로 해수 1kg에 녹아 있는 염류는 30g이다.

24 정답 ③

지구 자전에 의해 낮과 밤의 변화, 천체의 일주 운동이 나타난다.

⊗ 오답피하기

① 계절별 별자리 변화 : 지구 공전에 의해 계절별 별자리의 변화가 생긴다.
② 일식 : 달이 지구 주위를 공전하여 달이 태양을 가리는 현상이다.
④ 흑점 : 태양의 활동으로 인해 주위보다 온도가 낮아져 어둡게 보이는 부분이다.

25 정답 ②

겉보기 등급과 절대 등급이 같은 별은 지구로부터 10pc 거리에 위치한다.

⊗ 오답피하기

겉보기 등급이 절대 등급보다 큰 별 A, C, D는 모두 10pc보다 멀리 있는 별이다.

01	②	02	④	03	①	04	①	05	②
06	④	07	③	08	①	09	④	10	①
11	④	12	①	13	①	14	④	15	④
16	③	17	④	18	④	19	④	20	③
21	③	22	③	23	③	24	③	25	②

01 정답 ②

양심은 우리가 자발적으로 바람직한 행동을 하도록 이끌고, 잘못했을 때에는 죄책감과 부끄러움을 느끼게 한다.

02 정답 ④

바람직한 가정을 이루기 위해서는 가족 간의 이해와 배려, 말이나 행동에 의한 감정 표현, 예의 준수와 충분한 대화 등이 필요하다. 또한 가족 구성원의 생일이나 기념일에 모두 모여 축하해 준다거나, 취미 생활 및 자원 봉사 활동 등을 함께 함으로써 서로를 이해하고 가족의 소중함을 느낄 수 있디.
④ 가족 간의 유대감이 약화된 것이 가족 간 갈등의 원인이다.

03 정답 ①

다양한 도덕적 문제가 생겼을 때 이를 도덕적으로 해결하기 위해 스스로 판단하고 선택하는 모든 지적 노력을 도덕적 사고라고 한다. 도덕적 사고를 할 때, 도덕적 지식은 더욱 넓어지게 되고 상황에 알맞은 도덕적 판단을 내릴 수 있다.

04 정답 ①

자신의 기분에 맞춰 친구를 대할 경우, 자신의 기분이 안 좋으면 친구를 막 대하게 되므로 갈등이 발생할 수 있다.

05 정답 ②
사회적 약자에 대한 개인적 차원의 노력과 제도적 차원의 노력이 모두 필요하다.

06 정답 ④
인터넷상에서 익명성은 자신의 신분이 노출되지 않는 특징을 가지고 있으며, 자신의 의견을 자유롭게 표현할 수 있게 하는 순기능이 있는 반면, 도덕적인 책임을 떨어뜨려 악성 댓글 등 비도덕적인 행위를 유발하는 역기능을 가지고 있다.

07 정답 ③
분단 비용은 분단 상태가 계속되면 그에 따라 끝도 없이 소모해야 하는 비용이므로 장기적으로 보면 분단 비용이 통일 비용보다 더 많이 들게 된다.

08 정답 ①
가치 판단은 어떤 대상의 가치에 내리는 판단으로, 개인의 가치관에 따라 판단의 결과가 달라질 수 있다.
⊗ 오답피하기
②·③·④ 사실 판단에 해당한다.

09 정답 ④
북한 이탈 주민이 남한 사회에 적응하기 위해서는 주변 사람들의 관심과 도움이 필요하다. 북한 이탈 주민의 빠른 정착을 위해서는 '북한 출신'이라는 편견을 버리고 그들을 우리와 함께 살아가야 할 이웃으로 생각해야 한다. 또한 북한 이탈 주민의 경제적 자립과 남한 문화에 대한 적응을 돕기 위해 생계비 지원, 취업 알선, 적응 프로그램 보급, 주거 시설 지원, 직업 훈련 등과 같은 제도적 차원의 지원도 필요하다.

10 정답 ①
우리는 도덕적 성찰을 통해 내면의 도덕적인 목소리에 귀를 기울임으로써 자신의 인격과 성품을 아름답게 가꾸어 갈 수 있다.

11 정답 ④
봉사 활동은 타인과 사회에 사랑과 나눔을 실천하는 것으로, 참된 봉사 활동은 다른 사람에 대한 사랑을 바탕으로 자발적으로 이루어져야 한다. 또한 돈이나 대가를 바라지 않으며, 시간과 노력을 들여 지속적으로 이루어져야 한다.

12 정답 ①
우리는 다문화 이웃이 우리 문화에 익숙하지 않아 겪는 어려움에 공감하고 그들을 배려해 우리 사회의 구성원으로 자리 잡을 수 있도록 도와주어야 한다.

13 정답 ①
도덕적 상상력이란 도덕적 문제 상황에서 상대방의 처지를 헤아리며, 도움이 되는 여러 행동을 상상하여 그 결과를 예측해 볼 수 있는 능력을 말한다.

14 정답 ④
서양의 아리스토텔레스는 진정한 행복에 이르기 위해서는 인간답게 생각하고 실천하는 도덕적 성품을 가지고 도덕적 행동을 습관화할 필요가 있다고 강조하였다.

15 정답 ④
특정 계층의 이익을 극대화하는 것은 정의로운 사회 제도라고 볼 수 없다.

16 정답 ③
제시문은 희망에 대한 설명이다.

17 정답 ④
인권은 인간이 지니는 기본적인 권리이자 인간 존엄성을 보장하기 위한 권리로 보편적 가치, 천부 인권, 불가침의 원리 등이 특징을 가진다.

18 정답 ④

제시문은 시민 불복종에 대한 설명이다. 시민 불복종의 정당화 조건에는 행위 목적의 정당성, 비폭력성, 최후의 수단, 처벌 감수 등이 있다.

19 정답 ④

정의로운 국가는 모든 구성원이 행복하게 살아갈 수 있도록 노력하는 국가이다. 따라서 무력을 통한 영토 확장은 전쟁에 국민이 동원되어야 하기 때문에 옳지 않고 모든 국민에게 동일한 세금을 부과하는 것은 정의롭지 않다.

20 정답 ③

나에게 고통을 준 사람에 대해 꾸짖거나 벌하지 않고 너그럽게 감싸 주고 긍정적인 마음으로 대하는 것을 용서라고 한다. 용서를 통해 마음의 평화를 얻을 수 있다. 또한 용서는 인간관계 개선과 사회 화합의 계기가 된다.

⊗ 오답피하기

용서는 다른 사람에 대한 부정적인 감정을 제거하여 원만한 인간관계를 형성하는 데 도움을 줄 뿐만 아니라 공동체의 분쟁을 해결하고 서로 화합하는 데 도움이 된다.

21 정답 ③

타인 존중은 서로가 서로를 소중히 함으로써 인간의 존엄성을 지켜 내고 우리 사회를 평화롭고 아름다운 사회로 만드는 데 도움이 된다. 또한 타인을 존중하지 않으면서 자신이 존중받기를 기대할 수도 없다.
③ 인간 그 자체는 수단이 아닌 목적이 되어야 한다.

22 정답 ③

부패를 발생시키는 사회적 측면에는 부패를 유발하는 사회의 풍토로 연고주의, 정실주의, 목표 지상주의 등이 있다.
• **정실주의** : 아는 사람에게 관대한 처분을 하는 것
• **목표 지상주의** : 과정이 잘못되었다고 해도 결과가 좋으면 용인하는 것

23 정답 ③

국가는 국민의 안전하고 행복한 삶을 위하여 다양한 역할을 수행한다. 국가는 화재나 지진 발생 시 국민의 생명과 안전을 보장하며 사회 질서를 유지하고 갈등을 조정한다. 또한 여러 가지 사회 보장 제도를 통해 모든 국민의 인간다운 삶을 보장하기 위해 노력한다.

24 정답 ③

도덕적 자아란 도덕적인 잣대로 자신을 평가하며, 도덕성을 기준으로 바라본 '나'이다. 도덕적 자아가 강한 사람은 자신을 도덕적으로 인정할 만한 사람으로 느끼며 떳떳한 삶을 살기 위해 노력한다.

25 정답 ②

과학 기술의 잘못된 활용으로 이미 많은 동식물이 멸종 위기에 처해 있다. 또 자정 능력을 넘어선 환경 오염으로 인해 생태계가 파괴되어 전 지구가 몸살을 앓고 있다. 이렇게 한번 훼손된 생명과 생태계는 이전의 상태로 회복되기 어렵다. 따라서 우리는 생명과 생태계를 적극적으로 보호하면서 과학 기술을 활용하여야 한다.

1교시	국어

01	③	02	③	03	③	04	②	05	②
06	②	07	③	08	④	09	③	10	②
11	③	12	①	13	③	14	②	15	①
16	②	17	③	18	①	19	①	20	②
21	②	22	①	23	③	24	①	25	④

01 정답 ③

말하는 이, 듣는 이, 시간과 장소, 의도와 목적 등의 상황 맥락은 담화의 의미에 큰 영향을 미치기 때문에 이를 고려하여 담화의 의미를 파악해야 한다. 영수와 지민의 대화 상황을 볼 때, 영수의 발화는 의문의 형식을 띠고 있지만, 의도를 고려할 때 지민에게 창문을 닫아 달라는 요청을 하고 있음을 알 수 있다.

02 정답 ③

'독도 방문객 수 월별 그래프'는 글의 주제인 '독도를 바르게 알자.'의 세부 내용에 포함되지 않는 내용이므로 조사 내용으로 적절하지 않은 자료이다.

오답피하기

① 독도 자원 조사 보고서 – 독도의 자원
② 독도의 지리와 관련된 서적 – 독도의 위치
④ 독도에서 관찰된 동식물 사진 – 독도의 생물

03 정답 ③

'스포츠(sports)'는 외국에서 들어와 우리말처럼 쓰이는 말로 '외래어'이다.

+ 더 알고가기

어휘의 분류

고유어	우리말에 본디부터 있었거나 우리말에 기초하여 새로 만들어진 말
한자어	한자에 기초하여 만들어진 말
유행어	비교적 짧은 시기에 걸쳐 사람들의 입에 오르내리는 말
전문어	특정 분야에서 전문 개념을 표현하기 위해 쓰는 말
은어	다른 사람들이 알아듣지 못하도록 자기네 구성원들끼리만 비밀스럽게 사용하는 말

04 정답 ②

산책하러 나가기 어렵다는 것을 설명하고, 거절할 때는 직설적으로 말하는 것보다 아버지의 기분을 고려하여 완곡하게 표현하는 것이 좋다.

05 정답 ②

② 꽃을 – 목적어

오답피하기

① 뛰어갔다 – 서술어
③ 선생님이 – 보어
④ 고양이가 – 주어

06 정답 ②

② '하늘'은 하나의 어근으로 이루어진 '단일어'이다.

오답피하기

① 덧버선 : '덧(접사) + 버선(어근)'으로 이루어진 파생어
③ 돌다리 : '돌(어근) + 다리(어근)'로 이루어진 합성어
④ 손발 : '손(어근) + 발(어근)'로 이루어진 합성어

07 정답 ③

③ '생일에 미역국을 먹었다.'는 정보를 그대로 전달하는 것으로, 특별한 의미로 사용되지 않았다.

⊗ 오답피하기

① 발이 넓다 : 사귀어 아는 사람이 많아 활동하는 범위가 넓다.

② 눈이 높다 : 정도 이상의 좋은 것만 찾는 버릇이 있다.

④ 시치미를 떼다 : 자기가 하고도 하지 아니한 체하거나 알고 있으면서도 모르는 체하다.

08 정답 ④

[표준어 규정 제12항]

위(上)를 나타내는 말은 '윗-'으로 통일한다. 다만, 아래와 위의 대립이 없는 말은 '웃-'으로 쓴다.
따라서 '웃어른'이 바른 표기이다.

09 정답 ③

③은 주어가 남에게 어떤 동작이나 행위를 당하는 피동문이다.

10 정답 ②

주장하는 글에서 '끝부분'에는 본문 내용에 대한 요약과 정리, 독자에 대한 당부와 앞으로의 전망 등을 제시한다.

[11~13] 기형도, 「엄마 걱정」

> ▎갈래▎ 자유시, 서정시
> ▎성격▎ 애상적, 회상적
> ▎주제▎ 시장에 간 엄마를 기다리던 어린 시절의 외로움
> ▎특징▎
> • 감각적 이미지 사용
> • 각 시행이 마지막 행을 수식함.

11 정답 ③

말하는 이는 가난한 가정 형편 때문에 열무를 팔러 시장에 간 엄마를 기다리고 있다.

12 정답 ①

어둡고 차가웠던 방에서 홀로 엄마를 기다렸던 나의 모습을 차가운 느낌의 '찬밥'에 비유하였다.

13 정답 ③

가난으로 고단했던 엄마와 불우했던 유년 시절에 대한 안타까움, 서글픔의 정서를 느낄 수 있다.

14 정답 ②

백성들이 자신의 생각을 제대로 표현하고, 원활한 의사소통을 할 수 있도록 하기 위해서 만든 것이므로 '애민 정신'이라 할 수 있다.

15 정답 ①

세종의 훈민정음 창제의 배경과 동기를 설명한 '설명문'이다.

[16~18] 작자 미상, 「토끼전」

> ▎갈래▎ 판소리계 소설, 우화 소설
> ▎성격▎ 풍자적, 우의적, 해학적, 교훈적
> ▎배경▎ 용궁, 육지
> ▎제재▎ 병에 걸린 용왕과 토끼, 그 외 바다 동물들
> ▎주제▎
> • 헛된 욕심에 대한 경계와 위기 극복의 지혜
> • 무능한 집권층에 대한 비판과 풍자
> ▎특징▎
> • 동물을 의인화한 우화적 수법으로 인간 사회를 풍자
> • 한자어와 일반어, 비속어 등이 함께 쓰임.

16 정답 ②

육지로 무사히 빠져나온 토끼는 별주부에게 호통을 치고 숲속으로 자취를 감춘다. 이에 별주부는 자신의 충성심이 부족하여 토끼를 놓쳤다고 생각하고 바위에 머리를 부딪혀 죽는다. 그러므로 ② '별주부는 토끼에게 속은 것을 깨달았다.'라는 설명이 가장 적절하다.

⊗ 오답피하기

① 용왕은 자신의 병을 낫게 하기 위해 토끼의 간을 빼내려고 한 것이므로 토끼가 영원히 살기를 바란 것은 아니다.

③ 토끼가 간을 구하겠다며 육지로 간 것은 자신의 목숨을 스스로 구하기 위해 거짓말을 한 것이다.

④ 자가사리는 용왕에게 토끼를 믿지 말고, 육지에 보내면 안 된다고 주장한 신하이다.

17 정답 ③

㉠ '신하'는 사사사리를 의미하고, ㉡은 '자가사리', ㉢ '선비'는 용왕이 토끼를 가리키는 말, ㉣ '경'은 용왕이 자가사리를 가리키는 말이다. 그러므로 가리키는 대상이 다른 하나는 토끼를 나타내는 ㉢이다.

18 정답 ①

이 글의 '토끼'는 힘은 없지만 지혜로운 백성을 나타내므로 '피지배층'을 상징한다. '용왕'은 자신을 위해 토끼가 희생하는 것을 당연하게 생각하는 인물로 당시 '지배층'의 이기적인 모습을 드러내고 있다. 그러므로 ㉮ '피지배층'에 해당하는 인물은 '토끼'이고, ㉯ '지배층'에 해당하는 인물은 '용왕'이다.

[19~20] 홍자람, 「챔피언」

┃갈래┃ 드라마 대본
┃성격┃ 허구적, 교훈적
┃배경┃ 옥림이의 학교와 집
┃제재┃ 학교 반 대항 체육 대회
┃주제┃ 양심을 지키며 사는 사람이 진정한 챔피언이다.
┃특징┃
• 교훈적 성격이 짙은 주제 의식이 누구나 공감할 수 있도록 그려짐.
• 승부에 민감한 청소년들의 심리를 잘 드러냄.

19 정답 ①

시나리오는 영화나 드라마의 대본으로 인물의 갈등을 중심으로 사건이 전개되며, 서술자가 아닌 등장인물의 대사와 행동으로 사건을 진행하는 특징이 있다.
① 형식이 자유로운 글은 수필의 특징이다.

20 정답 ②

S# 13의 줄거리에서 '경우에 따라 반칙이나 비양심적인 행동을 해도 된다'고 말하는 '옥림이의 말을 들은 아빠는 주운 지갑을 파출소에 가져다주기로 결심한다.'는 내용과 '아빠'의 '애가 만날 세상 탓하고, 다른 사람들이 다 도둑질하면 너도 도둑 될래?'라는 대사를 고려할 때, '아빠'가 ㉠과 같이 말한 이유가 ② '옥림'의 잘못된 생각을 바로잡아 주기 위해서임을 알 수 있다.

21 정답 ②

의견이나 수장을 타당한 근거를 들어 논리적으로 전개 힘으로써 독자를 실득하는 '논실문'이나.

⊗ 오답피하기

① 설명문, ③ 수필, ④ 기행문이다.

22 정답 ①

(나)의 마지막 문장 '전자책은 종이책보다 싸고, 친환경적이며, 공간 또한 차지하지 않는다.'에서 확인할 수 있다.

23 정답 ③

(나)는 시대의 변화에 따른 사람들의 책에 대한 인식의 변화와 전자책의 장점을 체계적으로 설명하고 있다.

[24~25] 박완서, 「꼴찌에게 보내는 갈채」

▐갈래▐ 수필
▐성격▐ 경험적, 일상적, 교훈적
▐제재▐ 꼴찌로 들어오는 마라토너를 끝까지 응원한 경험
▐주제▐ 끝까지 포기하지 않고 자기 일에 최선을 다하는 꼴찌의 삶도 당당하고 칭찬받아 마땅하다.

24 정답 ①

'나'가 '그'를 응원한 이유는 그가 자신의 상황을 포기하지 않고 끝까지 최선을 다하는 모습에 격려를 보내기 위해서이다. 그러므로 '그'가 1등 하는 모습을 보고 싶어서 응원을 한 것은 아니다.

25 정답 ④

'합세(合勢)'는 '세력을 한데 모음. 힘을 합침'이라는 의미를 지닌다.

| 2교시 | 수학 |

01	④	02	①	03	④	04	③	05	③
06	①	07	③	08	②	09	③	10	④
11	③	12	④	13	①	14	①	15	③
16	①	17	③	18	③	19	③	20	③

01 정답 ④

| 풀이 |

어떤 수의 소수인 인수를 그 수의 소인수라 하고, 자연수를 소인수만의 곱으로 나타내는 것을 소인수분해라 한다.

소인수분해한 결과는 보통 크기가 작은 소인수부터 차례로 쓰고 같은 소인수의 곱은 거듭제곱을 써서 나타낸다.

24를 소인수분해하면

➡ $24 = 2 \times 2 \times 2 \times 3 = 2^3 \times 3$이므로
$a = 3$, $b = 3$이다.

∴ $a + b = 3 + 3 = 6$

```
2 | 24
2 | 12
2 |  6
     3
```

02 정답 ①

| 풀이 |

음수는 절댓값이 클수록 작은 수이고, 양수는 절댓값이 클수록 큰 수이다.

또한 항상 (음수) < 0 < (양수)이다.

주어진 수를 작은 수부터 차례대로 나열하면

-7, -2, 0, 1, 3, $+5$이다.

그러므로 두 번째 수는 -2이다.

03 정답 ④

| 풀이 |

지우개 1개, 2개, 3개를 구입할 때 가격은 각각

1개 구입할 때 가격 ➡ 1개 $\times x$원 $= (1 \times x)$원

2개 구입할 때 가격 ➡ 2개 $\times x$원 $= (2 \times x)$원

3개 구입할 때 가격 ➡ 3개 $\times x$원 $= (3 \times x)$원

⋮

즉, 지우개를 구입할 때 가격은

→ (지우개의 수×x)원이다.

그러므로 지우개 7개의 가격은 $(7 \times x)$원

04 정답 ③

| 풀이 |

가로의 수직선을 x축, 세로의 수직선을 y축이라고 한다.
이때, x축과 y축을 통틀어 좌표축이라고 하며 좌표축
이 만나는 점 O를 원점이라고 하고, 이와 같이 좌표축
이 정해져 있는 평면을 좌표평면이라고 한다.

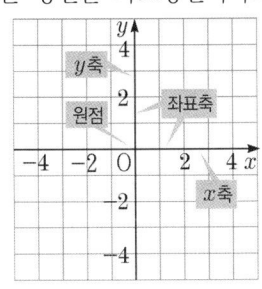

좌표평면

좌표평면은 좌표축에 의하여 제1, 2, 3, 4사분면 네
부분으로 나누어진다.

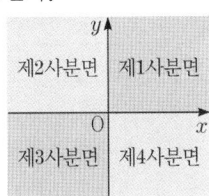

그러므로 🐰 그림은 제3사분면 위에 있다.

05 정답 ③

| 풀이 |

문자를 사용한 식에서 문자에 어떤 수를 바꾸어 넣는
것을 '내입한다'라고 하고,
식 $-4x+2$에 $x = -3$을 대입하여 $-4x+2$의 값을
구한다.
$x = -3$을 대입하여 정리하면

$-4x+2 = -4 \times (-3) + 2 = (12) + 2 = 14$

| 주의 | 음수를 대입할 때는 반드시 괄호를 사용한다.

06 정답 ①

| 풀이 |

$2x$와 -4를 각각 이항하면 → $5x - 2x = 11 + 4$
양변을 정리하면 → $3x = 15$
양변을 3으로 나누면 → $x = 5$

07 정답 ③

| 풀이 |

지수법칙 $a^m \times a^n = a^{m+n}$ $(a \neq 0)$, $a^m \div a^n = a^{m-n}$
이므로 두 수의 곱은 두 지수의 합과 같고, 나눗셈은
두 지수의 차와 같다.

$\therefore 5^5 \times 5^4 \div 5^3 = 5^{5+4-3} = 5^6$

08 정답 ②

| 풀이 |

어른 1명의 입장료를 x원, 어린이 1명의 입장료를 y원
이라 하면,
어른 입장료가 어린이 입장료의 3배
→ $x = 3y$
어른 1명과 어린이 2명의 입장료의 합이 5,000원
→ $x + 2y = 5,000$
어린이 1명의 입장료는 y의 값을 구하면 된다.

$\begin{cases} x = 3y \\ x + 2y = 5,000 \end{cases}$ 에서

$x = 3y$를 $x + 2y = 5,000$에 대입하여 정리하면
$(3y) + 2y = 5,000$ → $5y = 5,000$
양변을 5로 나누면

$\dfrac{5y}{5} = \dfrac{5,000}{5}$ → $y = 1,000$이므로

어린이 1명의 입장료는 1,000원이다.

09 정답 ③

| 풀이 |

도수의 총합이 30이므로
$10 + 7 + A + 5 + 3 = 30$ → $25 + A = 30$
→ $A = 30 - 25$ → $A = 5$
$\therefore A = 5$

10 정답 ④

| 풀이 |

두 점 $(-1, 0)$, $(0, 2)$를 이용하여 기울기를 구하면

$(기울기) = \dfrac{2-0}{0-(-1)} = \dfrac{2}{1} = 2$

기울기가 2이므로 일차함수의 식을 $y = 2x + b$라 하면

$y = 2x + b$는 점 $(0, 2)$를 지나므로 대입하여 정리하면

$2 = 2 \times 0 + b \rightarrow 2 = 0 + b \rightarrow b = 2$이므로

구하는 일차함수의 식은 $y = 2x + 2$이다.

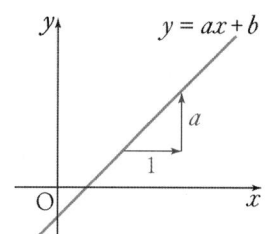

$\uparrow \; (기울기) = \dfrac{(y \text{ 값의 증가량})}{(x \text{ 값의 증가량})} = a$

11 정답 ③

| 풀이 |

두 개의 주사위를 각각 A, B라 하자.

주사위 A, B를 동시에 던질 때, 나올 수 있는 모든 경우는 $6 \times 6 = 36$(가지)이고,

나오는 두 눈의 수의 합을 표로 나타내면 다음과 같다.

A \ B	⚀	⚁	⚂	⚃	⚄	⚅
⚀	2	3	4	5	6	7
⚁	3	4	5	6	7	8
⚂	4	5	6	7	8	9
⚃	5	6	7	8	9	10
⚄	6	7	8	9	10	11
⚅	7	8	9	10	11	12

이때, 두 눈의 수의 합이 8인 경우는 $(2, 6)$, $(3, 5)$, $(4, 4)$, $(5, 3)$, $(6, 2)$의 5가지이므로

구하는 확률은 $\dfrac{5}{36}$이다.

12 정답 ④

| 풀이 |

$\triangle ABC \backsim \triangle DEF$이고, 두 도형의 닮음비는 $6 : 9$로,

간단히 나타내면, $2 : 3$이다.

닮은 도형의 대응변의 길이의 비는 일정하므로,

$2 : 3 = \overline{AB} : \overline{DE}$

$\overline{AB} = 8\,cm$이므로, $2 : 3 = 8\,cm : \overline{DE}$

비례식의 내항의 곱과 외항의 곱이 같으므로

$2 \times \overline{DE} = 3 \times 8\,cm \rightarrow \overline{DE} = 12\,cm$

13 정답 ①

| 풀이 |

우변의 $2x$를 좌변으로, 좌변의 4를 우변으로 이항하면

$\rightarrow 4x - 2x \geq -2 - 4$

양변을 정리하면 $\rightarrow 2x \geq -6$

양변을 3으로 나누면 $\rightarrow x \geq -3$

따라서 해를 수직선 위에 나타내면 다음과 같다.

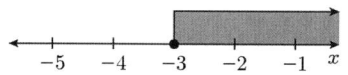

14 정답 ①

| 풀이 |

인수분해 공식 $x^2 + (a+b)x + ab = (x+a)(x+b)$

이므로 $a + b = 6$, $ab = 8$인 두 정수 a, b를 찾아 인수분해한다.

곱이 8인 두 정수 중에서 합이 6이 되는 두 정수는 2와 4이므로 $x^2 + 6x + 8$을 인수분해하면

$x^2 + 6x + 8 = (x+2)(x+4)$

$$\begin{array}{ccc} x^2 + & \boxed{6}x + & \boxed{8} \\ \downarrow & \downarrow & \downarrow \\ x^2 + (\boxed{a+b})x + & \boxed{ab} \end{array}$$

15 정답 ③

| 풀이 |

근호를 포함한 식의 덧셈은 다항식의 덧셈에서 동류항
끼리 모아서 계산한 것과 같이 근호 안의 수가 같은 것
끼리 모아서 계산한다.

$\sqrt{3}$을 문자 a로 생각하여 다항식 $2a+3a=5a$로 계산
하는 것과 같다.

$2\sqrt{3}+3\sqrt{3}=(2+3)\sqrt{3}=5\sqrt{3}$

> ○ + 더 알고가기
>
> **근호를 포함한 식의 계산**
> 근호 안의 수가 같은 것을 다항식의 동류항과 같이 생각한다.

16 정답 ①

| 풀이 |

방법 1

이차방정식 $x^2-2x-3=0$을 인수분해하면,
곱해서 -3, 더해서 -2가 되는 수는 1과 -3이므로
x^2-2x-3을 인수분해하면

$$
\begin{array}{ccc}
x & \diagdown & 1 \longrightarrow & x \\
x & \diagup & -3 \longrightarrow & -3x \\
\hline
& & & -2x
\end{array} (+
$$

$(x+1)(x-3)$이다.

따라서 $x^2-2x-3=(x+1)(x-3)=0$이므로
$AB=0$이면 $A=0$ 또는 $B=0$에 의해
$x+1=0$ 또는 $x-3=0$

따라서 이차방정식의 두 근은 $x=-1$ 또는 $x=3$이다.

방법 2

방정식의 해는 식을 참이 되게 하므로 식에 직접 대입
하여 찾는다.

① $x=3$ ➡ $x^2-2x-3=0$에 대입하면
$(3)^2-2\times3-3=9-6-3=0$이므로
방정식의 해가 맞다.

② $x=2$ ➡ $x^2-2x-3=0$에 대입하면
$(2)^2-2\times2-3=4-4-3=-3\neq0$이므로
방정식의 해가 아니다.

③ $x=1$ ➡ $x^2-2x-3=0$에 대입하면
$(1)^2-2\times1-3=1-2-3=-4\neq0$이므로
방정식의 해가 아니다.

④ $x=-3$ ➡ $x^2-2x-3=0$에 대입하면
$(-3)^2-2\times(-3)-3=9+6-3=15-3=12\neq0$
이므로 방정식의 해가 아니다.

17 정답 ③

| 풀이 |

이차함수 $y=ax^2$의 그래프는 원점 $(0,0)$을 꼭짓점으
로 하고 y축을 축으로 하는 포물선이다.

그리고 $a>0$이면 아래로 볼록하고, $a<0$이면 위로
볼록하다.

a의 절댓값이 클수록 포물선의 폭이 좁아진다.

①, ③ 이차함수 $y=-x^2$의 그래프의 꼭짓점의 좌
표는 $(0,0)$이고, 제3, 4사분면을 지난다.

② 이차함수 $y=-x^2$의 그래프는 $a=-1\,(a<0)$이
므로 위로 볼록하다.

④ $|-2|>|-1|$이므로 $y=-2x^2$의 그래프보다
폭이 넓다.

그러므로 이차함수 $y=-x^2$의 그래프에 대한 설명으
로 옳은 것은 ③이다.

18 정답 ③

| 풀이 |

자료 중에서 가장 많이 나타나는 값을 최빈값이라고
하므로 생활복 치수와 학생 수를 표로 정리하면 다음
과 같다.

생활복 치수(호)	85	90	95	100	합계
학생 수(명)	6	9	12	3	30

치수가 95호인 생활복을 입는 학생들이 12명으로 가
장 많으므로 최빈값은 95호이다.

19 정답 ③

| 풀이 |

부채꼴의 호의 길이와 넓이는 각각 중심각의 크기에 정비례한다.

$15 : 45 = 1 : 3$이므로 부채꼴의 중심각의 비도 $1 : 3$이다.

따라서 $x : 120 = 1 : 3$ ➜ $3 \times x = 1 \times 120$ ➜ $x = 40$

20 정답 ③

| 풀이 |

한 원에서 호에 대한 원주각의 크기는 그 호에 대한 중심각의 크기의 $\dfrac{1}{2}$이다.

$40°$에 대한 중심각 $\angle y$는 $40° \times 2 = 80°$이다.

➜ $\angle y = 80°$

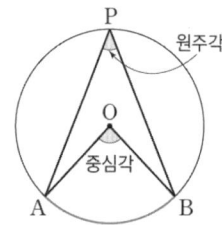

➜ $\angle \mathrm{APB} = \dfrac{1}{2} \times \angle \mathrm{AOB}$

한 호에 대한 원주각의 크기는 모두 같으므로 원주각 $\angle x$의 크기도 $40°$이다.

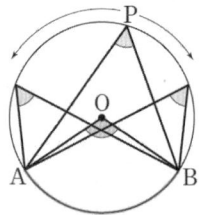

➜ $\angle \mathrm{APB}$는 모두 호 AB의 원주각이다.

∴ $\angle x + \angle y = 40° + 80° = 120°$

01	③	02	③	03	③	04	①	05	①
06	④	07	②	08	③	09	②	10	①
11	①	12	①	13	③	14	①	15	②
16	④	17	①	18	③	19	②	20	③
21	④	22	②	23	①	24	④	25	④

01 정답 ③

해석 이 문제는 풀기가 어렵다.

어휘 problem 문제
difficult 어려운
solve 풀다, 해결하다

02 정답 ③

해석 ① 큰 – 작은　　② 빠른 – 느린
③ 깨끗한 – 맑은　　④ 강한 – 약한

해설 ①·②·④ 반의어 관계, ③ 유의어 관계이다.

03 정답 ③

해석 A : 나를 도와줄 수 있나요?
B : 물론이죠, 도울 수 있어요. 무엇을 도와드릴까요?

해설 can 조동사로 질문을 했기 때문에 can 조동사로 대답을 해야 한다. You라고 물어봤으므로 대답하는 당사자는 I이고, sure라는 단어를 통해 긍정으로 대답했다는 것을 알 수 있으므로 ③이 적절하다.

04 정답 ①

해석 A : 실례합니다. 도서관이 어디죠?
B : 한 블록 직진하세요. 그리고 왼쪽으로 꺾으세요. 그것은 꽃집 옆에 있어요.

어휘 next to ~ 옆에

해설 그림을 참조하여 빈칸에 적절한 장소를 찾는 문제이다.

B는 한 블록 직진하고 왼쪽으로 꺾으면 꽃집 옆에 있다고 언급하므로 A가 찾고 있는 장소는 ①이 적절하다.

05 정답 ①

해석 A : 어떤 <u>과목</u>에 등록하고 싶나요?
　　　 B : 저는 영어 수업을 등록하고 싶어요.
　　　 ① 과목　　　　　　　② 컵
　　　 ③ 돈　　　　　　　　④ 색

해설 B의 답변으로 보아 등록하고 싶은 수업이 제시되어 있으므로 질문은 수업 과목과 관련된 표현이 나와야 한다.

06 정답 ④

해석 • 가을에는, 나뭇잎들이 나무에서 <u>떨어진다</u>.
　　　 • 어느 지하철 역에서 <u>내려야</u> 하죠?

어휘 subway 지하철　　　station 역

해설 fall off 는 '~에서 떨어지다', get off는 '내리다' 라는 숙어이다. 따라서 빈칸에 공통으로 들어갈 단어는 off가 적절하다

07 정답 ②

해석 ① '귀여운 여인'은 '스타워즈'보다 먼저 시작한다.
　　　 ② '반지의 제왕'은 '해리포터'보다 늦게 시작한다.
　　　 ③ '해리포터'는 '사운드오브뮤직'보다 먼저 시작한다.
　　　 ④ '사운드오브뮤직'은 가장 늦게 시작한다.

08 정답 ③

해석 A : <u>누가 당신의 가장 친한 친구인가요?</u>
　　　 B : 민수예요. 그가 나의 가장 친한 친구예요.
　　　 ① 당신의 사무실은 어디예요
　　　 ② 얼마나 많은 물이 필요한가요
　　　 ③ 누가 당신의 가장 친한 친구인가요
　　　 ④ 언제 도착해요

해설 B의 답변으로 보아 A는 가장 친한 친구가 누구인지를 묻는 질문이 적절하다.

09 정답 ②

해석 메모
　　　 줄리에게
　　　 잭으로부터
　　　 날짜 : 7월 10일
　　　 메시지 : 시험이 내일이야.

해설 시험 과목은 메모에 나와 있지 않아 알 수 없다.

10 정답 ①

해석 A : 학교에 어떻게 가니?
　　　 B : 버스 타고 가.

어휘 school 학교

해설 버스를 타고 학교에 간다고 했으므로 시간이나 장소를 물은 것이 아니라 어떻게 가는지 교통수단을 묻는 How가 적절하다.

11 정답 ①

해석 A : 부탁 좀 들어주시겠어요?
　　　 B : 물론이죠. 무엇을 해 드릴까요?
　　　 ① 부탁　　　　　　　② 간식
　　　 ③ 꽃　　　　　　　　④ 사람

12 정답 ①

해석 A : 주문하시겠어요?
　　　 B : 네. 생선버거 하나와 중간 사이즈 콜라 되나요.
　　　 ① 주문　　　　　　　② 노래
　　　 ③ 책　　　　　　　　④ 시간

13 정답 ③

Komi 항공		탑승권
이름	Ju-Hye Park Ms.	
비행기	K 773	

탑승 시간 22:30	입구 35	좌석 10A

14 정답 ①

해석 A : 새로 오신 체육 선생님 좀 봐! 키가 정말 작으셔! 빨리 달릴 수 없을 거야, 그렇겠지?

B : 빨리 달릴 수 있으셔. 그는 LA 마라톤에서 금메달을 따셨어.

① 표지로 책을 판단하지 마라.

② 아는 것이 힘이다.

③ 고통이 없으면 얻는 것도 없다.

④ 안 보면 마음에서 멀어진다.

해설 키가 작다는 겉모습으로 사람을 잘못 판단한 내용으로 ①이 대화의 내용과 어울리는 속담이다.

15 정답 ②

해석 빗물이 강으로 흘러 들어갈 때, 이것은 땅으로부터 약간의 소금을 가져간다. 그리고 나서 소금기 있는 강은 오랜 시간 동안 바다로 흘러 들어간다. 그래서 바다에 많은 소금이 있다.

어휘 move 움직이다

salt 소금

salty 소금이 든

해설 마지막 문장의 so는 결론을 내릴 때 쓰는 접속부사이다. 따라서 마지막 문장이 이 글의 주제이다.

16 정답 ④

해석 안녕, 모두들. 만나서 반가워. 내 이름은 김민수야. 나는 제주도에서 왔어. 오늘은 정말 특별한 날이야. 중학교에 들어온 첫날이야. 중학생이 되어서 정말 기뻐. 지금 너무 즐거워.

어휘 glad 기쁜

special 특별한

excited 신나는

해설 자신에 대해서 소개하고 있는 글이다.

17 정답 ①

해석 한국어는 한국의 언어이고, 일본어는 일본의 언어이다. 독일어는 독일에서 말해지고, 프랑스어는 프랑스에서 말해진다. 일반적으로 말하자면, 각각의 나라는 그만의 언어를 가지고 있다. 그러나 항상 그렇지는 않다.

어휘 language 언어

generally speaking 일반적으로 말하자면

해설 주어진 글은 마지막 문장 전까지 각 나라가 언어를 가지고 있다고 하고 있지만 마지막 문장을 통해서 아닌 나라도 있다는 것을 알 수 있다. 따라서 이어질 내용은 언어를 가지고 있지 않은 나라의 설명임을 추측할 수 있다.

18 정답 ③

해석 안녕, 내 이름은 수지야. 나는 13살이야. 나는 서울에서 왔어. 나는 중학생이야. 난 영어와 수학 과목을 좋아해. 너희들을 만나서 반가워.

어휘 name 이름

be from ~ 출신이다

middle school 중학교

math 수학

glad 기쁜

해설 가족에 관한 말은 언급되어 있지 않다.

19 정답 ②

해석 눈이 보이지 않아 행복하지 않은 소녀가 있다. 그녀는 항상 <u>부정적</u>이었다. 그녀는 남자친구를 제외한 모든 것을 싫어했다.

① 긍정적인   ② 부정적인

③ 기쁜   ④ 행복한

어휘 unhappy 행복하지 않은

blind 눈이 먼

hate 싫어하다

except ~을 제외하고

해설 글에서 소녀를 묘사한 단어가 'unhappy', 'hate'
같이 부정적인 단어이므로 빈칸에는 부정적인
단어가 들어가야 한다.

20 정답 ③

해석 A : 저를 도와주실 수 있나요?

B : 물론이죠. 무엇이죠?

21 정답 ④

해석 줄리에게,

난 많은 사람들 앞에서 말해야 할 때 너무 긴장
을 해. 이런 상황에서, 내가 말하고 싶은 것을
모두 다 잊어버려. 어떻게 해야 할까? 난 네 도
움이 필요해.

베스가

어휘 nervous 긴장한, 불안한

situation 상황

forget 잊다, 잊어버리다

everything 모든 것

want 원하다

need 필요하다

해설 많은 사람들 앞에서 말할 때 모든 것을 잊어버
리는 고민을 말하고 있다.

22 정답 ②

해석 Julia는 교회에 갔어요, 그렇지 않나요?

해설 주어진 문제는 부가의문문을 묻는 문제이다. 부
가의문문은 본동사가 일반동사일 경우 시제와
인칭에 따라 do, does, did를 사용하고, 본동사
가 긍정이면 부가의문문은 부정으로 표현하는
데, 주어진 문장이 일반동사의 긍정 과거형이므
로 ②가 적절하다.

23 정답 ①

해석 와, 이 차들 좀 봐. 멋있어.

(A) 나는 그렇게 생각하지 않아. 그것들은 문제를
야기해.

(B) 무슨 말이야?

(C) 공기 오염 말이야. 때때로 나는 숨을 잘 쉴
수 없어.

어휘 look at 보다

amazing 놀라운

cause 야기시키다

pollution 오염, 공해

breathe 숨 쉬다

해설 보기에 이어지는 것은 차들이 가지는 문제점에
대해 대화를 나누고 있으므로 ①이 적절하다.

24 정답 ④

해석 당신은 돈으로 많은 좋은 것들을 살 수 있다.
하지만 당신은 돈으로 건강을 살 수는 없다. 당
신은 어떻게 좋은 건강을 가질 수 있겠는가? 여
기에 건강을 유지하는 몇 가지 간단한 방법이
있다.

해설 건강을 유지할 수 있는 방법이 이어져야 알맞다.

25 정답 ④

해석 태풍은 아주 강한 폭풍이다. 그 바람은 시속
250킬로미터 혹은 그 이상으로 불 수 있다. 때
때로 많은 비가 있다. 태풍은 따뜻한 바다로부
터 시작한다. 태풍은 하루에서 30일까지 지속
된다.

어휘 typhoon 태풍

storm 폭풍

blow 불다

last 지속되다

from A to B A에서 B까지

해설 주어진 글의 키워드는 태풍이고, 태풍에 대한
설명이므로 ④가 적절하다.

01	③	02	②	03	③	04	①	05	④
06	①	07	②	08	①	09	②	10	②
11	③	12	③	13	④	14	④	15	③
16	④	17	④	18	④	19	③	20	②
21	③	22	②	23	③	24	③	25	②

01 정답 ③

우리나라의 위치는 수리적 위치, 지리적 위치, 관계적 위치로 나타낼 수 있다. 수리적 위치는 위도와 경도를 통해 위치를 나타내는 방법이다.

02 정답 ②

지중해성 기후는 여름에는 계절에 따른 기단과 전선대의 이동으로 고온 건조하고, 겨울에는 난류와 편서풍의 영향으로 온난 습윤한 특색을 보이는 기후이다. 지중해성 기후 지역은 여름철 날씨가 쾌적하여 관광 산업이 발달하였으며, 건조한 여름 날씨를 견딜 수 있는 나무를 재배하는 수목 농업이 활발하게 행해져 올리브, 레몬, 포도 등이 재배된다.

03 정답 ③

제시문에서 설명하는 작물은 옥수수이다. 세계 3대 작물로는 쌀, 밀, 옥수수가 있으며 미국은 옥수수의 최대 생산국이자 수출국이다. 목축업의 발달로 사료용으로, 바이오 에탄올의 원료로 수요가 증가하고 있다.

04 정답 ①

열대 저기압은 열대 지역 바다에서 발생하여 중위도 지역으로 이동하면서 강풍을 동반하는 저기압을 말한다. 열대 저기압은 일반적으로 해수면 온도가 높고 대기가 따뜻하고 불안정하여 공기 중에 수증기가 많은 해상에서 잘 발생한다. 열대 저기압은 발생하는 지역에 따라 이름이 다르다. 북태평양 서부에서는 태풍, 북아메리카에서는 허리케인, 인도양 일대에서는 사이클론이라고 한다. 열대 저기압은 강한 바람과 많은 비를 동반하여 인명 및 재산 피해를 크게 입히기 때문에 이에 대한 대비가 필요하다.

05 정답 ④

인구 이동의 원인 중 흡인 요인은 사람들을 끌어들이는 긍정적 요인으로 풍부한 일자리, 높은 임금, 다양한 교육·문화·의료 시설, 쾌적한 주거 환경 등이 해당한다. 반면, 배출 요인은 사람들을 밀어내는 부정적 요인으로 낮은 임금, 열악한 주거 환경, 전쟁과 분쟁, 자연재해, 기아, 종교적 박해 등이 해당한다.

06 정답 ①

한 국가의 주권이 미치는 지리적 범위를 영역이라고 하며, 영역은 영토, 영해, 영공으로 이루어진다. 영공은 영토와 영해의 수직 상공으로, 일반적으로 지표면에서 대기권까지의 하늘을 영공으로 본다.

⊗ 오답피하기

② 우리나라의 영토는 한반도와 그 주변에 자리한 섬들로 이루어져 있다.

③ 영해는 영토에서 일정한 거리까지의 바다를 말한다. 일반적으로 해안선의 최저 조위선으로부터 12해리(약 22km)까지를 영해로 삼는다.

④ 배타적 경제 수역은 영해 기선에서 200해리까지의 수역 중 영해를 제외한 부분이다. 배타적 경제 수역에서 연안국은 천연자원의 탐사, 경제적 개발에 관한 권리를 갖는다.

07 정답 ②

슬로 시티에 사는 주민들은 지역에서 나는 농산물로 슬로 푸드를 만들어 먹으며, 에너지 절약, 유전자 재조합 농산물 사용 금지, 보행 및 자전거 도로 확충, 친환경적 쓰레기 처리, 전통문화와 토산품 보호 등을 바탕으로 지속 가능한 발전을 추구하고 있다.

08 정답 ①

가열된 지하수나 지하의 열을 이용하여 전기를 생산하는 에너지는 지열 에너지이다.

09 정답 ②

문화 상대주의란 한 사회의 문화를 그 사회가 처한 특수한 환경과 사회적 맥락을 고려하여 이해하고 존중하려는 태도이다.

⊗ 오답피하기

① **문화 제국주의** : 자문화 중심주의가 지나칠 경우 나타나는 문화 이해 태도로, 자기 문화가 우월하다고 보는 것을 넘어 자기 문화를 다른 사회에 강요하는 형태로 나타난다.

③ **문화 사대주의** : 자신의 문화는 부정적으로 평가하고, 다른 특정 사회의 문화를 가치 있고 우수한 것으로 여기는 태도이다.

④ **극단적 문화 상대주의** : 인류의 보편적 가치를 침해하는 식인 풍습, 명예 살인 등과 같은 문화마저도 모두 인정하고 존중하려는 태도를 말한다.

10 정답 ②

청구권은 국가에 대해 일정한 행위를 청구할 수 있는 권리로 청원권, 재판 청구권, 국가 배상 청구권 등이 이에 해당한다.

11 정답 ③

첨단 기능을 갖춘 전자 제품이 계속해서 등장하여 전자 제품의 교체 시기가 점점 빨라짐에 따라 전자 쓰레기가 점점 증가하고 있다

12 정답 ③

제시된 내용은 선거 관리 위원회의 역할이다.

⊗ 오답피하기

② 선거 공영제는 선거 운동을 국가 기관이 관리하여 부정 선거를 막고, 국가와 지방 자치 단체가 선거 비용의 일부를 지원하는 제도이다.

13 정답 ④

정치 과정은 일반적으로 이익 표출, 이익 집약, 정책 결정, 정책 집행, 환류(피드백)의 단계를 거친다. 여러 개인이나 집단들은 특정 문제나 정책에 자신들의 요구를 주장하는데, 정당이나 의회에서는 이러한 주장을 수렴하고 집약하여 구체적인 대안을 제시한다. 의회는 정책 대안을 논의하여 최종적으로 정책을 결정하고, 정부는 여러 가지 정책을 집행한다. 정부가 집행하는 정책에 관한 평가는 다시 정치 과정에 반영된다. 이처럼 여러 단계의 정치 과정을 거쳐 다양한 이익과 요구가 나타나고, 대립과 갈등이 해결되면서 사회 통합이 이루어진다.

④ 정치 과정을 통해 구성원들은 상호 작용을 하게 된다. 이에 따라 구성원들 간의 갈등이 조정되고 정부에 의해 공공 정책으로 결정된다.

14 정답 ④

합리적 소비를 위해서 상품의 가격뿐만 아니라 소득, 신용, 정보 등을 고려해야 한다. 자신의 소득 수준에 맞는 소비를 하기 위해서는 소비의 우선순위를 정하고, 소비에 대한 계획을 세워야 한다. 또한 상품에 대한 정확하고 충분한 정보를 수집해야 의사 결정에 따른 여러 위험 요소를 줄일 수 있다.

⊗ 오답피하기

① 남에게 자신의 지위나 경제력을 자랑할 목적으로 이루어지는 것이 과시 소비이다.

② 개성을 고려하지 않고 다른 사람의 소비 행동을 그대로 따라 하는 것이 모방 소비이다.

③ 충동 소비는 사전 계획 없이 즉흥적으로 하는 소비이다.

15 정답 ③

국내 총생산(GDP)은 일정 기간(보통 1년) 동안 한 나라의 국경 안에서 새롭게 생산된 최종 생산물의 가치를 시장 가격으로 환산하여 합산한 것이다. 따라서 시장에서 거래되지 않은 상품은 국내 총생산 측정 시 제외하며, 국내 총생산을 통해 한 나라의 생산 규모를 파악할 수 있다.

① **국제 수지** : 국가 간 모든 경제적 거래로 발생하는 외화의 수취와 지급 내용을 체계적으로 집계한 것으로, 국제 거래의 규모와 내역을 알려 준다.
② **소비자 물가 지수** : 소비자가 구입하는 재화와 서비스를 대상으로 조사한 물가 지수를 말한다.
④ **국민 총생산(GNP)** : 생산 지역에 관계없이 일정 기간 동안 한 나라의 국민들이 생산한 최종 생산물의 시장 가치를 합한 것이다.

16 정답 ④
실업 문제를 해결하기 위해서는 발생 원인을 고려하여 적절한 대책을 마련해야 한다. 정부는 경기 회복 정책을 펴 경제를 활성화하거나, 취업 관련 정보를 제공하고 일자리 탐색을 지원하는 등 고용 안정 정책을 세워야 한다. 또한 근로자는 꾸준히 직업 능력을 개발하여 실업에 대비해야 하고, 기업은 새로운 일자리를 창출하기 위해 노력해야 한다.

17 정답 ④
빗살무늬 토기는 신석기 시대에 곡식이나 음식을 담거나 저장, 요리하는 데 사용하였다.
① **주먹도끼** : 구석기 시대에 사용된 석기의 명칭이다. 손에 쥐고 쓸 수 있는 도끼 모양의 석기로, 사냥하거나 짐승의 털과 가죽을 분리할 때 사용한 도구이다.
② **반달 돌칼** : 청동기 시대에 곡식을 수확하는 데 사용된 도구이다.
③ **비파형 동검** : 청동기 시대 비파형으로 생긴 칼날과 손잡이가 따로 주조된 조립식 검이다.

18 정답 ④
삼한은 신지, 읍차라 불리는 군장이 소국을 지배하며, 제사장이 소도에서 종교 의식을 하는 제정 분리 사회였다.

19 정답 ③
장보고는 신라 말의 해상 세력으로, 완도에 청해진을 설치하고 해외 무역에 종사하여 이름을 떨쳤다. 장보고는 왕위 계승에 관여하여 신무왕을 즉위시켰지만, 자신의 딸을 왕비로 맞지 않은 것에 불만을 품고 난을 일으켰으며, 이후 진골 귀족 세력이 보낸 자객에 의해 죽임을 당하였다.

20 정답 ②
과거제와 노비안검법을 실시한 왕은 고려의 광종이다.

> 🔍 **+ 더 알고가기**
>
> **고려 태조 왕건의 정책**
> • 민생 안정 정책 : 호족들의 지나친 세금 수취 금지
> • 북진 정책 : 서경(평양) 중시
> • 호족 포섭 정책 : 혼인 정책, 왕씨 성 하사, 사심관 제도와 기인 제도 실시
> • 훈요 10조 : 후대 왕에게 정책 방향 제시

21 정답 ③
(가) 인물은 정약용이다. 그는 과학 기술에 관심을 가져 배다리를 설계하고, 거중기를 고안하였으며 천주교를 믿었다는 이유로 전남 강진에서 유배 생활을 하였다. 정약용은 이 시기에 방대한 양의 저술을 하였는데, 대표적으로 지방 수령들의 필독서가 되었다는 『목민심서』와 『흠흠신서』, 『경세유표』 등이 있다. 또 중농학파의 대표적 인물로서 여전제를 제시해 농지의 공동 소유, 공동 경작, 공동 분배를 주장하였으며 실학을 집대성하였다.

22 정답 ②
ㄱ. 세종은 집현전을 설치하여 우수한 인재를 등용하고 이들로 하여금 학문을 연구하도록 하였다.
ㄹ. 세종은 여진이 국경 지역을 침입하자 여진을 몰아내고 압록강과 두만강 일대에 4군 6진을 설치하여 오늘날과 같은 국경선을 확정하였다.

오답피하기

ㄴ. 영조 때 군포를 1년에 2필에서 1필로 줄이는 균역법을 시행하였다.

ㄷ. 규장각은 정조 때 설립한 왕실 도서관이다.

23 정답 ③

폐정 개혁안은 동학 농민군이 제시한 것이다.

24 정답 ③

윤봉길은 일제가 상하이를 무력으로 침공한 이후 상하이 훙커우 공원에서 전승 축하식 겸 일본 국왕 탄생 축하 행사를 거행하자 이 기념식장에 폭탄을 던져 일본군 장성과 고관들을 죽이거나 부상을 입혔다. 윤봉길의 의거는 국제적으로 크게 알려졌으며, 특히 우리 민족의 독립운동에 냉담하던 중국인들에게 감명을 주어 중국 국민당 정부가 대한민국 임시 정부의 활동을 적극 지원하는 계기가 되었다.

25 정답 ②

3·1 운동을 계기로 애국지사들은 조직적으로 독립운동을 전개하고자 대한민국 임시 정부를 조직하였으며, 일제는 한국인들의 저항 의지를 확인하고 무단 통치에서 문화 통치로 통치 방식을 바꾸게 되었다.
② 통감부가 없어지고 총독부가 설치되었다.

5교시 과학

01	①	02	④	03	③	04	②	05	③
06	③	07	④	08	①	09	②	10	③
11	①	12	④	13	④	14	①	15	②
16	②	17	②	18	④	19	③	20	③
21	④	22	④	23	③	24	①	25	③

01 정답 ①

자유 낙하 운동은 높이 있는 물체가 중력만 받아 낙하하는 운동으로 속력이 일정하게 증가하는 운동을 한다.

02 정답 ④

용수철이 늘어난 길이는 용수철에 작용한 힘의 크기에 비례하므로 $10N : 2cm = 100N : \square$이다.
따라서 $\square = 20cm$이다.

03 정답 ③

진동 중심에서 마루 또는 골까지의 거리가 진폭이므로 이 파동의 진폭은 4cm이다. 파동이 2번 진동하는데 거리가 20cm이므로 파장은 10cm이다.

04 정답 ②

전류계를 통해 이 회로에 흐르는 전류의 세기는 3A임을 알 수 있다. 저항 $= \dfrac{전압}{전류의\ 세기}$ 이므로 전구의 저항은 $\dfrac{24V}{3A} = 8\Omega$이다.

05 정답 ③

서로 다른 극을 띠는 자석 사이에서는 잡아당기는 힘인 인력이 작용한다.

오답피하기

①·② 자기력선은 자석의 N극에서 나와 S극으로 들어가므로 (가)는 N극, (나)는 S극이다.
④ 자기력선이 촘촘할수록 자기장의 세기는 더 세다.

06 정답 ③

공기 저항이나 마찰을 무시하면 역학적 에너지는 보존된다. 따라서 역학적 에너지는 A~D 어느 지점이나 모두 같다.

⊗ 오답피하기

①·② 아래에서 위로 던져 올린 물체의 운동은 운동 에너지 → 위치 에너지의 에너지 전환이 일어나 A 지점에서 운동 에너지가 최대, D지점에서 위치 에너지가 최대이다.

④ D지점에서 물체는 정지했으므로 운동 에너지는 0이다.

07 정답 ④

용수철이 늘어나는 것은 용수철에 가한 힘에 의해 일어나는 모양 변화이다.

⊗ 오답피하기

①·③ 증발, ② 확산

증발과 확산은 입자 운동에 의해 일어나는 현상이다.

08 정답 ①

밀폐된 공간에서 피스톤을 당기면 기체 입자의 개수, 기체의 종류는 일정하다. 또한 온도가 일정하므로 기체 입자 운동의 활발한 정도는 변하지 않는다.

(가) → (나)로 변하면서 기체 입자 사이의 거리가 늘어나고 기체 입자의 충돌 횟수 및 압력은 감소한다.

09 정답 ②

A, C, E는 열에너지를 흡수, B, D, F는 열에너지를 방출한다.

열에너지를 방출하는 상태 변화가 일어날 때 주위의 온도가 높아진다.

10 정답 ③

원소 기호는 첫 글자는 대문자로 나타내고 두 글자로 나타낼 때 두 번째 글자는 소문자로 나타낸다.

⊗ 오답피하기

① 철 - Fe

② 칼슘 - Ca

④ 염소 - Cl, 질소 - N

11 정답 ①

원자가 전자를 잃으면 양이온, 전자를 얻으면 음이온이 된다. 그림은 원자가 전자를 1개 잃어버렸으므로 +1의 양이온이 된다.

12 정답 ④

화학 반응이 일어날 때 열을 흡수하는 흡열 반응이 일어나면 주위의 온도가 낮아진다.

13 정답 ④

원핵생물계는 핵막이 없는 세포로 이루어진 집단으로 세균은 원핵생물계에 속한다. 대부분 광합성을 하지 않지만 남세균은 광합성이 가능하다.

⊗ 오답피하기

① 버섯은 균계에 속한다.

② 핵막이 없어 핵이 없다.

③ 식물계는 광합성이 가능한 생물 집단이고, 원핵생물계와 원생생물계의 일부 생물은 광합성이 가능하다.

14 정답 ①

광합성은 식물이 빛에너지와 물, 이산화 탄소를 이용하여 포도당과 산소를 만드는 과정으로 식물의 엽록체에서 일어난다. 호흡은 빛의 유무와 상관없이 살아 있는 모든 세포에서 항상 일어나는 과정으로 호흡에 필요한 기체는 산소이고, 호흡 결과 생성된 기체인 이산화 탄소는 석회수를 뿌옇게 흐려지게 한다.

15 정답 ②

단백질은 1g당 4kcal의 열량을 내는 에너지원이자 효소, 호르몬, 근육, 머리카락 등 몸을 구성하는 주요 성분이다. 단백질은 위와 소장에서 화학적 소화 과정을 거쳐 아미노산이 되면 소장의 융털을 통해 흡수된다.

16 정답 ②

배설은 조직 세포에서 영양소와 산소를 이용하여 에너지를 생성하는 세포 호흡 결과 생긴 노폐물을 몸 밖으로 내보내는 것으로 콩팥, 방광, 오줌관은 배설계에 속한다.
항문은 소화계에 속하고 대변은 흡수되지 않은 찌꺼기가 버려지는 과정이다.

17 정답 ②

A : 감각 뉴런, B : 연합 뉴런, C : 운동 뉴런
자극은 A → B → C 순서로 이동한다. 감각 뉴런(A)에서 감각 기관에서 받아들인 자극을 중추 신경으로 전달하면 중추 신경을 이루는 연합 뉴런(B)에서 판단, 명령을 내린다. 이 명령을 운동 뉴런(C)이 반응기로 전달하면 반응기에서 반응이 일어난다.

18 정답 ④

난할은 수정란의 초기 세포 분열로 분열 과정에 자라는 시기가 거의 없어 세포 수는 늘어나며 세포 1개의 크기는 점점 작아진다. 이때 세포 1개당 염색체 수는 변하지 않는다.

19 정답 ③

순종은 대립 유전자의 구성이 같은 것을 말한다.

20 정답 ③

혈액형이 AB형인 경우 분리의 법칙에 의해 생식세포를 만들 때 A와 B가 나뉘어 각각의 생식세포에 들어간다. 따라서 아버지와 어머니가 만드는 생식세포의 혈액형 유전자 종류는 A, B가 가능하지만 O는 물려줄 수 없다. 따라서 유전자형이 OO인 경우 표현되는 O형은 나타날 수 없다.

21 정답 ④

수권은 지구 표면에 물이 분포하는 영역으로 해수가 가장 많은 양을 차지하고, 빙하, 지하수, 호수, 하천수가 있다. 수자원은 자원으로 가치가 있는 물로 주로 지표 위를 흐르는 호수와 하천수가 이용되며 호수나 하천수보다 양이 많은 지하수는 수자원으로 가치가 높다.

22 정답 ④

방해석은 묽은 염산을 떨어뜨리면 거품이 발생한다.

23 정답 ③

수온 약층은 해수의 깊이가 깊어질수록 수온이 낮아지는 층으로, 심해층의 수온은 계절이나 위도에 따른 변화가 거의 없으므로 표층 수온이 높은 저위도나 여름철에 수온 약층이 상대적으로 발달한다.

24 정답 ②

3월 태양이 위치하는 별자리는 물병 자리, 한밤중 남쪽 하늘에서 보이는 별자리는 사자 자리이다.

25 정답 ③

A, B, D 지역은 기온이 낮고 C지역은 기온이 높다. 지역 B는 한랭 전선에 의해 적운형 구름이 형성되고 좁은 지역에 소나기성 비가 내리며 지역 D는 온난 전선에 의해 층운형 구름이 형성되고 넓은 지역에 지속적이 비가 내린다

01	③	02	②	03	④	04	②	05	③
06	③	07	②	08	③	09	①	10	②
11	①	12	③	13	①	14	④	15	④
16	③	17	③	18	①	19	②	20	③
21	①	22	③	23	④	24	③	25	①

01 정답 ③

제시문은 사람의 본성이 선하거나 악한 것으로 정해져 있지 않다고 보는 성무선악설의 입장이다.

02 정답 ②

자아는 사회적 존재로서의 자아와 개인적 존재로서의 자아로 구성된다. 즉, 자아는 자신의 가치관, 소망, 능력 등 개인적인 측면과 공동체에서의 지위와 역할, 의무 등 사회적인 측면을 모두 포괄한다.

03 정답 ④

준법이란 국가의 법적 절차를 준수하고 그 결과에 책임을 지는 것이다. 우리는 다른 사람과 더불어 살아가는 사회적 존재들이다. 다른 사람과 더불어 살아가기 위해서는 타인을 존중해야 하고, 이를 위해 정해 놓은 법을 자발적으로 준수함으로써 자신도 존중받을 수 있기 때문이다.

04 정답 ②

도덕성을 바탕으로 무엇이 옳은지 그른지를 스스로 판단해 옳은 행위를 실천하고, 자신의 행동에 책임을 지는 도덕적 삶을 통해 사람다운 사람이 될 수 있다.

05 정답 ③

마음의 평화를 얻기 위해선 다른 사람의 실수나 잘못을 용서하는 자세를 가져야 한다.

06 정답 ③

북한 사회는 개인보다 사회나 국가 같은 전체를 우선시하는 집단주의・전체주의 체제를 바탕으로 주민들의 사상을 통제한다.

07 정답 ②

도가는 죽음이 계절의 순환처럼 자연스러운 과정이므로 두려워하거나 슬퍼할 것이 아니라고 보았다.

08 정답 ③

사회적 명예와 부 같은 도구적 가치를 추구하는 것보다는 진(眞), 선(善), 미(美), 성(聖)과 같은 정신적・본래적 가치를 추구하는 것이 삶의 유한성을 극복하는 바람직한 자세이다.

09 정답 ①

물건이나 돈은 다른 사람과 나누면 그 가치가 줄어들지만, 사랑이나 우정과 같은 가치는 많은 사람과 나누어도 그 크기나 본질이 변하지 않는다. 따라서 물질적 가치보다는 정신적 가치를 추구해야 한다.

10 정답 ②

진정한 행복은 좋은 일을 통해 얻을 수 있다. 올바르지 못한 방법을 사용하는 일은 좋은 일이 되지 못한다.

11 정답 ①

• 자애(慈愛) : 부모가 자녀에게 베푸는 희생적이고 헌신적인 사랑
• 우애(友愛) : 형은 동생을 사랑하고 동생은 형을 공손하게 대하여 서로 존중하는 것

⊗ 오답피하기

• 효도(孝道) : 자녀가 부모의 은혜에 보답하는 것과 정성을 다해 부모를 공경하는 것
• 경로(敬老) : 노인을 공경하는 것

12 정답 ③

지구 공동체의 문제를 해결하기 위해서는 전 지구적 차원의 협력이 필요하다. 국가 차원의 노력뿐만 아니라, 비정부 기구(NGO)의 역할도 필요하다.

13 정답 ①

제시된 대화는 갑이 선택한 도덕 원리를 더 일반적이고 포괄적인 도덕 원리에 따라 판단하는 방법인 포섭 검사에 해당한다.

14 정답 ④

사람은 언제나 욕구를 극복하고 당위를 따르는 것이 쉬운 일은 아니다. 그러나 이를 반복하여 실천하면 당위를 따르는 것이 점차 자연스러워지며, 우리는 언제나 올바른 행동을 할 수 있게 된다.

15 정답 ④

⊗ 오답피하기

① 경(敬) : 경은 의식을 집중해 흐트러짐이 없이 매사에 조심하는 것
② 참선 : 잡념을 버리고 마음을 가라앉히는 것
③ 명상하기 : 고요하게 눈을 감고 자신의 행동이나 고민 등에 대해 깊이 생각하는 것

16 정답 ③

순장이나 명예 살인은 인간의 존엄성과 기본권을 침해하므로 도덕적으로 비판의 대상이 될 수 있다. 문화로서 존중을 하면 안 된다.

17 정답 ③

신념은 어떤 것이 옳다고 굳게 믿는 것으로, 다른 사람의 신념도 존중하는 관용의 자세를 지니고, 자신의 신념이 보편적 가치를 지닐 수 있도록 반성해야 한다.

18 정답 ①

타인을 존중하는 태도를 기르기 위해서는 상대방의 말에 관심을 기울이며 경청하고, 상대방을 배려하고 존중하는 태도를 가져야 한다.

19 정답 ②

⊗ 오답피하기

① 개방성 : 나이, 성별, 직업, 인종, 국적 등과 관계없이 다양한 사람들이 참여하여 자유롭게 정보와 의견을 주고받음.
③ 익명성 : 가상 공간은 현실의 자신이 누구인지 밝히지 않아도 되기 때문에 현실 공간에서보다 더 자유롭게 자신의 의견을 표현할 수 있음.
④ 무제약성 : 시간과 공간의 제약에서 벗어나 자유롭게 활동할 수 있음.

20 정답 ③

향약은 일종의 자치 규약으로, 좋은 행실은 권장하고 어려운 일은 나누며 불편한 일은 스스로 규제하기 위한 4가지 덕목(덕업상권, 환난상휼, 과실상규, 예속상교)을 정하여 실행하였다.

21 정답 ①

부패 행위가 일어나면 공정한 분배가 이루어지지 않고, 사회가 발전하지 못하며 공동체 의식을 약화시킨다.

22 정답 ③

인간 중심주의는 인간의 필요에 따라 자연을 도구로 삼을 수 있다고 보는 입장이고, 생태 중심주의는 자연의 본래적 가치를 존중하는 입장이다.

23 정답 ④

상대방의 말과 행동을 폭력으로 느꼈다면 자신의 거부 의사를 정확하게 표현해야 한다. 그래도 상대방이 폭력을 멈추지 않는다면 주변의 친구들이나 부모님, 선생님께 알리고 도움을 요청해야 한다.

24 정답 ③

물질 만능주의 또는 황금 만능주의적 사고방식은 생명
의 가치보다 돈이나 물질의 가치를 더 중요하게 생각
하는 것으로 생명 경시 풍조의 주된 원인이 된다.

25 정답 ①

과학 기술은 여러 분야에서 인간에게 큰 도움을 준다.
하지만 과학 기술을 맹목적으로 믿기보다는 반성과 성
찰을 통해 과학 기술에 대한 문제점을 해결해야 하며,
현세대의 복지 향상뿐만 아니라 미래 세대에 대한 책
임도 가져야 한다. 교통·통신 기술의 발달은 물리적
거리를 극복하게 하여 사람 간의 교류를 자유롭게 하
였다. 또한, 인쇄 기술의 발달은 다양한 지식과 사상
을 널리 퍼뜨려 민주주의의 발전에 이바지하였다.

1교시 국어

01	③	02	④	03	④	04	④	05	③
06	②	07	③	08	①	09	④	10	③
11	③	12	①	13	②	14	④	15	④
16	①	17	④	18	①	19	②	20	③
21	④	22	②	23	④	24	④	25	②

01 정답 ③
상대방의 처지를 잘 생각하고 상대방의 마음을 불편하게 할 수 있는 이야기는 피하는 것이 좋다.

02 정답 ④
④ 주어가 남에 의해 동작을 하게 되는 것을 나타내는 '피동 표현'이다.

03 정답 ④
④ 문장의 주체인 주어의 능력 부족이나 바깥의 원인에 의해 불가능한 것을 나타내므로 '못' 부정문을 사용한다.

⊗ 오답피하기
① 지난 설날에는 떡국을 먹었다.
② 폭설로 길이 막혀서 시골에 못 갔다.
③ 할아버지, 어디 편찮으세요?

04 정답 ④
상태나 성질을 나타내는 단어를 '형용사'라고 한다. '가늘다, 길다, 안타깝다'는 형용사, '가리다, 넘기다, 닦다'는 동사에 해당한다.

05 정답 ③
청소를 함께 하자고 요청하는 문장으로 '청유문'이다.

⊗ 오답피하기
① 명령문, ② 평서문, ④ 의문문이다.

06 정답 ②
발음할 때 성대의 울림이 있는 울림소리는 자음 중에서는 'ㄴ, ㄹ, ㅁ, ㅇ'이 있는데 이 중에서 'ㄴ, ㅁ, ㅇ'은 콧소리(비음)이고, 'ㄹ'은 흐름소리(유음)이다. 모음은 모두 울림소리이다.

07 정답 ③
협상은 상대와 갈등을 일으키는 문제를 해결하기 위한 의사소통 방법으로 협상을 통해 원만한 합의점을 찾기 위해서는 조정과 타협의 과정이 필요하다.

08 정답 ①
글의 통일성을 고려하여 고쳐쓰기를 할 때에는 글 전체 수준에서 주제에서 벗어난 내용은 없는지, 주제를 잘 드러내고 있는지 살펴보는 것이 중요하다.

[09~11] 백석, 「고향」

▎갈래▎현대시, 자유시, 서정시
▎성격▎회고적, 서정적, 감각적
▎주제▎고향과 가족에 대한 그리움
▎특징▎
• 서사적 형식으로 시상을 전개
• 다정다감한 어조로 고향과 가족에 대한 그리움을 환기

09 정답 ④
이 글의 말하는 이는 타향에서 만난 의원을 통해 고향을 떠올리며 따뜻함을 느끼고 있다.

10 정답 ③

이 글에서는 '나'와 의원의 대화를 통해 시적 상황이 드러난다.

⊗ 오답피하기

④ 말하는 이는 '나'로 드러나 있다.

11 정답 ③

따뜻하고 부드러운 의원의 손길에서 고향을 떠올렸으므로 촉각적 심상으로 고향을 표현했다고 할 수는 있지만, 청각적 심상으로 고향을 나타내는 표현은 드러나지 않는다.

[12~14] 박지원, 「양반전」

| 갈래 | 한문 소설, 풍자 소설
| 성격 | 풍자적, 비판적
| 주제 | 양반의 허례허식과 경제적 무능 비판
| 특징 |
• 조선 후기의 사회 모습을 보여 줌.
• 실학 사상이 반영됨.

12 정답 ①

평민은 부자라고 하더라도 천대를 받지만 양반은 가난해도 귀한 대접을 받았기 때문에 부자는 양반이 되어 높고 영화스러운 생활을 하길 바라고 양반 신분을 산 것이다.

13 정답 ②

현실의 문제를 해결할 능력도 없이 울기만 하는 모습, 환곡을 갚지 못해 신분을 파는 양반의 모습에서 '양반의 무능함'이 드러난다.

14 정답 ④

현실적 생활 능력을 중시하는 인물로서, 양반의 경제적인 무능함과 비생산성에 대해 비판적이다.

[15~17] 황순원, 「소나기」

| 갈래 | 현대 소설, 단편 소설, 순수 소설
| 성격 | 서정적, 향토적
| 시점 | 3인칭 작가 관찰자 시점(부분적 전지적 작가 시점)
| 주제 | 소년과 소녀의 순수한 사랑
| 특징 |
• 시간의 흐름에 따른 전개
• 농촌을 배경으로 하여 소년과 소녀의 순수한 사랑을 효과적으로 표현

15 정답 ④

소녀가 이사하는 것을 가볼지 어떨지 내적 갈등을 하고 있다.

16 정답 ④

이 글의 주제는 소년과 소녀의 순수한 사랑이다.

17 정답 ②

② 좋지 않은 일이 연거푸 일어난다.

⊗ 오답피하기

① 좋은 일 위에 좋은 일이 더해진다.
③ 이왕이면 더 좋은 쪽을 택한다.
④ 원수를 갚기 위해 온갖 고난을 참아 낸다.

[18~20] 이강백, 「들판에서」

| 갈래 | 희곡
| 성격 | 교훈적, 우의적, 상징적
| 주제 | 형제간의 화해, 남북 분단 극복

18 정답 ①

연극으로 상연하는 것을 전제로 창작되는 희곡이다. 희곡은 무대에서 배우들이 직접 재연하는 갈래이므로 시·공간의 제약이 있다.

19 정답 ②

형과 아우 사이에 '밧줄'이 놓였을 때는 둘 사이의 왕래가 가능하였으나, 둘 사이에 '벽'이 생기면서 형과 아우의 왕래가 단절되고, 형제 사이의 불신·갈등이 커지게 된다.

20 정답 ③

아우는 밧줄 위로 뛰어넘기도 하고, 형과 이별하게 되었을 때 독립을 꿈꾸기도 하므로 소극적이기보다는 '적극적인 성격'이라 할 수 있다.

21 정답 ④

이 글은 설명문이므로, 읽기의 과정에 따라 글의 내용과 구조, 글쓴이의 의도 등을 예측하며 읽는 것이 적절하다.

22 정답 ②

(가)의 마지막 문장에서 '인간의 생물학적 특성은 그대로인데 인간을 둘러싼 환경이 변했기 때문'에 사람들이 좋아하는 음식들이 비만과 성인병의 원인이 된다는 내용을 제시하였다. 따라서 (가) 뒤에는 인간을 둘러싼 환경이 어떻게 변했는지에 대한 구체적인 내용이 이어져야 한다.

23 정답 ④

독자에게 미칠 영향을 예측하는 활동은 글을 읽은 독자들의 반응 등에 관해 미리 생각해 보는 것이다. 따라서 이 글을 읽은 많은 사람들이 고열량 음식을 즐겨 먹는 자신의 식습관을 돌아보게 될 것이라는 내용이 독자에게 미칠 영향을 예측한 것으로 적절하다.

24 정답 ④

(가)와 (나)에서 과도한 에너지 소비로 인한 기후 변화의 사례를 들어 (다)에서 건강하고 안전한 사회를 위해 '다소의 불편함에 익숙해져야 한다.'고 말하고 있다.

25 정답 ②

(가)에서 우리나라에서 실제 발생한 정전 사고의 사례와 구체적 수치를 제시하였고, (나)에서 우리에게 당면한 기후 변화의 예를 제시하였을 뿐 전문가의 말은 찾아볼 수 없다.

2교시 수학

01	④	02	②	03	①	04	④	05	②
06	④	07	①	08	③	09	④	10	②
11	③	12	①	13	②	14	③	15	①
16	③	17	④	18	③	19	③	20	③

01 정답 ④

| 풀이 |

소인수분해는 자연수를 소수들만의 곱으로 나타내는 것이다.

① $2 \times 5 \times 9$ ➜ 9는 소수가 아니다.
② 9×10 ➜ 9와 10은 소수가 아니다.
③ 2×3^2 ➜ $2 \times 3^2 = 2 \times 3 \times 3 = 18$이므로, 18을 소인수분해한 것이다.
④ $2 \times 3^2 \times 5$ ➜ $2 \times 3 \times 3 \times 5 = 90$이고, 90을 소인수들만의 곱으로 나타내었으므로, 참이다.

그러므로 90을 소인수분해한 것은 ④이다.

02 정답 ②

| 풀이 |

수직선 위에 수를 나타낼 때, 양수는 0(원점)을 기준으로 오른쪽에, 음수는 왼쪽에 있다.
주어진 수들을 작은 수부터 차례대로 나열하면 -5, -3, 0, $+1$, $+4$이다.
그러므로 오른쪽에서 두 번째에 있는 수는 $+1$이다.

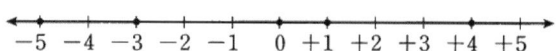

| 참고 |

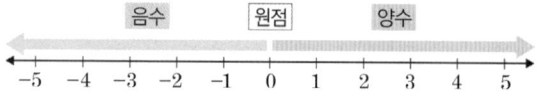

03 정답 ①

| 풀이 |

$3 - (-2) = 3 + 2 = 5$

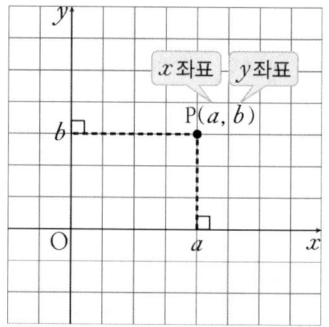

+ 더 알고가기

정수와 유리수의 뺄셈
두 수의 뺄셈은 빼는 수의 부호를 바꾸어 더한 후 계산한다.

04 정답 ④

| 풀이 |

$a = -3$이므로 $4a+1$에 a 대신 -3을 대입한다.
$4a+1 = 4 \times a + 1$과 같고, a 대신 -3을 대입하면,
$4a+1 = 4 \times a + 1 = 4 \times (-3) + 1 = -12 + 1 = -11$
이다.

05 정답 ②

| 풀이 |

일차방정식을 풀 때는 일차항을 좌변으로, 상수항을 우변으로 각각 이항한 다음 등식의 성질을 이용하여 푼다.
일차방정식 $-3x+2 = 5x-14$에서 $+2$를 우변으로, $5x$를 좌변으로 각각 이항하여 정리하면

$$-3x+2 = 5x-14 \xrightarrow{\text{이항}} -3x-5x = -14-2$$

$$\xrightarrow{\text{좌변, 우변을 각각 정리}} -8x = -16 \xrightarrow{\text{등식의 성질}}$$

$$\frac{-8x}{-8} = \frac{-16}{-8} \xrightarrow{\text{해는}} x = 2$$

+ 더 알고가기

일차방정식의 풀이

$$(\text{일차식}) = 0 \xrightarrow[\text{등식의 성질}]{\text{이항}} x = (\text{수})$$

06 정답 ④

| 풀이 |

점 A의 x좌표는 2, y좌표는 3이므로 $(2, 3)$이다.

07 정답 ①

| 풀이 |

피자 1판의 가격을 x원, 치킨 1마리의 가격을 y원이라 하면,
피자 1판의 가격이 치킨 1마리의 가격의 2배
➔ $x = 2y$
피자 2판과 치킨 2마리의 가격의 합이 $60{,}000$원
➔ $2x + 2y = 60{,}000$
치킨 1마리의 가격은 y의 값을 구하면 된다.

$$\begin{cases} x = 2y \\ 2x+2y = 60{,}000 \end{cases} \text{에서}$$

$x = 2y$를 $2x + 2y = 60{,}000$에 대입하여 정리하면
$2 \times (2y) + 2y = 60{,}000$ ➔ $4y + 2y = 60{,}000$
➔ $6y = 60{,}000$ ➔ $y = 10{,}000$
그러므로 치킨 1마리의 가격은 $10{,}000$원이다.

| 참고 |

$y = 10,000$을 $x = 2y$에 대입하여 정리하면

$x = 2 \times 10,000$ ➜ $x = 20,000$

그러므로 피자 1판의 가격은 $20,000$원이다.

08 정답 ③

| 풀이 |

총 30일 동안 조사하였으므로

$2 + 5 + 18 + A + 1 = 30$

$26 + A = 30$

$\therefore A = 4$

그러므로 방문자 수가 25명 이상인 일수는 $4 + 1 = 5$ (일)이다.

09 정답 ④

| 풀이 |

지수법칙 $a^m \times a^n = a^{m+n} \ (a \neq 0)$이고,

단항식의 곱셈은 계수는 계수끼리, 문자는 문자끼리 곱하여 계산한다.

$-2a^2 \times 6a^3 = (-2 \times 6) \times (a^2 \times a^3)$

$\qquad\qquad = -12 \times a^{2+3} = -12a^5$

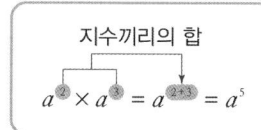

지수끼리의 합

$a^2 \times a^3 = a^{2+3} = a^5$

➕ 더 알고가기

지수법칙

m, n이 사연수일 때, $a^m \times a^n = a^{m+n}$

10 정답 ②

| 풀이 |

(확률) $= \dfrac{\text{(사건 } A \text{가 일어날 경우의 수)}}{\text{(일어날 수 있는 모든 경우의 수)}}$ 이다.

모든 경우는 (가위, 가위), (가위, 바위), (가위, 보), (바위, 가위), (바위, 바위), (바위, 보), (보, 가위), (보, 바위), (보, 보) ➜ 9가지이고 서로 비길 경우는 (가위, 가위), (바위, 바위), (보, 보) ➜ 3가지이다.

그러므로 서로 비길 확률은 $\dfrac{3}{9} = \dfrac{1}{3}$이다.

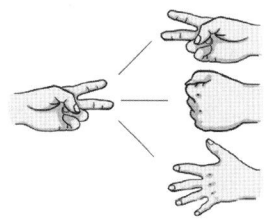

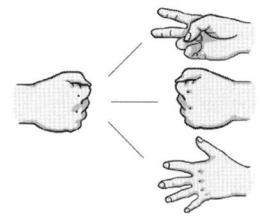

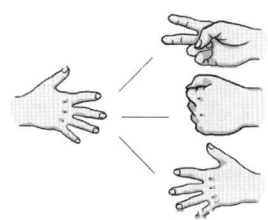

11 정답 ③

| 풀이 |

평행사변형은 마주 보는 각의 크기가 서로 같다.

➜ $\angle BAD = \angle BCD$

즉, $\angle BAD = 110°$이므로 $\angle BCD = 110°$이다.

$\angle BCD + \angle x = 180°$ ➜ $110° + \angle x = 180°$

➜ $\angle x = 180° - 110°$ ➜ $\angle x = 70°$

$\therefore \angle x = 70°$

12 정답 ①

| 풀이 |

일차함수 $y = ax + b$에서 a는 기울기, b는 y절편을 뜻한다.

$(기울기) = \dfrac{(y값의\ 증가량)}{(x값의\ 증가량)} = \dfrac{1}{3}$ 이므로, $a = \dfrac{1}{3}$

y절편은 그래프가 y축과 만나는 점의 y좌표이므로 1이다. 따라서 $b = 1$

$\therefore ab = \dfrac{1}{3} \times 1 = \dfrac{1}{3}$

13 정답 ②

| 풀이 |

$7x$를 좌변으로, $+2$를 우변으로 이항하여 정리하면

$5x + 2 \le 7x - 8$ ➜ $5x - 7x \le -8 - 2$

➜ $-2x \le -10$

부등식의 성질 $a > b$, $c < 0$이면 $\dfrac{a}{c} < \dfrac{b}{c}$이므로

일차부등식 $-2x \le -10$의 양변을 -2로 나누면

$\dfrac{-2x}{-2} \ge \dfrac{-10}{-2}$ ➜ $x \ge 5$

x는 5보다 크거나 같은 수이다. 그러므로 해를 수직선 위에 나타내면 다음과 같다.

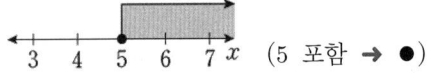 (5 포함 ➜ ●)

| 중요 |

부등식의 양변에 같은 음수를 곱하거나 양변을 같은 음수로 나누면 부등호의 방향이 바뀐다.

➜ $a < b$, $c < 0$이면 $ac > bc$, $\dfrac{a}{c} > \dfrac{b}{c}$

14 정답 ③

| 풀이 |

삼각형의 세 내각의 크기의 합은 $180°$이므로

$\angle D + \angle E + \angle F = 180°$ ➜ $35° + 80° + \angle F = 180°$

➜ $115° + \angle F = 180°$ ➜ $\angle F = 180° - 115°$

➜ $\angle F = 65°$

두 삼각형이 닮음일 때, 대응하는 각의 크기는 같으므로

$\angle A = \angle D = 35°$, $\angle B = \angle E = 80°$,

$\angle C = \angle F = 65°$이다.

$\therefore \angle C = 65°$

> **⊕ 더 알고가기**
>
> **삼각형(평면도형)에서의 닮음의 성질**
> 서로 닮은 두 삼각형(평면도형)에서
> ① 대응하는 변의 길이의 비는 일정하다.
> ② 대응하는 각의 크기는 각각 같다.

15 정답 ①

| 풀이 |

곱해서 6, 더해서 -5가 되는 수는 -2와 -3이므로 이차방정식 $x^2 - 5x + 6 = 0$에서 좌변을 인수분해하여 정리하면

$$\begin{array}{ccccc} x & & -2 & \longrightarrow & -2x \\ x & & -3 & \longrightarrow & -3x \\ \hline & & & & -5x \end{array} \ (\ +$$

$x^2 - 5x + 6 = (x - 2)(x - 3)$이다.

따라서 $x^2 - 5x + 6 = (x - 2)(x - 3) = 0$이므로

$x - 2 = 0$ ➜ $x = 2$ 또는 $x - 3 = 0$ ➜ $x = 3$

이차방정식 $x^2 - 5x + 6 = 0$의 해는 $x = 2$ 또는 $x = 3$이다.

16 정답 ③

| 풀이 |

$\sqrt{32} = \sqrt{16 \times 2} = \sqrt{16} \times \sqrt{2} = \sqrt{4^2} \times \sqrt{2} = 4\sqrt{2}$

이므로, $a = 4$임을 알 수 있다.

17 정답 ④

| 풀이 |

① 제3사분면과 제4사분면을 지난다.

② 위로 볼록한 포물선이다. ($\leftarrow y = -\dfrac{3}{2}x^2$,

$\quad a = -\dfrac{3}{2}\,(a < 0)$ 위로 볼록)

③ 꼭짓점의 좌표는 $(0, 0)$이다. ($\leftarrow y = ax^2$일 때, a의 값에 관계없이 꼭짓점의 좌표는 $(0, 0)$)

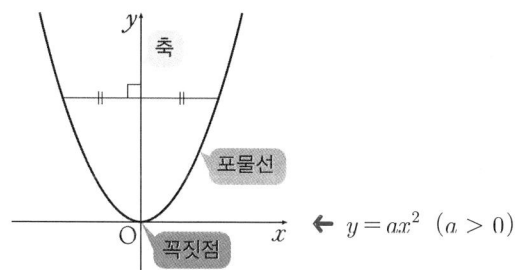

> **+ 더 알고가기**
>
> **이차함수 $y = ax^2$의 그래프**
> ① y축을 축으로 하고, 원점을 꼭짓점으로 하는 포물선이다.
> ② $a > 0$이면 아래로 볼록하고, $a < 0$이면 위로 볼록하다.
> ③ a의 절댓값이 클수록 그래프의 폭이 좁아진다.
> ④ 이차함수 $y = -ax^2$의 그래프와 x축에 대칭이다.

18 정답 ③

| 풀이 |

(정사각형의 넓이)=(한 변의 길이)^{2}이므로
□ADEB에서 $(\overline{AB})^2 = 16 = 4^2$ → $\overline{AB} = 4$
□BFGC에서 $(\overline{BC})^2 = 9 = 3^2$ → $\overline{BC} = 3$
△ABC에서 $\overline{AB} = 4\,cm$, $\overline{BC} = 3\,cm$이므로 피타고라스 정리에 의하여
$\overline{AC}^2 = \overline{AB}^2 + \overline{BC}^2$ → $\overline{AC}^2 = 16 + 9$
→ $\overline{AC}^2 = 25 = 5^2$ → $\overline{AC} = 5$
$\overline{AC}$의 길이는 $5cm$이다

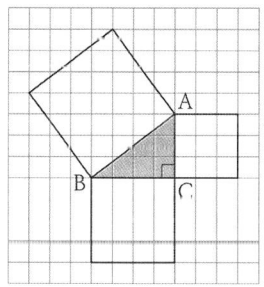

19 정답 ③

| 풀이 |

$\cos A = \dfrac{밑변}{빗변}$이므로, $\cos A = \dfrac{\overline{AC}}{\overline{AB}} = \dfrac{15}{17}$이다.

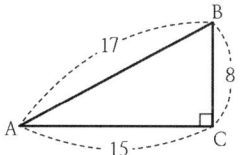

20 정답 ③

| 풀이 |

호 AB에 대한 원주각 $\angle APB$는 점 P의 위치에 따라 여러 개가 있고,

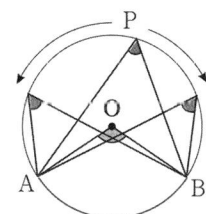

→ $\angle APB$는 모두 호 AB의 원주각이다.
한 호에 대한 원주각의 크기는 모두 같으므로 $\angle x = 50°$

	3교시		영어		
01 ①	02 ①	03 ①	04 ④	05 ②	
06 ③	07 ①	08 ④	09 ①	10 ①	
11 ③	12 ④	13 ②	14 ②	15 ③	
16 ①	17 ②	18 ②	19 ④	20 ①	
21 ①	22 ④	23 ②	24 ①	25 ③	

01 정답 ①

해석 그들은 이번 주에 신발을 싸게 팔고 있다.
어휘 sell 팔다
shoes 신발
cheap 저렴하게, 싸게

02 정답 ①

해석 ① 시작하다 – 시작하다

② 좋아하는 것 – 싫어하는 것

③ 기쁜 – 슬픈

④ 아름다운 – 못생긴

해설 ② · ③ · ④ 반의어 관계, ① 동의어 관계이다.

03 정답 ①

해석 A : David가 우리와 함께하나요?

B : 네, 그는 함께할 거예요. 그는 항상 우리와 함께하고 싶어 했어요.

어휘 join 함께하다, 가입하다

해설 join이 일반동사라 does로 물어봤기 때문에 does로 답하는 것이 맞다. yes라는 표현으로 긍정이라는 것을 알 수 있으므로 ①이 적절하다.

04 정답 ④

해석 A : 실례합니다만, 저는 병원을 찾고 있어요.

B : 한 블록 직진해서 오른쪽으로 꺾으세요. 그 것은 당신의 오른쪽에 있습니다. 쉽게 찾으실 겁니다.

어휘 hospital 병원

straight ad. 똑바로

miss v. 놓치다

해설 제시된 대화에서는 병원을 찾고 있다는 질문에 대하여 한 블록 직진하여 오른쪽으로 돌면 오른쪽에 있다고 말하고 있으므로 그림의 ④가 병원의 위치로 적절하다.

05 정답 ②

해석 A : 그는 지금 뭐하는 중이야?

B : 그는 수영장에서 수영하는 중이야.

어휘 swim 수영하다

pool 수영장

해설 현재진행형으로 묻고 답하는 내용이다. 따라서 He is swimming ~으로 답하는 것이 적절하다.

06 정답 ③

해석 • 내가 없는 동안 아기를 돌봐주세요.

• 나는 당신을 다시 만나기를 <u>기대합니다</u>.

① 깨뜨리다　　　　② 덮다

③ 보다　　　　　　④ 자르다

해설 look after는 '돌보다', look forward to는 '~을 기대하다'라는 숙어이다. 따라서 공통으로 빈칸에 들어갈 단어는 look이 알맞다.

07 정답 ①

해석 A : 오늘은 수요일입니다. 비가 오고 있습니다.

B : 금요일은 어떤가요?

A : 흐릴 것입니다.

① 흐린　　　　　　② 비 오는

③ 눈 오는　　　　　④ 맑은

어휘 Wednesday 수요일

Friday 금요일

해설 금요일은 흐릴 것이라는 cloudy가 빈칸에 알맞다.

08 정답 ④

해석 A : <u>어디서 오셨나요?</u>

B : 나는 한국에서 왔어요. 당신은요?

① 당신은 몇 살이에요

② 여기서 뭐하고 있는 중이에요

③ 이거 얼마예요

④ 어디서 오셨나요

해설 B의 답변으로 보아 A의 질문은 출신지를 묻는 질문이다.

09 정답 ①

해석 A : Julie, 할로윈 파티 좋아하니?

B : 물론이지. 좋아해. 너는 어때?

A : 나도 좋아해.

해설 두 사람은 할로윈 파티에 대해 이야기하고 있다.

10 정답 ①

해석 A : 언제 여름 방학이 시작되나요?

B : 다음 주 토요일부터 시작돼요.

① 언제   ② 어떻게

③ 왜   ④ 어디서

어휘 vacation 휴가, 방학

start 시작하다

해설 B의 답변으로 보아 A는 방학의 시작에 대한 질문이 제시되어야 한다.

11 정답 ③

해석 A : 무슨 색깔이 당신에게 최고인가요?

B : 파란색이 제게 최고예요.

어휘 best 최고의, 가장 좋은

해설 B의 답변으로 보아 A는 색깔에 대한 질문이 제시되어야 한다.

12 정답 ④

해석 A : 정말 감사합니다.

B : _____.

① 제 기쁨이죠

② 천만에요

③ 별말씀을요

④ 그러고 싶은데 할 수 없어

해설 A의 감사를 표현한 문장의 답변으로 들어갈 수 없는 것은 ④이다.

13 정답 ②

해석 이름 : 고미라

이메일 주소 : kkkk@hotmail.net

취미 : 수영

생일 : 1988년 10월 9일

14 정답 ②

해석 엄마 : 설거지하고 있어. 줄리야, 좀 도와줄래?

줄리 : 미안해요, 나 바빠요. 숙제하고 있어요.

어휘 wash the dishes 설거지하다

sorry 미안한

do one's homework 숙제하다

해설 설거지를 도와달라고 하였다.

15 정답 ③

해석 미국에서, 추수 감사절은 11월 4째주 목요일에 기념됩니다. 그것은 추수에 대한 감사를 표현하기 위해 거행됩니다. 대부분의 사람들은 가족과 친구들과 함께 이 공휴일을 축하합니다. 그들은 구운 칠면조, 으깬 감자, 그리고 다른 가을 야채들을 먹습니다.

어휘 thanksgiving 추수 감사절

celebrate 기념하다, 축하하다

express 표현하다

harvest 수확

holiday 공휴일

turkey 칠면조

vegetables 야채

해설 첫 번째 문장이 이 글의 주제문으로 추수 감사절에 대하여 설명하고 있다.

16 정답 ①

해석 엄마 아빠에게,

안녕하세요, 엄마 아빠! 이제 조부모님이 되셨어요. 그리고 저는 아빠가 되었어요. 어제 제 아내 Maria가 작은 소녀인 아기를 낳았어요. 우리는 그녀에게 Elena라는 이름을 주었어요. 모두가 Elena가 저를 닮았다고 이야기해요.

어휘 grandparents 조부모

look like ~처럼 보이다

해설 주어신 글은 글쓴이가 자신의 부모님에게 손주의 탄생을 알리는 목적으로 쓴 글이다.

17 정답 ②

해석 물을 낭비하지 마라. 물을 데우는 데 많은 에너지가 필요하다. 그러니 샤워를 더 짧게 해라! 그것은 물을 절약하는 좋은 방법이다.

어휘 waste 낭비하다
water 물
heat 데우다
need 필요로 하다
a lot of 많은
energy 에너지
take showers 샤워를 하다
way 방법
save 절약하다

해설 물을 낭비하지 말고 절약하라고 주장하고 있다.

18 정답 ②

해석 A : 이번 주 토요일에 영화를 보러 갈래?
B : 좋은 생각이야. 몇 시에 만날까?
A : 2시 어때?
B : 좋아! 그때 보자.

해설 go to the movies는 영화를 보러 가자는 의미이다.

19 정답 ④

해석 소방관은 빠르게 일해야만 한다. 화재 벨이 울렸을 때, 그들은 뛰어올라 트럭에 타고 가능한 한 빨리 화재 현장에 가야만 한다.
① 경찰관   ② 선생님
③ 승무원   ④ 소방관

어휘 get on 타다
as soon as ~하자마자

해설 주어진 글의 빈칸은 불과 관련해서 일하는 직업이 들어가야 알맞으므로 ④가 적절하다.

20 정답 ①

해석 A : 조심해! 너는 거의 넘어질 뻔했어.
B : 오, 땅에 무언가가 있었어.

어휘 fall down 넘어지다

해설 A는 넘어질 뻔한 B에 대해서 주의를 주고 있다.

21 정답 ①

해석 Columbus는 1492년에 신대륙을 발견했다.

해설 주어진 문제는 글의 시제에 따른 동사 변화 문제이다. in 1492로 과거임을 알 수 있으므로 ①이 적절하다.

22 정답 ④

해석 톰은 오늘 조부모님을 방문했다. 그들은 벼와 야채를 재배했다. 점심 후, 그는 논에서 일했다. 힘든 일이었지만, 농사에 대해서 많은 것을 배웠다.

어휘 visit 방문하다
grow rice 벼를 재배하다
field 논, 들판
hard work 힘든 일
learn 배우다
farming 농사

해설 톰의 부모님에 관한 내용은 없다.

23 정답 ②

해석 뉴질랜드 날씨는 어때?
(A) 나도 눈 보러 거기에 가고 싶다.
(B) 여기는 눈이 오고 있어. 정말 멋져.
(C) 언젠가 네가 여기 와 봤으면 좋겠다.

어휘 weather 날씨
see 보다
hope 희망하다

해설 날씨에 대해 묻고 있으므로 날씨 상태를 말해 주는 B가 먼저 오는 것이 옳다. 또한 두 사람의 대화는 날씨에 대해 의견을 나누고 있으므로 (B) - (A) - (C) 순서가 적절하다.

24 정답 ①

해석 하늘은 파랗고 양들은 들판에서 행복하게 달린다. 나는 그냥 풀밭에 누워 어제 받은 선물을 생각하고 있다. 걱정할 것은 아무것도 없다.
① 평화로운　　　　② 유머러스한
③ 무서운　　　　　④ 외로운

어휘 sheep 양
happily 행복하게
field 들판
grass 잔디밭
present 선물
lay down lie down(눕다)의 과거

해설 주어진 글에서 '행복하게 달린다' 혹은 '걱정할 것이 없다'라는 표현을 통해 글의 분위기가 평화로운 것을 알 수 있다.

25 정답 ③

해석 요즘 많은 사람들이 등산하는 것을 좋아한다. 그러나 가끔 등산이 위험할 수 있다. 여기에 안전한 등산을 위한 몇 가지 조언이 있다.

어휘 climb 등산하다
mountain 산
these days 요즘
sometimes 가끔
dangerous 위험한
safe 안전한

해설 마지막 문장에서 안전한 등산을 위한 조언이 뒤에 나올 것이라 했으므로 ③이 알맞다.

4교시　사회

01	①	02	②	03	③	04	③	05	①
06	④	07	④	08	④	09	①	10	②
11	④	12	②	13	③	14	④	15	①
16	④	17	①	18	②	19	④	20	④
21	②	22	③	23	④	24	③	25	①

01 정답 ①

건조 기후 지역은 강수량보다 증발량이 많으며, 사막이 발달한 곳이 많다. 건조 기후 지역은 사막과 초원이 분포하는데, 사막에서는 오아시스 농업이나 관개 농업을 하고, 초원에서는 초지를 찾아 이동하면서 가축을 키우는 유목이 이루어진다. 주민들은 뜨거운 햇볕을 피하기 위해 얇은 천으로 온몸을 감싸는 형태의 옷을 주로 입는다.

02 정답 ②

석유는 20세기 들어와 가솔린 내연 기관의 발명으로 널리 사용되었고, 관련 공업이 발달하면서 오늘날 가장 중요한 자원이 되었다. 석유는 전 세계에서 가장 많이 이용되는 에너지 자원이자, 화학 공업의 필수 원료이다. 총매장량의 60% 이상이 서남아시아에 집중되어 있으며, 주요 소비지와 떨어져 있기 때문에 국제 이동량이 많다. 주로 미국, 한국, 일본, 독일 등에서 수입하며, 우리나라는 울산과 여수에 석유 화학 공업이 발달해 있다.

03 정답 ③

사빈은 모래사장으로 파랑에 의한 퇴적 작용으로 형성된다. 주로 해수욕장으로 이용된다.

04 정답 ③

지진은 땅이 갈라지고 흔들리는 현상이다. 지진이 발생하면 가옥이 파괴·손상되고 산사태 등도 발생하여 큰 피해를 입는다. 지진 해일은 해저에서 발생한 지진에 의해 바닷물이 일시적으로 멀리까지 빠져나갔다가 높은 파도와 함께 해안으로 밀려오면서 해안 지역에 큰 피해를 입히는 현상이다. 지진이 발생하면 주변의 물건들이 떨어지면서 사고가 날 수 있으므로 몸을 보호할 식탁이나 책상 밑으로 들어가는 것이 더 안전하다.

05 정답 ①

우리나라는 초고령 사회로 빠르게 진입하고 있지만 노인을 위한 복지 시설이나 의료 시설, 노후 보장 제도는 미흡한 편이다. 또 핵가족화 현상에 따라 노인이 사회와 가족으로부터 소외되는 문제가 나타나고 있다. 한편 고령화 현상이 계속되면 청장년층 인구가 부양해야 할 노년층 인구가 크게 증가하여 세대 간 갈등이 나타날 수 있다. 이러한 문제를 해결하려면 노인 의료 및 운동 시설 확충을 통한 건강 지원, 노인을 위한 직업 훈련, 노인 일자리 확대 등을 통한 근로 지원, 연금 제도 개선, 노후 준비 프로그램 개발 등을 통한 노후 준비 서비스 지원, 노인 돌봄 서비스 사업, 노인 임대 주택 보급을 통한 생활 및 주거 지원 등 다양한 노력이 필요하다.

① 저출산의 경우 육아 휴직 제도를 확충하고, 출산·양육 보조금을 지급하며, 무상 교육을 실시하는 등 출산을 장려하기 위한 정책이 필요하다.

06 정답 ④

뉴미디어는 생산자와 소비자 간의 경계가 모호해지는 성격이 나타난다.

07 정답 ④

1948년 팔레스타인 지역에서 팔레스타인 거주 지역을 무력으로 정복하고 주변 아랍 국가들과 지속적인 갈등을 일으킨 국가는 이스라엘이다. 이스라엘의 종교는 유대교이다.

08 정답 ④

공정 무역은 유통 과정을 줄여 생산자에게 정당한 가격을 지급하여 경제적으로 자립할 수 있도록 해 주는 무역 방식이다.

09 정답 ①

걷기, 말하기 등의 기초적인 생활 방식을 익히고, 기본 인성과 가치관이 형성되는 유아·아동기에는 가정이 중요한 사회화 기관이다. 아동기를 거쳐 청소년기에는 또래 집단과 관계를 맺으며 가정의 영향에서 점차 벗어나 독립적인 인간으로서의 생활 방식을 익힌다. 학교는 어린이와 청소년의 발달 단계에 맞추어 사회에서 요구하는 다양한 지식과 기능을 학습할 기회를 제공한다. 성인이 되어 직업을 갖게 되면 일하는 방법을 직장에서 배우게 된다. 현대 사회에서는 많은 사람이 라디오, 텔레비전, 인터넷과 같은 대중 매체를 통해 다양한 정보를 얻으면서 사회화를 경험하게 된다.

10 정답 ②

(가)는 자기 문화를 우수하다고 보고, 다른 사회의 문화를 열등하다고 여기는 자문화 중심주의의 태도이다. (나)는 다른 사회의 문화를 우수한 것으로 보고, 자신의 문화를 열등하다고 여기는 문화 사대주의의 태도이다. 자문화 중심주의와 문화 사대주의가 모두 어떤 특정한 문화가 옳거나 우수하다는 절대적 기준을 인정하는 데 비해 문화 상대주의는 특정 문화가 무조건 옳다는 절대적 기준을 부정한다.

11 정답 ④

(가)는 자유권으로 신체의 자유, 정신적 자유, 경제적 자유가 있다. (나)는 참정권으로 선거권, 공무 담임권, 국민 투표권이 있다. (다)는 청구권으로 청원권, 재판 청구권, 국가 배상 청구권이 있다.

12 정답 ②

현대 민주 국가에서 채택한 선거의 기본 원칙은 보통, 평등, 직접, 비밀 선거이다. 보통 선거란 일정 연령 이상의 모든 국민에게 선거권을 부여하는 것으로 지역, 종교, 신분, 재산 등에 따라 선거권을 제한해서는 안 된다는 원칙이다.

13 정답 ③

의원 내각제는 한 번의 선거를 통해 의회가 형성되고, 국회의원이 과반수 이상 당선된 정당에서 총리를 선출하여 행정부를 구성하는 정부 형태이다.

14 정답 ①

청구권은 국민이 국가나 타인에 의해 기본권을 침해당하였을 때 이를 구제받기 위한 수단으로서의 기본권이다. 여기에는 재판을 청구할 권리, 공무원의 불법 행위 때문에 손해를 입은 국민이 국가에 손해 배상을 청구할 권리, 국민의 바람이나 어려움을 해결해 달라고 신청할 권리인 청원권 등이 있다.

15 정답 ①

경제 활동의 종류로 생산, 분배, 소비가 있다. 생산은 사람들이 필요로 하는 재화와 서비스를 만들거나 그 가치를 증대시키는 활동이며, 분배는 생산 과정에 참여한 대가를 받는 것으로 임금, 이자, 지대가 있다. 소비는 분배받은 소득으로 재화나 서비스를 구입하여 사용하는 행위이다.

16 정답 ④

상품의 가격이 P에서 P'으로 오르면 구입하려는 소비자가 적어지기 때문에 수요량이 감소한다. 이로 인해 가격과 수요량의 관계를 나타내는 수요 곡선은 우하향하는 형태를 갖는다. 일반적으로 상품의 가격이 오르면 판매하려는 공급자가 많아지기 때문에 공급량이 증가한다. 이 경우 팔고자 하는 수량이 사고자 하는 수량보다 많아지면서 초과 공급이 발생한다.

17 정답 ①

(가) 동예에서는 다른 읍락의 경계를 침범할 경우 소나 말 또는 노비로 보상하게 하는 책화의 풍습이 있었다. 같은 씨족끼리는 혼인하지 않았으며, 무천이라는 제천 행사가 있었다.

(나) 부여에서는 수렵 사회의 전통을 보여 주는 영고라는 제천 행사가 12월에 열렸다. 이때에는 하늘에 제사를 지내고 노래와 춤을 즐겼으며 죄수를 풀어주기도 하였다. 또한 왕이 죽으면 많은 사람을 껴묻거리와 함께 묻는 순장의 풍습이 있었다.

18 정답 ②

6세기 전반 법흥왕은 신라의 중앙 집권 체제를 완성하였다. 그는 나라의 법령인 율령을 반포하고, 17관등과 모든 관리들이 입는 공복을 정하여 골품제를 정비하였다. 또 병부를 설치하여 군사 지휘권을 장악하였으며, 진골 귀족 회의의 대표자인 상대등을 두어 중앙 집권 국가의 모습을 갖추었다. 한편 김해의 금관가야를 정복하여 낙동강 유역으로 진출하는 발판을 마련하였다.

19 정답 ④

원·명 교체기의 혼란 속에서 왕위에 오른 공민왕은 반원 자주와 왕권 강화를 위해 여러 가지 개혁 정치를 추진하였다. 실추되었던 자주성을 회복하기 위해 고려의 정치에 간섭하였던 정동행성 등 원의 관청을 없애고, 원의 간섭으로 낮추어진 관제를 복구하였다. 또한 빼앗긴 철령 이북의 영토를 회복하였고 몽골식 생활 풍습을 금하였다. 그리고 왕권 강화를 위해 친원파를 제거하였으며, 전민변정도감을 설치하여 불법적인 농장을 없애 토지를 원래 주인에게 돌려주고 농장의 노비들을 해방시켰다.

⊗ 오답피하기

ㄱ. 정조, ㄴ. 세종의 업적이다.

20 정답 ④

원 간섭기에 공민왕은 권문세족을 견제하기 위해 신진 사대부를 등용하였다. 조선은 신진 사대부 참여로 건국된다.

21 정답 ②

영조의 탕평책을 계승한 정조는 왕권 강화에 힘썼다. 자신의 정치적 이상을 실현하기 위해 수원에 화성을 축조하여 계획 도시로 건설한 뒤 아버지 사도 세자의 묘인 융릉을 화성으로 옮기고 화성 행차를 자주 하였다. 또 규장각을 왕권을 뒷받침하는 정치 기구로 육성하였으며, 친위 부대인 장용영을 설치하여 군사적 기반을 확보하였다.

22 정답 ③

청의 군신 관계 요구 거절로 조선을 침략한 사건을 병자호란이라 한다. 조선의 왕 인조는 남한산성에서 항전을 하지만 청의 요구를 받아들여 삼전도에서 굴욕적인 강화를 맺는다.

23 정답 ④

한인 애국단은 김구를 중심으로 1931년 조직되었다. 윤봉길 의사의 의거 이후 중국 정부가 대한민국 임시 정부를 적극 지원하는 계기가 되었다.

24 정답 ③

임시 정부의 지도자 김구는 한인 애국단을 조직하여 대한민국 임시 정부의 활동에 활기를 불어넣고자 하였다. 또 김구와 김규식은 평양에 남북 협상을 제안하여 통일 정부를 수립하고자 하였다.

25 정답 ①

4·19 혁명은 이승만과 자유당 정권이 3·15 부정 선거를 실시하자 그동안 이승만과 자유당 정권의 부정부패와 독재에 불만을 가진 국민들이 민주주의를 지키기 위해 일으킨 사건이다. 자유당 정권은 이승만의 대통령 당선이 확실시되자, 부통령에 같은 자유당원인 이기붕을 당선시키기 위해 3·15 선거에서 부정적인 방법을 사용하였다. 4·19 혁명으로 이승만이 물러나고, 장면 내각이 성립되었다.

01	③	02	①	03	②	04	①	05	②
06	③	07	②	08	②	09	③	10	④
11	④	12	①	13	③	14	④	15	③
16	②	17	③	18	②	19	②	20	③
21	③	22	①	23	①	24	③	25	①

01 정답 ③

수평 방향으로 물체에 한 일의 양은 물체에 가한 힘과 물체가 이동한 거리의 곱으로 계산한다. 100N의 힘을 가해 물체가 4m 이동했으므로 사람이 물체에 한 일은 400J이다.

02 정답 ①

부력의 크기 = (공기 중에서의 무게 − 물속에서의 무게)이므로 5N − 3N = 2N이 부력의 크기이다.

03 정답 ②

반사 법칙에 의해 입사각과 반사각이 같으므로 입사각이 커지면 반사각이 커진다.

⊗ 오답피하기

① 입사각은 A로 50°이다.
③ 반사각은 90 − B° = 50°이다.
④ 반사 법칙은 입사각의 크기와 반사각의 크기가 같은 것을 의미한다.

04 정답 ①

두 개의 저항이 직렬로 연결된 경우 전체 저항은 두 저항의 합으로 계산할 수 있다. 따라서 전체 저항은 $2\Omega + 4\Omega = 6\Omega$이다. 전류의 세기는 저항에 반비례하고 전압에 비례하기 때문에

전류의 세기 $= \dfrac{12V}{6\Omega} = 2A$이다.

05 정답 ②

열의 이동에 의해 5분에 열평형 상태에 도달했고 열평형 온도는 30℃이다.

⊗ **오답피하기**

① 열은 온도가 높은 쪽에서 낮은 쪽으로 이동하는 에너지이므로, 뜨거운 물에서 차가운 물로 이동한다.

③ 뜨거운 물은 열을 잃어 온도가 낮아지면서 입자 운동은 둔해진다.

④ 차가운 물이 얻은 열량과 뜨거운 물이 잃어버린 열량은 같다.

06 정답 ③

비열은 물질 1kg의 온도를 1℃ 변화시키는 데 필요한 열량으로 비열이 클수록 온도 변화가 작다. 물은 비열이 커서 온도 변화가 작아 온수 매트나 찜질 팩, 자동차 냉각수 등에 사용한다.

07 정답 ②

(+)대전체와 A가 가까워지고 있으므로 A는 (−)전하를 띠고 A와 B가 서로 밀려나고 있는 것을 통해 B는 A와 같은 전하인 (−)전하를 띠고 있음을 알 수 있다. 같은 전하 사이에 밀어내는 힘을 척력, 다른 전하 사이에 잡아당기는 힘을 인력이라고 한다.

08 정답 ②

기체의 온도가 높아지면 기체 입자의 운동이 활발해지고 입자 사이의 거리가 멀어지면서 기체 부피가 증가해 고무풍선의 크기가 커진다

고무풍선 속 입자의 개수, 크기, 종류는 변하지 않는다.

09 정답 ③

음이온은 원자핵의 (+)전하량보다 전자의 총 (−)전하량이 더 크다.

③ 원자핵의 (+)전하량이 +8일 때 전자의 총 (−)전하량이 −10이므로 −2의 음이온이다.

①·④ 중성 원자 : 원자핵의 (+)전하량 = 전자의 총 (−)전하량

② 양이온 : 원자핵의 (+)전하량 > 전자의 총 (−)전하량

10 정답 ④

암모니아 분자는 질소 원자 1개, 수소 원자 3개로 이루어져 있다. 원자의 개수는 원소 기호 뒤 아래에 작은 숫자로 표기하고 1은 생략한다.

11 정답 ④

화합물(BN_2)을 이루는 볼트(B)와 너트(N)의 개수비가 1 : 2이므로, 볼트(B) 2개에 필요한 너트(N)는 4개가 필요하다.

12 정답 ①

기름은 물에 섞이지 않고 물보다 밀도가 작아 물 위에 떠 있으므로, 흡착포 등을 이용하여 바다 위 기름을 제거할 수 있다.

13 정답 ③

질량 보존 법칙은 화학 반응이 일어날 때 '반응 물질의 총 질량 = 생성 물질의 총 질량'이 성립한다는 법칙으로 화학 변화가 일어날 때 물질을 구성하는 원자의 종류와 개수가 달라지지 않고 원자 배열만 변하기 때문에 성립한다.

14 정답 ①

A는 원생생물계로 핵막을 가지고 있는 생물 중 식물계, 균계, 동물계에 속하지 않는 생물 무리를 말한다.

⊗ **오답피하기**

① 핵막을 가지고 있지 않은 생물계는 원핵생물계이다.

② 버섯과 푸른곰팡이는 균계에 속한다.

③ 원생생물계의 생물은 광합성이 가능한 생물과 광합성이 불가능한 생물 모두 있다.

15 정답 ③

증산 작용은 식물체 내의 물이 잎의 기공을 통해 수증기 상태로 빠져나가는 현상으로 햇빛이 강할 때, 습도가 낮을 때, 온도가 높을 때, 바람이 강할 때, 식물체 내 수분량이 많을 때 잘 일어난다.

16 정답 ②

(가)는 부영양소로 에너지원이 아니고, (나)는 3대 영양소로 에너지원이다.

17 정답 ③

A : 코, B : 기관, C : 폐포, D : 가로막
폐포는 얇은 막으로 된 공기주머니로 모세 혈관으로 둘러싸여 있다. 폐포는 공기와 접촉하는 표면적을 넓혀 주어 기체 교환이 효율적으로 일어나게 한다.

18 정답 ②

세포 분열은 간기 → 전기(C) → 중기(B) → 후기(D) → 말기(A) 순서로 진행된다.

⊗ 오답피하기
① · ③ 체세포 분열은 염색체 수가 변하지 않고 2가 염색체가 등장하지 않는다.
④ 세포판이 형성되어 세포질 분열이 일어나는 시기는 말기(A)이다.

19 정답 ②

가계도 조사 : 특정 형질에 대한 한 집안의 구성원 조사를 통해 특정 형질이 유전되는 방식을 알아볼 수 있다.

20 정답 ③

토양은 암석이 오랫동안 풍화를 받아 잘게 부서지고 성분이 변하여 식물이 자랄 수 있는 흙을 말한다. 토양은 생물이 살아가는 데 필요한 물질과 서식지를 제공한다.

21 정답 ③

A · B · D 불포화 상태, C 포화 상태로 공기가 포화 상태에 도달하면 상대 습도는 100%이다.

22 정답 ③

(가) 하현, (나) 삭, (다) 상현, (라) 보름(망)으로 달의 공전에 의해 위상 변화가 생긴다. 일식은 태양−달−지구가 일직선상에 놓이는 (나) 위치에서 일어날 수 있다.

23 정답 ①

수성은 태양에 가장 가까운 행성으로 물과 대기가 거의 없어 운석 구덩이가 많다. 낮과 밤의 기온 차가 매우 크다.

24 정답 ③

연주 시차는 지구에서 별을 6개월 간격으로 관측했을 때 나타나는 시차의 절반으로 별까지의 거리는 연주 시차와 반비례 관계이다.

25 정답 ①

우리은하는 옆에서 보면 중심부가 부풀어 있는 원반 모양이고, 위에서 보면 막대 형태의 중심부 끝에 나선 모양의 팔이 감겨 있는 막대 나선 은하에 속한다.

6교시 도덕

01	①	02	①	03	③	04	②	05	③
06	④	07	④	08	④	09	④	10	④
11	①	12	③	13	④	14	③	15	③
16	②	17	②	18	①	19	④	20	④
21	①	22	①	23	①	24	④	25	①

01 정답 ①
제시문은 양심에 대한 설명이다. 양심은 우리가 자발적으로 바람직한 행동을 하도록 이끌고, 잘못했을 때에는 죄책감과 부끄러움을 느끼게 하는 역할을 한다.

02 정답 ①
효는 우리를 낳고 길러 주신 부모님의 사랑과 은혜에 감사하는 마음의 표현이다. 우리 조상은 효를 자녀로서 마땅히 지켜야 할 도리라고 생각해 매우 강조하였다.

03 정답 ③
제시된 "나"라는 학생은 도덕적 지식은 있으나 비도덕적 행동이 이익이 된다고 여겼기 때문에 남의 물건을 몰래 훔쳤다.

04 정답 ②
공정한 경쟁이 이루어지려면 경쟁 규칙의 동등한 적용, 경쟁 참여 기회의 실질적 보장, 경쟁에 뒤처진 사람에게 최소한의 인간다운 삶 지원 등의 조건이 필요하다.

05 정답 ③
도덕적으로 자율적인 사람은 욕구를 이성적으로 절제하며, 책임감 및 도덕적 실천 의지가 강하고 보편적 가치와 인격을 존중하는 마음을 지니고 있다.
③ 도덕적으로 자율적인 사람은 이익이 되는 일과 손해가 되는 일이 아니라 옳은 일과 옳지 않은 일로 구분하는 모습을 보여 준다.

06 정답 ④
자아 정체성은 '나는 어떤 사람이다.'라고 명확하게 인식하는 느낌으로 자신에 대한 통합적이고 총체적인 생각을 의미한다. 이러한 통합적 인식은 자신에 대한 진지한 고민의 결과로서 형성되는 것이지, 신체적 성숙과 더불어 자연스럽게 형성되는 것이 아니다.

07 정답 ④
사이버 공간은 현실 공간과 다르지 않다. 또한 사이버 공간에서는 해악을 끼치기 쉽고, 그 파급력이 크기 때문에 도덕적 책임이 필요하다.

08 정답 ④
갈등을 반드시 부정적으로 생각할 필요는 없다. 평화적 방법으로 갈등을 해결하여 더욱 건강하고 행복한 가정을 만드는 계기로 받아들여야 한다.

09 정답 ④
양성평등을 실천하려면 성 역할에 관한 고정 관념을 버리고, 여성과 남성이 평등하다는 의식을 지녀야 한다. 그리고 여성과 남성이 차별받지 않고 동등하게 사회생활을 할 수 있도록 법과 제도를 개선해야 한다.

10 정답 ④
가족 사이의 대화와 소통은 일시적인 것이 아니라 지속적인 것이어야 하고 평소 일상의 이야기를 나누며, 그때그때 감정을 솔직하게 표현할 때 서로를 더 잘 이해할 수 있고 가족 간의 유대감이 커질 수 있다.

11 정답 ①
자기 존중은 스스로 자신을 가치 있는 사람이라고 여기고, 자신을 아끼고 소중히 여기는 태도이다. 자기 존중의 마음, 곧 자기 존중감은 자신을 긍정적으로 바라보는 태도에서 형성된다.

12 정답 ③

문화가 상대적이라고 해도 그 안에 담긴 도덕 규범까지 상대적인 것은 아니기 때문에 타 문화를 바라볼 때 보편 규범에 근거하여 성찰할 필요가 있다.

13 정답 ④

제시된 내용은 시민 불복종의 조건 중 목적의 정당성에 대한 설명이다.

14 정답 ③

예절을 바탕으로 서로 존중할 때 원만한 인간관계를 유지할 수 있다.

15 정답 ③

과학 기술의 발달로 시간과 공간의 제약이 극복되고 지식과 문화의 평등한 보급이 이루어진다. 또한 정보 통신 기술의 발달로 사람들 사이의 교류가 확대되었다.

16 정답 ②

아리스토텔레스에 의하면, 인간은 사회적 본성을 타고난다. 인간은 본래 다른 사람들과 고립되어 살아갈 수 없는 사회적 존재이기 때문이다. 이에 따라 가정이 생겨나고 사회가 구성되며, 이러한 토대가 국가를 이루게 한다. 따라서 인간이 시민적 유대감과 결속을 누리며 행복한 삶을 살기 위해서 국가가 형성되었다고 보았다. 이러한 관점을 자연발생설이라고 부른다.

17 정답 ②

친구와는 무조건 뜻을 함께하는 것을 우정으로 생각하는 경우가 있다. 예를 들어, 다른 사람에게 피해를 줄수 있는 일이라도 친구가 하고자 한다면 같이하는 것을 우정이라고 생각한다. 그러나 이는 진정한 우정이라고 볼 수 없다. 진정한 친구라면 나쁜 일은 그만두도록 충고하고 좋은 일은 서로 권해야 한다.

18 정답 ①

정의로운 사회를 추구하는 까닭은 기본적 권리를 동등하게 보장하기 위해, 공정하게 분배하기 위해, 신뢰하고 협력하는 공동체를 만들기 위해서이다.

19 정답 ④

세계 시민 의식을 바탕으로 지구 공동체의 문제를 해결하려고 노력할 때, 우리는 지구촌 사람들과 함께 협력하면서 행복하게 살 수 있을 것이다.

20 정답 ④

아리스토텔레스는 우리가 추구하는 궁극적 목적은 행복이라고 하였다. 그래서 행복은 목적 그 자체이며, 다른 목적들은 행복을 이루기 위한 수단에 불과한 것이라고 하였다. 또한 진정한 행복에 이르기 위해서는 이성으로 물질적인 욕구나 감정을 잘 조절하여 중용의 덕을 쌓아야 하며, 이러한 덕에 따라 살아가야 한다고 주장하였다.

21 정답 ①

남북한 간의 교류와 협력에 있어 유의해야 할 점은 북한에 대한 우월감을 가지고 시혜적 차원으로 접근해서는 안 된다는 것이다.

22 정답 ①

포섭 검사는 선택한 도덕 원리를 더 일반적이고 포괄적인 도덕 원리에 따라 판단하는 방법이다.

23 정답 ①

주어진 글에서처럼 맹자는 사람은 누구나 선한 마음을 가지고 태어나지만, 지나친 욕구나 환경에 의해 악한 행위를 할 수 있다고 보았다. 그래서 끊임없이 선한 본성을 갈고닦아 나쁜 행동을 하지 않도록 노력해야 한다고 주장하였다.

24 정답 ④

사실 판단은 사실을 있는 그대로 서술한 판단으로 객관적으로 참과 거짓을 구분할 수 있는 판단이다. 내 혈액형이 A형이라는 것은 사실에 해당되는 것이다.

⊗ 오답피하기

① 민정이의 모습이 아름다웠다는 것은 개인의 의견이 반영된 가치 판단이다.

② 백두산 천지가 좋았다는 것은 개인적 의견이 담겨진 가치 판단이다.

③ 세상에서 사랑이 가장 중요하다는 것은 좋고 나쁨, 옳고 그름 등 개인의 의견이나 가치관이 담긴 가치 판단이다.

25 정답 ①

다른 문화가 생겨난 독특한 환경이나 역사적 사회적 상황 등을 이해하면서 다른 문화를 바라보는 관점이 필요하다.

제4회

1교시 국어

01 ④	02 ④	03 ①	04 ④	05 ④
06 ②	07 ③	08 ③	09 ②	10 ④
11 ③	12 ④	13 ④	14 ④	15 ③
16 ④	17 ④	18 ④	19 ③	20 ④
21 ③	22 ③	23 ③	24 ③	25 ②

01 정답 ④
말할 내용을 잊을까 걱정이 될 때에는 중요한 내용만 메모해서 말할 때 참고하거나 발표를 충분히 연습하는 것이 도움이 된다.

02 정답 ④
사적이거나 지역색을 살려야 하는 상황에서는 지역 방언을 사용하는 것이 효과적이다.
▶ 오답피하기
①·②·③ 공적인 상황이므로 의사소통에 불편을 덜기 위해 표준어를 사용하는 것이 바람직하다.

03 정답 ①
'배가 고파서, 밥을 먹었다.'는 하나의 문장이 다른 문장의 원인이나 조건이 되는 종속적으로 이어진 문장이다.

04 정답 ④
머리띠의 값을 높이고 있으므로 '오천 원이에요.'가 바른 표현이다.

05 정답 ④
'겉' 뒤에 모음으로 시작하면서 실질적인 의미가 있는 말이 이어지기 때문에 받침 'ㅌ'은 [ㄷ]으로 바뀌어 발음된다. 따라서 '겉옷을'의 발음은 [거도슬]이 된다.

06 정답 ②
'이빨'은 '이'를 낮잡아 이르는 말로, '이, 치아'라는 표현을 쓰는 것이 바람직하다.

07 정답 ③
언어가 시간이 흐르면서 계속 변한다는 것은 '역사성'에 해당한다.
▶ 오답피하기
① 언어의 자의성 : 언어의 말소리와 의미는 필연적인 관련이 없다.
② 언어의 창조성 : 인간은 한정된 단어로 새로운 표현을 무한하게 만들 수 있다.
④ 언어의 사회성 : 언어는 사회 구성원의 약속이기에 개인이 함부로 바꿀 수 없다.

08 정답 ③
'자연 친화적인 한옥의 특징'은 한옥의 우수성보다는 아름다움과 관련된 내용이니까 순서를 조정하는 것이 적절하다.
▶ 오답피하기
① [중간 1]과 [중간 2]의 순서를 바꾸는 것은 적절한 수정 방법이 아니다.
② '더운 여름과 시원한 마루'는 한옥의 우수성으로 [중간 3]에 적절한 내용이다.
④ 한옥 체험을 권유하는 내용은 글의 끝부분에 추가해야 한다.

[09~11] 김소월, 「엄마야 누나야」

| **갈래** | 자유시, 서정시
| **성격** | 민요적, 감각적
| **주제** | 평화로운 삶에 대한 소망
| **특징**
• 3음보의 율격
• 수미상관의 구조를 사용함.
• 어린 화자의 목소리를 통해 동요적 분위기를 형성함.

09 정답 ②
'엄마야∨누나야∨강변 살자'와 같이 3음보로 끊어 읽을 수 있다.

10 정답 ④
청각적 심상은 실제 귀로 듣는 것 같은 느낌을 주는 심상으로, '울음'과 같이 소리, 음성, 음향 등 소리와 관련한 구체적인 표현이 들어 있어야 한다.
오답피하기
① 촉각적 심상, ② 후각적 심상, ③ 시각적 심상이다.

11 정답 ③
'강변'은 순수하고 평화로운 공간, 말하는 이에게 행복과 평화를 가져다주는 안식처, 고통스러운 현실로부터 벗어날 수 있는 이상향을 의미한다.

[12~14] 하근찬, 「수난이대」

| **갈래** | 단편 소설, 전후 소설
| **성격** | 토속적, 상징적, 사실적
| **주제** | 역사적 시련과 이를 극복하려는 의지
| **특징**
• 부자(父子)의 비극과 수난을 통해 우리 민족의 역사적 아픔을 보여 줌

12 정답 ③
서술자가 만도와 진수의 심리, 생각을 직접 서술하고 있으므로 '전지적 작가 시점'이라 할 수 있다.

13 정답 ②
(가) 문단을 통해 일제 강점기 많은 조선 사람들이 어디로 가는지도 모른 채 징용에 끌려간 것을 알 수 있다.

14 정답 ④
'외나무다리'는 아버지와 아들을 화해시키고 새로운 삶의 가능성을 보여 주는 소재인 동시에, 인물 간의 갈등을 보여 주는 것이 아니라 '인물 간의 갈등을 해소'시키는 소재다.

[15~17] 작자 미상, 「춘향전」

| **갈래** | 고선 소설, 판소리계 소설, 애정 소설
| **성격** | 해학적, 풍자적
| **주제**
• 지고지순한 남녀 간의 사랑
• 탐관오리에 대한 응징
• 평등한 사회에 대한 갈망

15 정답 ③
변 사또는 아둔하고 상황 판단력이 없어, 몽룡의 정체도 눈치채지 못하고 술주정을 하며 '춘향'을 불러오라고 명령하고 있다.

16 정답 ④
이 글은 판소리의 영향을 받은 고전 소설로 작가가 누구인지 밝혀져 있지 않다.

17 정답 ④
㉠은 '어사또'가 지은 시로, 사또의 사치스러운 생일잔치와 백성들의 고통을 내비하여 탐관오리의 횡포를 실타하며 새로운 사건이 전개될 것임을 예고하는 역할을 한다.

18 정답 ④

이 글을 쓴 궁극적인 목적은 지구상의 기아와 빈곤을 퇴치하기 위해 국가적, 개인적으로 나눔의 실천이 필요함을 알리기 위해서이다.

19 정답 ③

유엔 세계 식량 계획의 '2011년 세계 기아 지도' 발표 자료를 인용하여 주장에 신뢰성을 높였다.

20 정답 ④

⊗ 오답피하기

ㄱ. 팝 아트는 익숙한 대상을 소재로 한다.

21 정답 ③

자료를 참고하며 글을 읽으면 모르는 것을 해소하고 글과 관련된 배경지식을 넓힐 수 있으며, 글의 내용을 깊이 있게 이해하고 능동적인 독서 습관을 기를 수 있다. 다양한 종류의 글을 한 번에 읽는 것은 자료를 참고하며 글을 읽을 때 얻을 수 있는 효과로 볼 수 없다.

22 정답 ③

(나) 문단에서 리히텐슈타인은 팝 아트의 일종으로 만화의 한 장면을 광고 게시판 크기로 확대하여 표현한 기법을 사용했음을 확인할 수 있다.

[23~25] 차범석, 「새야 새야 파랑새야」

┃갈래┃ 희곡, 역사극
┃성격┃ 사실적, 비극적
┃주제┃ 민족의 역사적 상황에서 바람직한 삶의 자세
┃특징┃
• 역사적 사실을 바탕으로 함.
• 상반된 두 인물의 갈등을 통해 바람직한 삶의 가치를 제시함.

23 정답 ③

(다) 문단을 통해 지식인들이 제대로 활동하지 못하도록 조작극을 벌여 체포하였음을 알 수 있다.

⊗ 오답피하기

① 오세정과 같은 친일 운동을 한 사람들이 부유하게 살았다.
② (나) 문단 '아녀자가 ~ 들어가라니까!'에서 아내와 남편의 지위가 동등하지 않았음을 확인할 수 있다.
④ 일진회는 친일 활동 단체이다.

24 정답 ③

'농민'은 농사짓는 일을 생업으로 삼는 사람으로 현재도 쓰이고 있으므로, 당시 시대적 배경을 나타내는 것이라 볼 수 없다.

⊗ 오답피하기

㉠ 일진회, ㉡ 동학군, ㉣ 데라우치 총독 암살 음모 사건은 동학 농민 운동 때와 일제 강점기라는 시대적 배경을 나타낸다.

25 정답 ②

'글의 짜임'은 글의 내용을 효과적으로 전달하기 위해 일정한 질서를 갖추어 구조화해 놓은 것으로, 사회·문화·역사적 상황을 파악하는 방법과는 거리가 멀다.

2교시 수학

01	②	02	②	03	②	04	①	05	②
06	①	07	②	08	②	09	③	10	②
11	③	12	①	13	③	14	③	15	①
16	②	17	③	18	④	19	④	20	②

01 정답 ②

| 풀이 |

어떤 자연수를 소인수들만의 곱으로 나타내는 것을 소인수분해라 한다. 소인수분해한 결과는 크기가 작은 소인수부터 나타내고, 같은 소인수의 곱은 거듭제곱으로 나타낸다.

44를 소인수분해하면

→ $44 = 2 \times 2 \times 11 = 2^2 \times 11$

$$\begin{array}{r|r} 2 & 44 \\ \hline 2 & 22 \\ \hline & 11 \end{array}$$

02 정답 ②

| 풀이 |

음수는 절댓값이 클수록 작은 수이고, 양수는 절댓값이 클수록 큰 수이다.

또한 항상 (음수) < 0 < (양수)이다.

따라서 크기순으로 나열하면 -3, -2, 0, 1, 2이므로 가장 큰 수와 가장 작은 수의 곱은

$(-3) \times (2) = -(3 \times 2) = -6$이다.

03 정답 ②

| 풀이 |

일차방정식을 풀 때는 미지수 x를 포함한 항은 좌변으로, 상수항은 우변으로 이항하여 $ax = b$의 꼴로 고친 후 등식의 성질을 이용하여 해를 구한다.

일차방정식 $x + 5 = -2x + 11$의 5를 우변으로, $-2x$를 좌변으로 이항하여 정리하면

$x + 5 = -2x + 11$ → $x + 2x = 11 - 5$ → $3x = 6$

→ $\dfrac{3x}{3} = \dfrac{6}{3}$ → $x = 2$

∴ $x = 2$

| 참고 |

이항이란 등식의 성질을 이용하여 등식의 한 변에 있는 항을 부호를 바꾸어 다른 변으로 옮기는 것

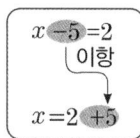

04 정답 ①

| 풀이 |

제3사분면에 있는 점의 x좌표는 음수, y좌표는 음수이므로 x, y좌표가 모두 음수인 좌표는 ① $(-4, -1)$이다.

② $(-2, 5)$ → 제2사분면, ③ $(1, 3)$ → 제1사분면,
④ $(6, -7)$ → 제4사분면에 있는 점이다.

구분	제1사분면	제2사분면	제3사분면	제4사분면
x좌표의 부호	+	−	−	+
y좌표의 부호	+	+	−	−

05 정답 ②

| 풀이 |

자료를 일정한 간격으로 나눈 구간을 계급, 각 계급에 속하는 자료의 수를 그 계급의 도수라고 하고 자료 전체를 몇 개의 계급으로 나누고, 각 계급의 도수를 조사하여 나타낸 표를 도수분포표라고 한다.

일조 시간이 6시간 이상 8시간 미만인 날은 2일이고, 8시간 이상 10시간 미만인 날도 2일이므로 6시간 이상 10시간 미만인 날은 $2 + 2 = 4$로 모두 4일이다.

06 정답 ①

| 풀이 |

서로 다른 두 직선이 한 직선과 만날 때 엇갈린 위치에 있는 각을 각각 서로 엇각이라 하고, 두 직선이 평행하면 동위각의 크기는 같다.

그러므로 75°와 엇각은 ∠a → ∠a = 75°
90°와 엇각은 ∠b → ∠b = 90°이다.

$\therefore \angle a = 75°, \quad \angle b = 90°$

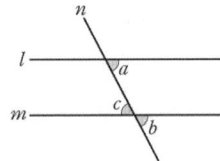

↑ $l /\!/ m$이면 $\angle a = \angle b$ (동위각), $\angle a = \angle c$ (엇각)

07 정답 ②

| 풀이 |

삼각형의 세 내각의 크기의 합은 항상 180°이다.

➜ $40° + \angle B + \angle C = 180°$

이등변삼각형의 두 밑각의 크기는 같다.

➜ $\angle B = \angle C$

➜ $40° + \angle B + \angle B = 180°$ ➜ $40° + 2\angle B = 180°$

➜ $2\angle B = 180° - 40°$

➜ $\angle B = \dfrac{1}{2} \times (180° - 40°) = \dfrac{1}{2} \times 140° = 70°$

➜ $\angle B = \angle C = 70°$

평각의 크기는 180°이다. ➜ $\angle C + \angle x = 180°$

➜ $70° + \angle x = 180°$ ➜ $\angle x = 180° - 70° = 110°$

$\therefore \angle x = 110°$

| 참고 |

다각형의 내각과 외각의 합은 항상 180°이다.

➜ 이등변삼각형의 두 밑각의 크기는 같다.

08 정답 ②

| 풀이 |

$\begin{cases} 2x + y = 5 \\ x - y = 1 \end{cases}$에서 변끼리 더하면

$(2x + x) + (y - y) = 5 + 1$ ➜ $3x = 6$ ➜ $x = 2$

$x = 2$를 $x - y = 1$에 대입하여 정리하면

$2 - y = 1$ ➜ $-y = 1 - 2$ ➜ $-y = -1$ ➜ $y = 1$이다.

$\therefore x = 2, \ y = 1$

09 정답 ③

| 풀이 |

밑이 같은 문자끼리 지수법칙을 이용하여 간단히 할 수 있다. 그러므로 순서를 바꾸어 밑이 같은 문자끼리 계산하면,

$2ab^2 \times a^2 b = 2 \times a \times b^2 \times a^2 \times b = 2 \times a \times a^2 \times b^2 \times b$

$\qquad\qquad\quad = 2a^{1+2} \times b^{2+1} = 2a^3 \times b^3 = 2a^3 b^3$

> ➕ 더 알고가기
>
> **지수법칙**
>
> m, n이 자연수일 때, $a^m \times a^n = a^{m+n}$

10 정답 ②

| 풀이 |

그래프가 점 $(2, 4)$를 지나므로 함수 $y = ax$에 $x = 2$, $y = 4$를 대입하여 정리하면

$4 = a \times 2$ ➜ $\dfrac{4}{2} = \dfrac{2a}{2}$ ➜ $2 = a$

$\therefore a = 2$

> ➕ 더 알고가기
>
> **함수 $y = ax \ (a \neq 0)$의 그래프**
>
> 함수 $y = ax$의 그래프는 원점을 지나는 직선이다.
>
> ① $a > 0$일 때
>
>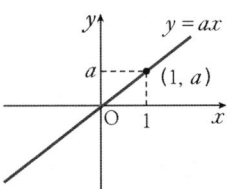
>
> 그래프는 제1, 3사분면을 지난다.
>
> ② $a < 0$일 때
>
>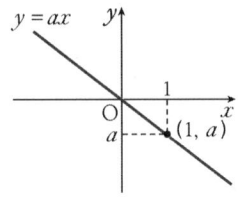
>
> 그래프는 제2, 4사분면을 지난다.

11 정답 ③

| 풀이 |

(정사각형의 넓이)=(정사각형의 한 변의 길이)^{2}이므로 정사각형의 한 변의 길이를 x라 하면

$x^2 = 27$ ➡ $x = \pm\sqrt{27}$

변의 길이는 양수이므로 정사각형 한 변의 길이는 $\sqrt{27}$이다. 근호 안의 수에 제곱인 인수가 있으면 이 것을 근호 밖으로 꺼내어 나타낸다.

$\sqrt{27} = \sqrt{3 \times 3 \times 3} = \sqrt{3^2 \times 3} = \sqrt{3^2}\sqrt{3} = 3\sqrt{3}$

12 정답 ①

| 풀이 |

인수분해 공식 $a^2 + 2ab + b^2 = (a+b)^2$에 의하여

$x^2 + 14x + 49 = x^2 + 2 \times x \times 7 + 7^2 = (x+7)^2$이다.

그러므로 ☐에 알맞은 수는 7이다.

∴ ☐ = 7

| 참고 |

$$a^2 + 2 \times a \times b + b^2$$
제곱　　　　제곱

13 정답 ③

| 풀이 |

이등변삼각형의 꼭지각의 이등분선은 밑변을 수직이 등분하므로, $\overline{BD} = \overline{CD}$

$\overline{BD} = \overline{CD}$이므로 $\overline{CD} = 4\,\mathrm{cm}$이다.

그러므로 $\overline{BC} = \overline{BD} + \overline{CD} = 4\,\mathrm{cm} + 4\,\mathrm{cm} = 8\,\mathrm{cm}$

14 정답 ③

| 풀이 |

두 원의 반지름의 길이의 비가 $1:2$이므로 닮음비도 $1:2$이다. 서로 닮은 두 도형의 넓이의 비는 닮음비의 제곱과 같으므로 넓이의 비는 $1^2 : 2^2 = 1 : 4$이다.

큰 원의 넓이를 x라 하면

$1 : 4 = 20\,\mathrm{cm}^2 : x$ ➡ $1 \times x = 4 \times 20\,\mathrm{cm}^2$ ➡ $x = 80\,\mathrm{cm}^2$

큰 원의 넓이는 $80\,\mathrm{cm}^2$이다.

> **+ 더 알고가기**
>
> **닮은 도형의 넓이의 비**
> 평면도형에서 서로 닮은 두 도형의 넓이의 비는 닮음비의 제곱과 같다. 즉, 닮음비가 $m:n$이면 넓이의 비는 $m^2 : n^2$이다.

15 정답 ①

| 풀이 |

이차방정식 $x^2 - 7x + 10 = 0$에서 좌변을 인수분해하여 정리하면

$$
\begin{array}{ccc}
x & \diagdown\!\!\!\diagup & -2 \longrightarrow -2x \\
x & \diagup\!\!\!\diagdown & -5 \longrightarrow -5x \quad (+ \\
\hline
& & -7x
\end{array}
$$

$x^2 - 7x + 10 = (x-2)(x-5)$이다.

따라서 $x^2 - 7x + 10 = (x-2)(x-5) = 0$이므로

$x - 2 = 0$ ➡ $x = 2$ 또는 $x - 5 = 0$ ➡ $x = 5$

이차방정식 $x^2 - 7x + 10 = 0$의 해는 $x = 2$ 또는 $x = 5$이다. 그러므로 다른 한 근은 $x = 5$이다.

16 정답 ②

| 풀이 |

① 위로 볼록한 그래프이다. ➡ 이차항의 계수가 양수 이므로 아래로 볼록하다.

② 꼭짓점의 좌표는 $(2, 0)$이다.

③ y절편은 1이다. ➡ y절편은 그래프가 y축과 만나 는 점의 y좌표이므로 2이다.

④ 점 $(1, 0)$을 지난다. ➡ 그래프는 점 $(1, 0)$을 지나 지 않는다.

17 정답 ③

| 풀이 |

중앙값은 자료를 크기순으로 나열하였을 때, 중앙의 값을 말한다. 자료의 개수가 7개이므로 네 번째의 수가 중앙값이다.

자료가 크기순으로 정리되어 있으므로, 네 번째의 수를 읽으면 21이다.

18 정답 ④

| 풀이 |

$\triangle ABC$에서 피타고라스 정리에 의하여

$\overline{AB}^2 + \overline{BC}^2 = \overline{AC}^2$이다.

$4^2 + 3^2 = \overline{AC}^2$ → $16 + 9 = \overline{AC}^2$ → $\overline{AC}^2 = 25$

→ $\overline{AC} = \pm 5$

삼각형의 변의 길이는 양수이므로 $\overline{AC} = 5$cm이다.

(정사각형의 넓이) = (한 변의 길이)^{2}이므로

(정사각형 ACDE의 넓이) = $\overline{AC}^2 = 5^2 = 25$

∴ 25cm^2

19 정답 ④

| 풀이 |

$\sin A = \dfrac{\text{높이}}{\text{빗변}}$ 이므로, $\sin A = \dfrac{\overline{BC}}{\overline{AB}} = \dfrac{8}{17}$이다.

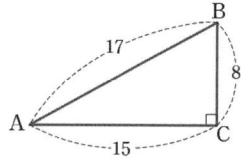

20 정답 ②

| 풀이 |

한 원에서 호의 길이는 그 호에 대한 중심각의 크기에 정비례하고, 호의 길이와 그 호에 대한 원주각의 크기도 정비례한다.

호의 길이가 2cm, 4cm이므로 호의 길이의 비가

2cm : 4cm = 1 : 2이고,

원주각의 크기의 비도 1 : 2이다.

$1 : 2 = 10° : x°$ → $2 \times 10° = 1 \times x°$

∴ $x = 20$

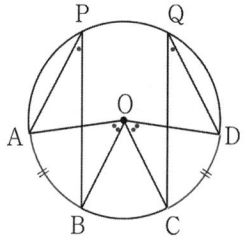

01	④	02	④	03	④	04	②	05	④
06	①	07	③	08	②	09	③	10	②
11	②	12	③	13	④	14	①	15	④
16	③	17	③	18	①	19	①	20	②
21	④	22	①	23	②	24	③	25	①

01 정답 ④

해석 그는 매우 이상한 사람이다.

어휘 strange 이상한, 낯선

02 정답 ④

해석 ① 위험한 – 안전한   ② 느린 – 빠른
③ 게으른 – 부지런한   ④ 명석한 – 똑똑한

해설 ① · ② · ③ 반의어 관계, ④ 동의어 관계이다.

03 정답 ④

해석 A : 영화 좋아하니?
B : 아니, 하지만 책과 음악이 좋아.

어휘 movie 영화
book 책
music 음악

해설 Do로 물으면 Yes, I do 또는 No, I don't 중에 하나로 답하며 내용상 No, I don't가 자연스럽다.

04 정답 ②

해석 A : 실례합니다. 은행이 어디에요?
B : 직진해서 첫 번째 모퉁이에서 오른쪽으로 꺾으세요. 그것은 당신의 오른쪽에 있습니다.

어휘 bank n. 은행
corner n. 모퉁이

해설 대화에서 직진 후 첫 번째 모퉁이에서 오른쪽으로 꺾으면 오른쪽에 있다고 언급하고 있고 그림에서 이러한 안내와 일치하는 것으로 ②가 적절하다.

05 정답 ④
해석 A : 얼마나 <u>많은</u> 사람이 거기 있어요?
B : 16명이 있어요.
해설 질문의 답변으로 숫자가 제시되어 있으므로 질문은 수를 물어볼 수 있는 단어가 제시되어야 한다.

06 정답 ①
해석 • 그 산은 겨울에 눈으로 덮여 있다.
• 나는 이 결과에 만족한다.
어휘 mountain 산
be covered with ~로 덮여 있다
winter 겨울
be satisfied with ~로 만족하다
result 결과

07 정답 ③
해석 ① Tom의 점수는 반에서 가장 낮다.
② Mina의 점수는 Tom보다 높다.
③ David의 점수는 Mina보다 낮다.
④ Jane의 점수는 반에서 가장 높다.

08 정답 ②
해석 A : <u>서울에서 얼마나 오래 살았나요</u>?
B : 3년 동안 살았어요.
① 여기서 얼마나 먼가요
② 서울에서 얼마나 오래 살았나요
③ 전화번호가 무엇인가요
④ 주소가 어떻게 되세요
해설 '3년 동안 살았다.'는 B의 답변으로 보아 A의 질문은 얼마나 오래 살았는지가 적절하다.

09 정답 ③
해석 A : 쇼핑 가자.
B : 미안해, 갈 수 없어. 나 숙제가 많아.

어휘 go shopping 쇼핑을 가다
a lot of 많은
homework 숙제
해설 할 숙제가 많아 쇼핑 가자는 제안에 거절한 내용이다.

10 정답 ②
해석 A : 너 슬퍼 보여. <u>무슨 일이야</u>?
B : 나 수학 시험에 실패했어.
① 왜 　　　② 무엇을
③ 누가 　　　④ 어디서
어휘 fail 실패하다
해설 B의 답변으로 보아 A의 질문은 무슨 일이 있었는지에 대한 것이어야 한다.

11 정답 ②
해석 A : 너에게 내 <u>소개를 할게</u>. 내 이름은 Mike야.
B : 만나서 반가워, Mike.
① 사랑하다 　　② 소개하다
③ 놀라게 하다 　　④ 놀다, 연주하다
어휘 myself 나 자신
해설 두 사람의 대화는 처음 만나서 소개하고 인사를 나누고 있는 것으로 보인다. 따라서 자신을 소개하는 단어인 ②가 적절하다.

12 정답 ③
해석 A : 얼마나 자주 쇼핑을 하러 가시나요?
B :
① 일주일에 한 번이요
② 이따금씩요
③ 친구와 함께요
④ 한 달에 2번이요
해설 A의 질문의 'often'이라는 단어를 통해 A는 쇼핑의 빈도수를 묻고 있음을 알 수 있다. ③은 누구와 쇼핑을 가는지의 질문이 제시되어야 하므로 주어진 대화문의 답으로는 적절치 않다.

13 정답 ④

해석 게시판

날씨	시간표	청소
☀	1교시 : 수학 2교시 : 과학	그룹 B

14 정답 ①

해석 남자 : 실례합니다. 근처에 서점 있나요?

여자 : 네. 두 블록 직진해서 좌회전하세요.

어휘 bookstore 서점

15 정답 ④

해석 Robert는 벌레를 싫어한다. 그리고 나도 그렇다.

어휘 bug 벌레

해설 시제나 인칭에 따라 조동사 do, does, did로 표현되고 주어가 I이므로 neither do I가 알맞다.

16 정답 ③

해석 학생 여러분께,

알다시피, 우리 학교는 반 대항 야구 경기를 개최할 예정이었습니다. 그러나 재정적 문제 때문에, 게임을 취소한다고 알리게 되어 유감입니다. 다시 한번 경기를 취소하게 되어서 죄송합니다.

어휘 hold 개최하다

competition 경기, 경쟁

financial 재정의

regret to ~해서 유감이다

inform 알리다

cancel 취소하다

해설 주어진 글은 we regret ~ 문장을 통해서 경기 취소에 대한 유감을 표현하고 있음을 알 수 있다.

17 정답 ③

해석 감자칩은 튀긴 감자의 얇은 조각들이다. 조지 스펙이 1835년에 처음으로 감자칩을 만들었다. (그는 감자를 종이만큼 얇게 썰었다.) 감자칩은 지금 매우 인기가 있다.

어휘 slice 얇게 썰다

potato 감자

thin 얇은

paper 종이

potato chip 감자칩

piece 조각

fried 튀긴

popular 인기 있는

해설 George Speck = He이므로 ③의 자리에 들어가는 것이 적절하다.

18 정답 ①

해석 A : 나 더 싼 비행기로 가고 싶어.

B : 그럼, 내가 너를 위해 이 비행기를 예약할게.

어휘 cheaper 더 싼

book 예약하다

해설 B의 답변으로 보아 B가 A를 위해 할 일은 비행기표를 예약하는 것이다.

19 정답 ①

해석 어제는 Tom의 생일이었다. 그의 부모는 그를 놀라게 해 주고 싶었고, 큰 생일 파티를 계획했다. 그들은 파티를 위해 많은 것을 구매했다. Tom의 엄마는 다양한 음식을 준비했다. 부모님 덕분에, Tom은 친구들과 멋진 시간을 보낼 수 있었다.

① 놀라게 하다　　② 싫어하다

③ 낙담시키다　　④ 단념시키다

어휘 a lot of 많은

prepare 준비하다

variety 여러 가지

dish 요리

해설 주어진 글은 Tom의 깜짝 파티에 대한 글이다. 따라서 빈칸은 surprise가 적절하다. 다른 보기들은 부정적인 단어들이어서 빈칸에 적절하지 않다.

20 정답 ②

해석 사람들은 이것을 매우 많이 좋아한다. 많은 사람들이 항상 이것을 듣고 싶어 한다. 많은 종류의 이것이 있다. 팝, 재즈, 록, 힙합 등등
① 자동차 　　　　② 음악
③ 전화기 　　　　④ 영화

어휘 want 원하다
listen to 듣다
various kinds of 다양한 종류의
pop 팝
jazz 재즈
rock 록 음악
hiphop 힙합
and so on 기타 등등

해설 이것은 음악을 의미한다.

21 정답 ④

해석 A : 여권을 보여 주세요.
B : 잠시만요. 오 이런. 집에 두고 온 것 같네요.

어휘 passport 여권
left leave(두고 오다)의 과거

해설 A의 질문에 B는 여권을 두고 왔다고 대답하고 있으므로, B의 심정은 당황스러울 것이라 추측할 수 있다.

22 정답 ①

해석 할아버지께서는 시골에 사신다. 아빠와 나는 어제 할아버지를 방문했다. 우리는 할아버지께 선물을 드렸고 할아버지는 매우 기뻐하셨다.

어휘 grandfather 할아버지
country 시골, 나라
visit 방문하다
yesterday 어제
present 선물

해설 (a) 아빠, (b)·(c)·(d) 할아버지를 나타낸다.

23 정답 ②

해석 Jane, 저 남자분 누구셔?
(A) 그는 무슨 일을 하시니?
(B) 그는 내 아버지야.
(C) 그는 의사야.

해설 남자가 누군지 묻고 있으므로 (B)가 먼저 오는 것이 적절하다. (A)의 문장은 직업을 묻고 있으므로 직업에 대한 답으로 (C)가 적절하다.

24 정답 ③

해석 Woobi는 내 애완 고양이이다. 나는 그를 비 오는 날 처음 만났다. 그는 쏟아지는 비에 몸을 떨고 있었다. 나는 그를 들어 올려서 수의사에게 갔다. 며칠 후, 그는 건강을 회복했다. 이제 그는 나의 가장 소중한 친구이다.

어휘 shake 떨다
pouring 쏟아지는
lift 들어 올리다
vet 수의사
recover 회복하다

25 정답 ①

해석 여기에 좋은 학습 환경을 조성하는 몇 가지 팁이 있다. 첫째, 조용한 장소를 찾아라. 둘째, 꼭 충분히 밝아야 한다. 셋째, 펜과 연필을 가까이에 두어라.

어휘 here are 여기에 ~이 있다
tip 조언, 팁
learning environment 학습 환경
quiet 조용한
place 장소
make sure 꼭 ~하다
enough light 충분한 빛
near at hand 가까이에

제5회

01	③	02	④	03	①	04	③	05	①
06	④	07	②	08	③	09	④	10	④
11	④	12	①	13	①	14	③	15	②
16	②	17	②	18	①	19	①	20	④
21	①	22	④	23	④	24	①	25	③

01 정답 ③

지도는 지표면의 현상을 평면에 나타낸 그림으로, 축척, 기호, 방위 등을 이용한다. 지도에서 방위를 나타내는 기호가 없을 때에는 일반적으로 지도의 위쪽을 북쪽, 오른쪽을 동쪽으로 본다.

02 정답 ④

한대 기후는 일 년 중 겨울이 길고 매우 추우며 여름은 짧다. 한대 기후 중 툰드라 기후는 짧은 여름 동안에만 기온이 0℃ 이상으로 올라간다. 툰드라 기후 지역은 기온이 낮아 농사가 어렵기 때문에 사냥과 어업 활동, 순록 유목이 발달했다. 따라서 식생활 중 다른 어떤 기후 지역보다 육류가 차지하는 비중이 크다. 또한 날고기를 먹음으로써 채소를 먹지 않고도 부족한 비타민과 철분을 섭취하고 있다.

03 정답 ①

호른, U자곡, 피오르 등은 빙하의 침식 작용으로 형성된 지형이다. 호른은 산 정상 부근에서 빙하가 암석을 뜯어내듯이 깎아 만든 뾰족한 산봉우리이다. U자곡은 빙하의 침식 작용에 의해 만들어진 U자 모양의 골짜기이며, 피오르는 빙하에 의해 침식된 U자곡이 후빙기에 해수면이 상승하면서 바닷물에 의해 침수된 해안이다.

04 정답 ③

우리나라는 오늘날 저출산·고령화 문제가 나타나고 있다. 저출산 현상은 출산 장려 정책, 보육 시설 확충, 공공 교육 서비스 지원 등을 통해 해결할 수 있다. 한편, 고령화 현상으로 인한 노동력 부족 문제를 해결하기 위해 노인 일자리를 창출하고, 노년층을 부양해야 하는 청장년층의 부담을 줄이기 위해 연금 제도를 정비해야 한다.

③ 인구 억제 정책은 1970년대 급격한 인구 증가를 억제하기 위해 우리나라에서 실시된 정책이다.

05 정답 ①

쌀은 다른 식량 작물에 비해 높은 기온과 많은 강수량을 필요로 하기 때문에 아시아의 계절풍 기후 지역에서 집중적으로 재배된다. 이 지역은 세계 쌀 생산량의 대부분을 차지하고 있지만 인구가 조밀하여 쌀의 대소비지이기도 하다. 따라서 쌀은 비교적 국제 이동량이 적은 편이며, 주요 수출국은 타이, 베트남, 미국 등이다.

06 정답 ④

역도시화 현상이란 대도시의 주거 환경이 열악해지고, 교통과 통신이 발달하면서 대도시의 인구가 촌락으로 이동하는 현상이다.

07 정답 ②

인간의 욕구는 무한한 데 비하여 이를 충족시킬 수 있는 자원의 양은 상대적으로 한정되어 있다. 열대 지방의 에어컨이나 대도시에서의 주차 공간, 시험 기간의 도서관 자리, 게임의 고급 아이템 등은 상대적으로 한정되어 있는 자원의 희소성을 의미하는 것이다. 더운 지방에서는 많은 사람들이 에어컨을 필요로 하고, 대도시에서는 차량에 비해 주차 공간이 부족하며, 시험 기간의 도서관 자리나 게임의 고급 아이템은 많은 사람이 원하지만 양은 한정되어 있으므로 희소한 자원이다.

08 정답 ③

선거 공영제는 공정한 선거를 위해 마련된 제도 중 하나로, 선거를 국가에서 관리하고 선거 자금을 국가에서 일부 혹은 전부 지원하여 선거 기회의 균등을 보장하는 것이다.

09 정답 ④

우리나라는 법관이 외부의 간섭이나 영향을 받지 않고, 헌법과 법률에 의하여 양심에 따라 재판하도록 사법부의 독립을 보장하고 있다. 이러한 사법부의 독립은 공정한 재판을 통해 국민의 기본권을 보장하기 위해서 마련된 것이다.

10 정답 ④

정보화로 인해 나타나게 되는 정보 사회에서 이전의 산업 사회와 여러 면에서 다른 모습이 나타나게 된다. 지식과 정보가 사회를 변화시키는 가장 중요한 부의 원천이 되고, 다품종 소량 생산 방식의 경제가 형성되며, 재택 근무나 인터넷 쇼핑과 같이 생산과 소비 활동의 유연성이 증가하게 된다. 또한 사이버 공간에서의 문화가 발전하게 되면서, 시간과 공간을 초월하여 새로운 인간관계를 형성하게 된다.
④ 정보 사회에서는 기존 산업 사회와 달리 2차 산업(제조업)의 중요성이 유지되는 가운데, 3차 산업(문화나 서비스업 등)의 비중이 증가하게 된다.

11 정답 ④

(가)는 사회권으로 근로의 권리, 교육을 받을 권리 등이 있다. (나)는 평등권으로 다른 기본권 보장의 전제 조건이다. (다)는 청구권으로 청원권, 재판 청구권, 국가 배상 청구권이 있다.

12 정답 ①

인간이 태어나서 그가 속한 사회에서 살아가는 데 필요한 지식이나 행동 양식, 가치관 등을 배워 나가는 과정을 사회화라고 한다. 사회화를 통해 개인은 독특한 개성과 자아를 형성한다. 또한 사회 구성원들 사이에 문화가 공유되고 다음 세대에 전달되어 사회가 유지·발전된다. 사회화는 사회 집단의 행동 양식과 규범 등 문화를 학습하고, 개성을 형성해 나가는 과정을 의미하므로 사회마다 사회화의 내용이 다르다.

13 정답 ①

대법원은 국가 최고의 법원이며, 대법원장과 대법관으로 구성되어 있다. 3심 재판을 담당하며 대법원의 판결은 최종적인 효력을 가진다.

14 정답 ③

기본권은 공공복리(ㄱ), 국가 안전 보장(ㄴ), 질서 유지(ㄷ)를 위해서 필요한 경우에만 제한할 수 있다.

⊗ **오답피하기**

ㄹ. 행정의 효율성을 높이기 위해 기본권을 제한하는 것은 헌법에 어긋나므로 옳지 않다.

15 정답 ②

제시된 그래프는 가격과 공급량 사이의 비례 관계를 보여 주는 공급 곡선이다. 가격이 오르면 공급량이 증가하고, 가격이 내리면 공급량이 감소한다.

16 정답 ②

비무장 지대는 1953년 휴전 협정 전문 제1조에 따라 설치되었다. 이 지역 내에서는 민간 행사와 구제 사업을 제외한 어떠한 적대 시설이나 적대 행위를 할 수 없도록 규정되어 있고, 민간인과 군인을 막론하고 군사 정전 위원회의 특정한 허가 없이는 출입할 수 없다. 군사 분계선을 따라 남북 방향으로 약 4km 설정된 지역으로, 군사 분계선을 중심으로 남쪽 2km 지점은 남방 한계선, 북쪽 2km 지점은 북방 한계선이다. 이곳은 오랫동안 민간인의 출입이 통제된 지역으로 희귀 동물들의 주요 서식지로서 생태적 가치가 매우 높다.

17 정답 ②
청동기 시대의 대표적 유물인 동검은 칼날이 비파라는 악기를 닮아 비파형 동검이라고 한다. 청동기 시대에는 우리나라 최초의 국가인 고조선이 출현하였으며, 계급이 발생하였다. 청동기 시대 사람들은 강 주변의 나지막한 산이나 구릉 지대에 살았는데, 집은 대개 직사각형이나 원형의 움집으로 신석기 시대보다 깊이가 얕아지고 집의 규모가 커졌다. 농업은 조, 보리, 콩, 수수 등 밭농사가 중심이었지만, 일부 저습지에서는 벼농사를 지었다.
② 구석기 시대에 대한 내용이다.

18 정답 ①
부여는 5부족 연맹 왕국으로 왕의 권한이 약했다. 순장의 풍습이 있으며, 소 발굽으로 점을 쳤다.

19 정답 ①
고려 광종은 노비안검법을 실시하여 후삼국 시대 이래 억울하게 노비가 된 사람들을 조사하여 양민 신분으로 되돌려 주었다. 이를 통해 공신과 호족의 노비 수를 줄여 경제 기반을 약화시키고 세금을 부담하는 양민을 확보하여 국가 재정을 확충하고자 하였다.

20 정답 ④
우리나라는 일찍부터 역사 기록을 중요시하였다. 특히 고려와 조선은 국가 차원에서 실록을 편찬하였다. 사건을 사실대로 바르게 쓸 수 있도록 하기 위해 왕이라 해도 그 내용을 함부로 볼 수 없었다. 『조선왕조실록』은 한 국왕이 죽으면 다음 국왕 때 춘추관을 중심으로 실록청을 설치하고 사관이 국왕 앞에서 기록한 사초, 각 관청의 문서를 모아 만든 시정기 등을 종합, 정리하여 편년체로 편찬하였다. 오늘날까지 전해 오는 『조선왕조실록』은 유네스코 세계 기록 유산에 등재되어 그 가치를 인정받고 있다.

21 정답 ①
태종은 왕자의 난으로 정권을 잡았다. 6조 직계제와 사병을 폐지하며 왕권 강화를 하였다.

22 정답 ④
광해군은 명이 점차 쇠퇴하고 여진족이 세운 후금이 강성해지고 있는 국제 정세의 변화를 파악해 명과 후금 사이에서 중립 외교로 신중하게 대처하였다. 후금과 싸우는 척만 하다가 항복한 강홍립 사건이 대표적인 중립 외교인데, 그 결과 조선은 외침을 피할 수 있었다.

23 정답 ④
독립 협회는 독립신문을 창간한 서재필과 개화파 지식인들을 중심으로 1896년에 설립되었으며, 자주 국권 운동과 자유 민권 운동 등을 전개하고 국민 계몽에 힘썼다. 또 서울 종로에서 열린 만민 공동회는 우리나라 최초의 근대적 민중 집회로, 독립 협회의 회원들이 중심이 되기는 하였지만 일반 시민들도 참여하였다. 만민 공동회에서는 정치·사회의 여러 문제에 관해 토론을 벌였다.

24 정답 ①
제시된 내용은 갑신정변의 원인과 결과이다. 김옥균, 박영효, 홍영식, 서광범 등은 소극적인 개화 정책에 대한 반발로 갑신정변을 일으켰다. 근대 국가 수립 운동이지만 민중의 지지 부족으로 실패하였다.

25 정답 ③
1945년 12월에 미국, 영국, 소련의 외무 장관(외상)이 소련의 모스크바에 모여 한반도 문제를 논의하였다(모스크바 3국 외상 회의). 이 회의에서 우리나라에 민주적인 임시 정부를 세우되 최대 5년간 신탁 통치를 실시하기로 결정하였다. 또한 임시 정부 구성을 논의하기 위해 미·소 공동 위원회를 설치하기로 하였다.

5교시 과학

01	③	02	③	03	③	04	②	05	②
06	①	07	③	08	②	09	①	10	③
11	③	12	②	13	③	14	④	15	①
16	②	17	①	18	③	19	③	20	②
21	④	22	③	23	②	24	③	25	①

01 정답 ③
마찰력은 물체의 운동을 방해하는 힘으로 빗면 위의 나무 도막이 미끄러져 내려가지 않는 이유는 미끄러져 내려가는 방향(B)과 반대 방향(E)으로 마찰력이 작용하기 때문이다. 중력은 연직 아래 방향, 즉 지구 중심 방향(C)으로 작용한다.

02 정답 ③
진동수와 주기는 역수 관계이다.

$$진동수(Hz) = \frac{1}{주기(초)}$$

03 정답 ③
시간에 따른 이동 거리 그래프의 기울기는 속력을 의미한다. 기울기가 일정하므로 물체는 속력이 2m/s로 일정한 운동임을 확인할 수 있다.

04 정답 ②
전력량은 전기 기구가 일정 시간 동안 사용한 전기 에너지로 '전력량(Wh) = 소비 전력(W) × 사용 시간(h)'이다.
따라서 3시간 동안 사용한 전력량 = 100W × 3시간 = 300Wh이다.

05 정답 ②
중력에 의한 위치 에너지는 물체의 질량과 높이에 비례한다. 물체 A~D의 높이가 같으므로 질량이 큰 물체의 중력에 의한 위치 에너지가 가장 크다.

06 정답 ①
입자 운동이 활발한 (나)가 입자 운동이 둔한 (가)보다 온도가 높다. 열은 온도가 높은 물체에서 낮은 물체로 이동하는 에너지이므로 (나) → (가)로 열이 이동한다.

⊗ 오답피하기
② (가)는 열을 얻어 온도가 높아지고 입자 운동이 활발해진다.
③ (나)는 열을 잃어 온도가 낮아지고 입자 운동이 둔해진다.
④ (나) → (가)로 열이 이동한다.

07 정답 ③
액체를 냉각하여 고체로 응고할 때 일정하게 유지되는 온도를 어는점이라고 한다.

08 정답 ②
고체가 기체로 승화가 일어날 때 입자 운동이 활발해지고 입자 사이의 거리가 멀어져 부피가 커진다. 상태 변화가 일어나도 입자의 개수, 크기, 질량은 변하지 않는다.

09 정답 ①
용해도는 특정 온도에서 용매 100g에 최대로 녹는 용질의 g수를 나타낸 것이다. 일반적으로 고체 물질의 용해도는 온도가 높을수록 커진다. A, B, C는 모두 포화 상태이지만 온도가 높은 A의 용해도가 가장 높고 용매 100g에 녹아 있는 용질의 양도 가장 많다.

10 정답 ③
① 원유의 증류탑, ② 증류 장치, ④ 소줏고리는 끓는점을 이용하고, ③ 분별 깔때기는 밀도를 이용하여 혼합물을 분리한다.

11 정답 ③
소금과 물을 혼합하여 소금물이 만들어지는 과정은 물리 변화(가)이다.

① (가) 물리 변화, (나) 화학 변화이다.
② 화학 변화는 원자의 배열이 바뀌어 새로운 성질을 가진 물질이 만들어지는 변화이다.
④ 잉크의 확산은 물리 변화이다.

12 정답 ②
생물 다양성 협약은 생물 다양성 감소를 줄이기 위해 체결한 국가 간 협약이다.
외래종 유입, 남획, 서식지 단편화는 생물 다양성 감소의 원인이 된다.

13 정답 ③
㉠은 광합성의 재료인 물로 뿌리에서 흡수된 물은 물관을 통해 잎으로 이동한다. 이때 뿌리에서 흡수한 물이 잎까지 상승하는 가장 큰 원동력은 증산 작용이다. 석회수를 뿌옇게 흐리게 하는 기체는 이산화 탄소이다.

14 정답 ④
A : 좌심방, B : 좌심실, C : 우심실, D : 우심방
심장은 순환계에 속하는 기관으로 심방으로 혈액이 들어오고 심실은 혈액을 심장 밖으로 내보낸다. 심장 내에서 혈액은 심방 → 심실로 이동한다.

15 정답 ①
호흡계에서 기체 교환이 일어날 때 산소는 폐포에서 모세 혈관으로 확산되어 조직 세포로 전달되고, 이산화 탄소는 조직 세포에서 폐포로 이동하여 몸 밖으로 내보내어진다.

16 정답 ②
뉴런은 신경계를 이루는 기본 단위 세포로 감각 뉴런, 운동 뉴런, 연합 뉴런으로 구분할 수 있다.

17 정답 ①
아밀레이스는 녹말을 엿당으로 바꾸는 소화 효소이다.

18 정답 ③
잡종 1대의 둥근 완두는 잡종이므로 자손에게 R 또는 r을 물려줄 수 있다. 이때 주름진 것이 둥근 것에 대해 열성이므로 주름진 완두 ㉠은 r만으로 이루어져야 표현될 수 있다. 따라서 주름진 완두 ㉠의 유전자형은 rr이다.

19 정답 ③
2가 염색체는 상동 염색체가 접합한 것으로 생식세포 분열에서 관찰할 수 있다. 생식세포 분열은 2회 연속 분열하는데 감수 1분열 전기에 2가 염색체가 등장하여 감수 1분열 중기에 세포 중앙에 배치한다. 감수 1분열 후기에 상동 염색체 분리가 일어나므로 감수 2분열에서는 2가 염색체를 관찰할 수 없다.

20 정답 ②
알갱이의 크기 차이에 따라 퇴적되는 위치가 달라져 알갱이가 큰 자갈은 주로 A 위치에 퇴적되고 B 위치에는 모래가 퇴적된다. 알갱이가 매우 작은 진흙은 주로 C 위치에 퇴적된다. 따라서 해안에서 가까운 곳부터 역암(A), 사암(B), 셰일(C) 순으로 퇴적암이 생성된다.

21 정답 ④
열권은 높이 올라갈수록 기온이 높아지고 공기가 희박한 층으로 오로라가 나타나고 인공위성의 궤도로 이용된다.
① 높이 올라갈수록 기온이 낮아진다. ➡ 대류권, 중간권
② 오존층이 분포한다. ➡ 성층권
③ 비나 눈이 내린다. ➡ 대류권

22 정답 ③

A : 해수, B : 빙하, C : 지하수, D : 하천수, 호수
지하수는 땅속을 흐르는 물로 비나 눈이 스며들어 생긴다. 호수나 하천수보다 양이 많아 물이 부족할 때 지하수를 개발하여 이용할 수 있다.

23 정답 ②

목성은 태양계 행성 중 가장 크며, 가로 줄무늬와 함께 대기의 소용돌이로 인한 대적점이 있다.

⊗ 오답피하기

① 대기와 물이 존재하고, 생명체가 존재한다. → 지구
③ 물과 대기가 거의 없어 표면에 운석 구덩이가 많고, 밤낮의 온도 차가 크다. → 수성
④ 붉은 토양이 있고, 극지방에 흰색의 극관이 존재한다. → 화성

24 정답 ③

별까지의 거리(pc) $= \dfrac{1}{\text{연주 시차}('')}$ 이므로

별까지의 거리 $= \dfrac{1}{0.1''} = 10\text{pc}$이다.

25 정답 ①

별의 색은 표면 온도에 따라 달라진다. 별의 표면 온도가 낮을수록 적색을 띠고, 표면 온도가 높을수록 청색을 띤다.

6교시		도덕							
01	④	02	①	03	①	04	④	05	③
06	④	07	④	08	①	09	④	10	③
11	①	12	④	13	①	14	②	15	④
16	②	17	②	18	③	19	③	20	②
21	②	22	②	23	④	24	③	25	④

01 정답 ④

제시문은 윤리적 존재의 특성에 대한 설명이다.

02 정답 ①

양심은 선악을 판단하는 마음의 재판관이자, 우리가 도덕적으로 올바른 행동을 하도록 하는 마음의 명령이다. 아메리카 인디언들은 양심을 마음속의 삼각형으로 비유하며, 나쁜 일을 많이 하면 그 삼각형이 닳아 없어져 마음이 아프지 않게 된다고 하였다. 즉, 양심을 지키지 못하고 거짓된 삶을 살다보면, 언젠가는 양심의 기능이 마비되는 상태에 도달할 수 있다는 것이다.

03 정답 ①

자녀에 대한 부모의 사랑을 자애라고 한다. 자애는 자녀에게 아무런 대가를 바라지 않는 부모의 숭고한 사랑이다.

04 정답 ④

봉사 시 유의점
• '함께한다.'라는 마음으로 해야 한다.
• 대가를 바라지 말고 자발적으로 해야 한다.
• 시간과 노력을 들여 지속적으로 해야 한다.

05 정답 ③

아무리 친밀하거나 사랑하는 사이라고 하더라도 서로를 구속하지 않고 각자의 삶을 존중하는 관계, 각자가 바라는 삶을 살아갈 수 있도록 해 주는 관계가 바람직한 관계이다.

제5회

06 정답 ④

제시문에 나타난 사이버 공간의 특성은 비대면성이다. 사이버 공간의 특성으로는 익명성, 개방성, 공유성, 비대면성이 있다.

07 정답 ④

제시문은 아리스토텔레스의 자연 발생설이다.

⊗ 오답피하기

사회 계약설(홉스) : 인간은 이기적인 존재이므로 자연 상태에서는 항상 개인 간의 다툼이 있어 이 상태를 극복하기 위해서 개인들이 계약을 통해 법률, 관습 등을 만들어 안전과 평화를 얻었고, 이렇게 국가가 탄생하였다고 봄.

08 정답 ①

제시문은 모두 황금률을 보여 준다. 황금률이란 남이 자신에게 대접해 주었으면 하는 대로 내가 남에게 대접하는 것이다. 황금률은 역지사지(易地思之)의 원칙에서 타인을 이해하고 존중할 것을 강조한다.

09 정답 ④

⊗ 오답피하기

① 계 : 친목을 꾀하면서 주로 경제적인 도움을 받는 모임
② 두레 : 마을 단위의 공동 노동 조직
③ 향약 : 조선 시대의 향촌 자치 규약

10 정답 ③

제시문과 같이 아리스토텔레스는 중용의 덕을 통해 행복을 얻을 수 있다고 하였다.
• 공자 : 큰 덕을 닦아서 많은 사람과 함께 나누는 어진 사람, 즉 인(仁)을 가진 사람이 진정으로 행복한 사람이다.

11 정답 ①

인권 : '사람이라면 누구나 존엄성을 누리기 위해 마땅히 보장받아야 할 권리'를 의미한다. 즉, 인간 존엄성의 정신을 바탕으로 개인의 주체적 권리를 제도화한 것이다.

12 정답 ④

도덕 원리 검사
• **역할 교환 검사** : 도덕 원리를 상대방 입장에서 생각해 보는 검사
• **보편화 결과 검사** : 도덕 원리를 모든 사람이 채택한다고 했을 때 일어날 수 있는 결과를 내가 받아들일 수 있는지 생각해 보는 검사
• **반증 사례 검사** : 상대방이 제시한 원리에 어긋나는 새로운 사례를 제시하여 제시된 원리가 부적절함을 지적하는 검사
• **포섭 검사** : 선택한 도덕 원리가 좀 더 상위의 도덕 원리에 포함되는지 확인하는 검사

13 정답 ①

학교 폭력의 경우 가해자의 처벌을 중시하느냐 또는 피해자의 보호를 중시하느냐에 따라 서로 다른 해결 방법을 찾게 된다.

14 정답 ②

비판적 사고 : 객관적이고 올바른 도덕 판단을 이끌어 내기 위해 제시된 근거와 추론을 검토하고 오류와 편견을 제거하는 것이다. 즉, 도덕적 상황에서 비판적 사고를 하는 것은 자신이 선택한 행위가 합리적이고 도덕적으로 옳은지를 비판적으로 검토하는 것이다.

15 정답 ④

도덕적 실천은 아는 데 그치지 않고 아는 것을 실천으로 옮길 수 있을 때 의미가 있고, 지속적인 실천의 노력을 통해 도덕적인 사람으로 성장할 수 있다.

16 정답 ②
바람직한 통일 한국의 모습은 남북한 주민의 인간다운 삶을 가능하게 하며, 세계 평화에 기여하는 것이다.
② 패권 행사는 세계 평화에 기여하는 모습으로 보기 힘들다.

17 정답 ②
제시문은 부패의 종류로 부패를 예방하기 위한 제도적 노력에는 부패 행위를 엄중히 처벌하는 법과 제도 마련, 부패를 유발하는 제도 개선, 권력 분산, 외부 감사, 내부 공익 신고자 보호·보상 제도 등이 있다.
⊗ **오답피하기**
① · ③ · ④ 공정한 경쟁을 돕는 법과 제도이다.

18 정답 ③
노인을 부양의 대상으로만 보지 말고, 우리 사회의 어엿한 구성원이자 독립적·자율적 존재로 대해야 한다.

19 정답 ③
민족 동질성 회복을 위해 자연스럽게 공감대를 형성할 수 있는 분야부터 협력해 나갈 수 있다.

20 정답 ②
집안일이나 육아는 어머니만의 일이 아닌 가족 모두의 일이다. 따라서 어머니만 집안일이나 육아를 전담하는 것은 성 역할에 대한 고정 관념에 따른 것이고, 양성 평등에 역행하는 것이다.

21 정답 ②
자연을 바라보는 관점
• 생태 중심주의적 자연관 : 인간을 포함한 자연의 모든 존재가 서로 영향을 주고받는 관계라고 보는 자연관
• 인간 **중심주의적 자연관** : 자연을 인간의 욕구, 필요, 이익의 여부에 따라 평가하는 자연관

22 정답 ②
가전제품을 자주 교체하면 전자 쓰레기가 많이 배출되어 환경이 파괴되고 자원의 고갈 시기도 빨라지기 때문에 친환경적 삶의 모습이라고 볼 수 없다.

23 정답 ④
도덕적 성찰은 도덕적 관점에서 자신의 삶을 바라보고 바람직한 삶을 살기 위한 구체적인 방법을 찾는 것이다.

24 정답 ③
도덕적 인물의 특징은 훌륭한 인격과 성품, 보편적 가치 추구, 용기와 강한 의지, 우리 삶의 모범 등이 있다.

25 정답 ④
다른 세대를 존중하는 마음을 갖고, 상대방에게 자신의 주장을 강요해서는 안 되며, 상대방을 비난해서도 곤란하다.

중학교 졸업학력 검정고시 답안지

성 명 (한 글)

(1)	수 험 번 호

(2)

⓪	⓪	⓪	⓪	⓪	⓪
①	①	①	①	①	①
②	②	②	②	②	②
③	③	③	③	③	③
④	④	④	④	④	④
⑤	⑤	⑤	⑤	⑤	⑤
⑥	⑥	⑥	⑥	⑥	⑥
⑦	⑦	⑦	⑦	⑦	⑦
⑧	⑧	⑧	⑧	⑧	⑧
⑨	⑨	⑨	⑨	⑨	⑨

교시	과 목 명	표기란
1		○
2		○
3		○
4		○
5		○
6		○
7		○

문항	답 란	문항	답 란	문항	답 란
1	① ② ③ ④	11	① ② ③ ④	21	① ② ③ ④
2	① ② ③ ④	12	① ② ③ ④	22	① ② ③ ④
3	① ② ③ ④	13	① ② ③ ④	23	① ② ③ ④
4	① ② ③ ④	14	① ② ③ ④	24	① ② ③ ④
5	① ② ③ ④	15	① ② ③ ④	25	① ② ③ ④
6	① ② ③ ④	16	① ② ③ ④		
7	① ② ③ ④	17	① ② ③ ④		
8	① ② ③ ④	18	① ② ③ ④		
9	① ② ③ ④	19	① ② ③ ④		
10	① ② ③ ④	20	① ② ③ ④		

답안지 작성요령

1. 답안지 작성은 반드시 컴퓨터용 수성사인펜을 사용하여 다음 보기와 같이 표기합니다.
   〈보기〉 정상 답안 표기: ● 무효 처리 답안 표기: ⊘ ⊗ ⊙ ◑ ⊘
2. 성명은 한글로 기재합니다.
3. 수험번호 (1)란은 아라비아 숫자를 쓰고, (2)란은 해당란에 ● 표기 합니다.
4. 과목명 란은 해당교시 과목명을 한글로 기재하고 ● 표기 합니다.
5. 답안지에 낙서를 하거나 긁거나 구기면 안 됩니다.
6. 수정액(수정스티커)을 사용하거나 2개 이상 표기한 문항은 무효 처리 됩니다.

※ 성명, 수험번호, 과목명 확인 후 감독관 날인.

감독관 확인란

※ 응시자는 표기하지 마시오.

결시자 표기란

○

중학교 졸업학력 검정고시 답안지

교시	과 목 명	표기란
1		○
2		○
3		○
4		○
5		○
6		○
7		○

문항	답 란				문항	답 란				문항	답 란			
1	①	②	③	④	11	①	②	③	④	21	①	②	③	④
2	①	②	③	④	12	①	②	③	④	22	①	②	③	④
3	①	②	③	④	13	①	②	③	④	23	①	②	③	④
4	①	②	③	④	14	①	②	③	④	24	①	②	③	④
5	①	②	③	④	15	①	②	③	④	25	①	②	③	④
6	①	②	③	④	16	①	②	③	④					
7	①	②	③	④	17	①	②	③	④					
8	①	②	③	④	18	①	②	③	④					
9	①	②	③	④	19	①	②	③	④					
10	①	②	③	④	20	①	②	③	④					

답안지 작성요령

1. 답안지 작성은 반드시 컴퓨터용 수성사인펜을 사용하여 다음 보기와 같이 표기합니다.
   〈보기〉 정상 답안 표기: ●   무효 처리 답안 표기: ⊘ ⊗ ⊙ ◑ ◯
2. 성명은 한글로 기재합니다.
3. 수험번호 (1)란은 아라비아 숫자를 쓰고, (2)란은 해당번호에 ● 표기 합니다.
4. 과목명 란은 해당교시 과목명을 한글로 기재하고 ● 표기 합니다.
5. 답안지에 낙서를 하거나 긁거나 구기면 안 됩니다.
6. 수정액(수정스티커)을 사용하거나 2개 이상 표기한 문항은 무효 처리 됩니다.

성 명 (한 글)						
(1)						

수 험 번 호						
(2)	⓪	⓪	⓪	⓪	⓪	⓪
	①	①	①	①	①	①
	②	②	②	②	②	②
	③	③	③	③	③	③
	④	④	④	④	④	④
	⑤	⑤	⑤	⑤	⑤	⑤
	⑥	⑥	⑥	⑥	⑥	⑥
	⑦	⑦	⑦	⑦	⑦	⑦
	⑧	⑧	⑧	⑧	⑧	⑧
	⑨	⑨	⑨	⑨	⑨	⑨

※ 응시자는 표기하지 마시오.

결시자 표기란
○

※ 성명, 수험번호, 과목명 확인 후 감독관 날인.

감독관 확인란

중학교 졸업학력 검정고시 답안지

성 명 (한 글)

(1) 수험번호

교시	과목명	표기란
1		○
2		○
3		○
4		○
5		○
6		○
7		○

(2)
⓪ ⓪ ⓪ ⓪ ⓪ ⓪ ⓪
① ① ① ① ① ① ①
② ② ② ② ② ② ②
③ ③ ③ ③ ③ ③ ③
④ ④ ④ ④ ④ ④ ④
⑤ ⑤ ⑤ ⑤ ⑤ ⑤ ⑤
⑥ ⑥ ⑥ ⑥ ⑥ ⑥ ⑥
⑦ ⑦ ⑦ ⑦ ⑦ ⑦ ⑦
⑧ ⑧ ⑧ ⑧ ⑧ ⑧ ⑧
⑨ ⑨ ⑨ ⑨ ⑨ ⑨ ⑨

문항	답란	문항	답란	문항	답란
1	① ② ③ ④	11	① ② ③ ④	21	① ② ③ ④
2	① ② ③ ④	12	① ② ③ ④	22	① ② ③ ④
3	① ② ③ ④	13	① ② ③ ④	23	① ② ③ ④
4	① ② ③ ④	14	① ② ③ ④	24	① ② ③ ④
5	① ② ③ ④	15	① ② ③ ④	25	① ② ③ ④
6	① ② ③ ④	16	① ② ③ ④		
7	① ② ③ ④	17	① ② ③ ④		
8	① ② ③ ④	18	① ② ③ ④		
9	① ② ③ ④	19	① ② ③ ④		
10	① ② ③ ④	20	① ② ③ ④		

감독관 확인란

※ 성명, 수험번호, 과목명 확인 후 감독관 날인.

결시자 표기란

○

※ 응시자는 표기하지 마시오.

중학교 졸업학력 검정고시 답안지

문항	답			란
1	①	②	③	④
2	①	②	③	④
3	①	②	③	④
4	①	②	③	④
5	①	②	③	④
6	①	②	③	④
7	①	②	③	④
8	①	②	③	④
9	①	②	③	④
10	①	②	③	④

문항	답			란
11	①	②	③	④
12	①	②	③	④
13	①	②	③	④
14	①	②	③	④
15	①	②	③	④
16	①	②	③	④
17	①	②	③	④
18	①	②	③	④
19	①	②	③	④
20	①	②	③	④

문항	답			란
21	①	②	③	④
22	①	②	③	④
23	①	②	③	④
24	①	②	③	④
25	①	②	③	④

교시	과 목 명	표기란
1		○
2		○
3		○
4		○
5		○
6		○
7		○

성 명 (한 글)

수 험 번 호

(1)						
(2)	⓪	⓪	⓪	⓪	⓪	⓪
	①	①	①	①	①	①
	②	②	②	②	②	②
	③	③	③	③	③	③
	④	④	④	④	④	④
	⑤	⑤	⑤	⑤	⑤	⑤
	⑥	⑥	⑥	⑥	⑥	⑥
	⑦	⑦	⑦	⑦	⑦	⑦
	⑧	⑧	⑧	⑧	⑧	⑧
	⑨	⑨	⑨	⑨	⑨	⑨

답안지 작성요령

1. 답안지 작성은 반드시 컴퓨터용 수성사인펜을 사용하여 다음 보기와 같이 표기합니다.

   〈보기〉 정상 답안 표기: ●   무효 처리 답안 표기: ⊘ ⊗ ⊙ ◑ ⊘

2. 성명은 한글로 기재합니다.
3. 수험번호 (1)란은 아라비아 숫자를 쓰고, (2)란은 해당번호에 ● 표기 합니다.
4. 과목명 란은 해당교시 과목명을 한글로 기재하고 ● 표기 합니다.
5. 답안지에 낙서를 하거나 긁거나 구기면 안 됩니다.
6. 수정액(수정스티커)을 사용하거나 2개 이상 표기한 문항은 무효 처리 됩니다.

결시자 표기란   ○

※ 응시자는 표기하지 마시오.

감독관 확인란

※ 성명, 수험번호, 과목명 확인 후 감독관 날인.

중학교 졸업학력 검정고시 답안지

성 명 (한 글)

	수 험 번 호

(1)

(2)

| ⓪ ⓪ ⓪ ⓪ ⓪ ⓪ |
| ① ① ① ① ① ① |
| ② ② ② ② ② ② |
| ③ ③ ③ ③ ③ ③ |
| ④ ④ ④ ④ ④ ④ |
| ⑤ ⑤ ⑤ ⑤ ⑤ ⑤ |
| ⑥ ⑥ ⑥ ⑥ ⑥ ⑥ |
| ⑦ ⑦ ⑦ ⑦ ⑦ ⑦ |
| ⑧ ⑧ ⑧ ⑧ ⑧ ⑧ |
| ⑨ ⑨ ⑨ ⑨ ⑨ ⑨ |

교시	과 목 명	표기란
1		○
2		○
3		○
4		○
5		○
6		○
7		○

문항	답 란	문항	답 란	문항	답 란
1	① ② ③ ④	11	① ② ③ ④	21	① ② ③ ④
2	① ② ③ ④	12	① ② ③ ④	22	① ② ③ ④
3	① ② ③ ④	13	① ② ③ ④	23	① ② ③ ④
4	① ② ③ ④	14	① ② ③ ④	24	① ② ③ ④
5	① ② ③ ④	15	① ② ③ ④	25	① ② ③ ④
6	① ② ③ ④	16	① ② ③ ④		
7	① ② ③ ④	17	① ② ③ ④		
8	① ② ③ ④	18	① ② ③ ④		
9	① ② ③ ④	19	① ② ③ ④		
10	① ② ③ ④	20	① ② ③ ④		

중학교 졸업학력 검정고시 답안지

교시	과 목 명	표기란
1		◯
2		◯
3		◯
4		◯
5		◯
6		◯
7		◯

문항	답 란	문항	답 란	문항	답 란
1	① ② ③ ④	11	① ② ③ ④	21	① ② ③ ④
2	① ② ③ ④	12	① ② ③ ④	22	① ② ③ ④
3	① ② ③ ④	13	① ② ③ ④	23	① ② ③ ④
4	① ② ③ ④	14	① ② ③ ④	24	① ② ③ ④
5	① ② ③ ④	15	① ② ③ ④	25	① ② ③ ④
6	① ② ③ ④	16	① ② ③ ④		
7	① ② ③ ④	17	① ② ③ ④		
8	① ② ③ ④	18	① ② ③ ④		
9	① ② ③ ④	19	① ② ③ ④		
10	① ② ③ ④	20	① ② ③ ④		

답안지 작성 요령

1. 답안지 작성은 반드시 컴퓨터용 수성사인펜을 사용하여 다음 보기와 같이 표기합니다.
   〈보기〉 정상 답안 표기: ●   무효 처리 답안 표기: Ⓥ ⊗ ⊙ ◖ ⊘
2. 성명은 한글로 기재합니다.
3. 수험번호 (1)란은 아래비아 숫자를 쓰고, (2)란은 해당번호에 ● 표기 합니다.
4. 과목명 란은 해당교시 과목명을 한글로 기재하고 ● 표기 합니다.
5. 답안지에 낙서를 하거나 긁거나 구기면 안 됩니다.
6. 수정액(수정스티커)을 사용하거나 2개 이상 표기한 문항은 무효 처리 됩니다.

성 명 (한 글)						
수 험 번 호	⓪	⓪	⓪	⓪	⓪	⓪
	①	①	①	①	①	①
	②	②	②	②	②	②
	③	③	③	③	③	③
	④	④	④	④	④	④
	⑤	⑤	⑤	⑤	⑤	⑤
	⑥	⑥	⑥	⑥	⑥	⑥
	⑦	⑦	⑦	⑦	⑦	⑦
	⑧	⑧	⑧	⑧	⑧	⑧
	⑨	⑨	⑨	⑨	⑨	⑨

(1)   (2)

※ 응시자는 표기하지 마시오.

결시자 표기란
◯

※ 성명, 수험번호, 과목명 확인 후 감독관 날인.

감독관 확인란